Dedicatória

Nesta minha vida de três décadas como vendedor e empreendedor, apertei muitas mãos, reuni-me com muita gente, conheci muitos homens e mulheres de negócios. Relacionei-me com muita gente competente, dedicada e de bom coração. Pessoas honestas que se esforçam verdadeiramente para manter boas relações, para desenvolver a sociedade e fazer negócios honestamente. Experimentei também muitos inescrupulosos, egoístas e trapaceiros. Profissionais que se apresentam como honestos, generosos e altruístas, mas que o tempo e a proximidade revelam seu verdadeiro caráter de empáfia e egoísmo.

Tive a grande sorte, logo no início de minha vida profissional, de estar com um vendedor esforçado, responsável e honesto. Um homem que, desde o início e ao longo dos anos de nosso convívio, sempre se mostrou extremamente íntegro, dedicado ao seu trabalho, aos seus clientes e a sua família.

Estava perto quando esse vendedor, já experiente, tornou-se empresário e passou a ter outras responsabilidades além das vendas: a produção, as finanças e os recursos humanos. Vi-o se dedicando com afinco para pagar seus colaboradores. Com frequência usava seu próprio dinheiro, tinha consciência de que eles dependiam do salário para a manutenção das próprias famílias.

Seu empenho não estava só no pagamento dos colaboradores, este vendedor-empresário também zelava muito por pagar seus fornecedores, suas obrigações e seus impostos. Passou por muitas dificuldades, porém sempre teve a obrigação de honrar todos os seus compromissos.

Para ele, foram vários finais de semana e noites em claro dedicados à produção, porque o cliente precisava receber precisamente o que tinha encomendado. Foram também muitos quilômetros rodados para entregar seus produtos pontualmente. Presenciei, inclusive, muitas vezes fazer entregas de 20 até 30 quilos de produtos nos ombros, utilizando transporte público, porque sua família precisava usar o único carro disponível.

Esse vendedor empresário, além de tantas valorosas características, tem ainda um atributo todo especial, que nunca encontrei igual em outro profissional em toda minha vida. Mesmo conhecendo vendedores e empresários de vários Estados do nosso país e de muitos países do mundo, na América do Sul, América do Norte ou Europa. Nunca conheci um ser humano tão humilde como ele. Tão humilde que atribui sua vida, já mais tranquila na aposentadoria, a outras pessoas e não ao próprio esforço.

Esse vendedor empresário, desde cedo, foi eleito por mim meu mentor. Durante toda a minha vida profissional, dediquei-me a ser tão honrado, responsável e honesto quanto ele. Quando me espelhei no seu modo e jeito de fazer os negócios, sempre estive próximo do sucesso. Quando me distanciava de sua maneira, tinha dificuldades e desafios maiores. A cada experiência ruim e a cada frustração, aprendi que sempre da maneira dele teria sido melhor.

Este livro é dedicado a esse vendedor empresário, a esse meu mentor, para tentar agradecer pelo que me ensinou e pelo que me ajudou a aprender. Este livro é dedicado ao senhor Roberto Ribeiro de Araujo, meu pai.

MÁRCIO ESPADAS
EMPRESÁRIO E ESPECIALISTA EM VENDAS

365 DICAS DE VENDAS

MELHORE SUAS VENDAS DIA A DIA, DICA A DICA

ESP▲DAS
CONSULTORIA DE NEGÓCIOS

Literare Books
INTERNATIONAL
BRASIL · EUROPA · USA · JAPÃO

Copyright© 2020 by Literare Books International
Todos os direitos desta edição são reservados à Literare Books International.

Presidente:
Mauricio Sita

Vice-presidente:
Alessandra Ksenhuck

Capa, diagramação e projeto gráfico:
Paulo Gallian

Revisão:
Ivani Tenório Rezende de Carvalho e Rodrigo Rainho

Diretora de projetos:
Gleide Santos

Diretora executiva:
Julyana Rosa

Gerente de marketing e desenvolvimento de negócios:
Horacio Corral

Relacionamento com o cliente:
Claudia Pires

Impressão:
Noschang

Dados Internacionais de Catalogação na Publicação (CIP)
(eDOC BRASIL, Belo Horizonte/MG)

E77t   Espadas, Márcio.
        365 dicas de vendas / Márcio Espadas. – São Paulo, SP: Literare Books International, 2020.
        16 x 23 cm

        ISBN 978-65-990294-6-2

        1. Vendas. 2. Sucesso nos negócios. I. Título.

CDD 658.85

Elaborado por Maurício Amormino Júnior – CRB6/2422

Literare Books International.
Rua Antônio Augusto Covello, 472 – Vila Mariana – São Paulo, SP.
CEP 01550-060
Fone: +55 (0**11) 2659-0968
site: www.literarebooks.com.br
e-mail: literare@literarebooks.com.br

Prefácio

Nos anos iniciais de minha vida empresarial, eu e meu pai tivemos uma fábrica de ferramentas de usinagem, Styro Indústria e Comércio Ltda. Éramos sócios. Ele cuidava da produção e eu, das vendas. Não tinha boas experiências em vendas. Minhas experiências foram ruins vendendo *tostex* e abordando garotas nas baladas, tentando me vender. Era muito tímido. Entretanto, nossa empresa, a Styro, precisava de vendas para viver. Precisava gerar resultados positivos e lucro para o sustento de nossa família: pai, mãe, irmãs e eu dependíamos disso.

Quando saía para vender, sentia-me inseguro. Tinha muita timidez, insegurança e medo de não conseguir e receber "nãos".

Lembro-me de que, por algumas vezes, fiquei dentro do carro parado na porta de um possível cliente, totalmente travado. Não conseguia descer. Ficava só pensando no "não" que receberia. Imaginava como voltaria para casa e diria ao meu pai que não havia conseguido. Em consequência disso, sentia ainda mais medo. A insegurança e o travamento aumentavam. Cada vez ficava mais difícil agir.

Tive de encontrar alguma forma de superar os desafios. Recorri ao método que conhecia e que sempre me deu ótimas soluções. Fui estudar. Procurei cursos, li muitos livros, tentei, errei, analisei e corrigi para tentar novamente. Consegui entender o processo de vendas parte a parte. Aprendi a prospectar os clientes certos, a abordar com acolhimento, a revelar necessidades reais, a fazer propostas interessantes, a negociar com segurança e empatia, contornar as objeções apresentadas com respeitosa compreensão e a fechar minhas vendas com precisão. Desenvolvi um plano passo a passo, etapa a etapa para agir melhor e vender mais. Esse plano gerou resultados. A Styro sustentou a nossa família por mais de 20 anos.

Tive oportunidade também de trabalhar em multinacional como engenheiro de vendas. Como já tinha um plano de vendas e experiência, estava mais seguro. Fiz adaptações no modo de trabalhar minhas estratégias e táticas e no meu plano. Em pouco tempo, já conseguia ótimos resultados por lá.

Depois me tornei empresário da educação. Novamente tive de fazer adaptações nas minhas práticas, estratégias e no meu plano de vendas. Vender educação é diferente de vender produtos de alta tecnologia da multinacional ou de vender as ferramentas da Styro. Consegui captar alunos, ampliar os negócios e fundar várias escolas, em várias cidades diferentes do Estado de São Paulo. Consegui gerar muitos empregos e recursos para muitas pessoas e famílias.

Hoje, depois de mais de 30 anos de vida empresarial e de vendas, reconheço o enorme valor desse plano de vendas e de tudo o que estudei e desenvolvi para os resultados que consegui. Em 2015, fundei minha consultoria em vendas, com a qual tenho ajudado empresários a desenvolver seus planos, estratégias e táticas de vendas para melhorar seus resultados. É com estudo e planejamento que conseguimos superar nossos desafios. Desenvolvi um *slogan* que é a síntese do que penso como forma de evoluir: **"O crescimento se dá pelo conhecimento"**.

Quando ajudo um empresário hoje, é enorme a satisfação. É como se estivesse ajudando aquele jovem rapaz que, 30 anos atrás, estava travado no carro, com medo de vender.

Este livro foi desenvolvido para ser um apoio para vendedores e empresários que têm a necessidade e querem melhorar seus resultados nas vendas. Ele é uma construção de conteúdos colhidos do que estudei, do que experimentei e do que concluí nesses mais de 30 anos de experiência. Está organizado em dicas, porque sei bem que vendedores têm a vida corrida. Então, em apenas 1 minuto por dia de dedicação, de preferência pela manhã, ao acordar, uma das dicas pode ser lida e assim algo valioso ser aprendido para melhorar seu resultado no dia de trabalho.

Estas dicas podem também ser ouvidas. Todas elas estão gravadas em formato de *podcast*, um arquivo digital de áudio transmitido pela *internet*. Para isso, é só acessar o *site*: www.espadasconsultoria.com.br. No entanto, fuja da tentação de ouvir vários *podcasts* de uma só vez. Dessa forma, boa parte do conteúdo não é assimilado e a dica não gerará toda a transformação possível nos seus resultados. Leia ou ouça apenas uma por dia, e todos os dias, inclusive nos finais de semana.

As dicas deste livro estão organizadas em capítulos, conforme as fases do processo de venda. Nos capítulos, também inseri alguns textos para explicar mais detalhadamente o processo de venda e cada uma das fases.

O leitor tem também a opção de ler os textos para a melhor compreensão de cada conteúdo e escolher qual a fase prioritária para estudar mais, aprimorar-se e melhorar seus resultados.

- Capítulo 1 - "O que é venda?" - explico e defino o que é essa atividade fundamental para qualquer empresa e profissional que deseja se desenvolver e gerar maiores resultados.

- Capítulo 2 - "Motivação e autoconfiança para vender" - mostro formas para desenvolver a motivação para que o vendedor, todos os dias, sinta-se energizado para vender. Ensino, também, como trabalhar e evoluir a autoconfiança para se manter confiante e motivado, conseguindo assim superar os desafios do seu dia de trabalho.

- Capítulo 3 - "O meu produto" - mostro como entender os produtos, para encontrar os clientes certos, apresentar a qualidade esperada e encantar com os diferenciais.

- Capítulo 4 - "O processo da venda" - explico como é o processo de venda de maneira geral. É entendendo o conjunto que podemos desenvolver e melhorar cada etapa.

- Capítulo 5 - "Prospecção" - mostro como captar os clientes certos que valorizarão os produtos e aumentarão as chances de vender mais.

- Capítulo 6 - "Investigação" - ensino como investigar e revelar as reais necessidades que os nossos produtos têm e o poder de satisfazer para efetivar mais vendas. Este capítulo é subdividido em três partes: a "Abordagem", que é a forma de iniciar a interação com o cliente com acolhimento e empatia; "Relacionamento", a forma de gerar credibilidade e confiança; "Revelar necessidades", a maneira de revelar para o cliente verdadeiras necessidades que o produto do vendedor pode satisfazer.

- Capítulo 7 - "Demonstração" - ensino como apresentar os produtos de forma interessante e valiosa para que aumente o interesse dos clientes.

- Capítulo 8 - "Conclusão da venda" - apresento a forma de preparação necessária para uma efetiva negociação de venda. O capítulo é dividido em quatro partes: "Estratégia de negociação": que é a preparação prévia antes de iniciar a negociação; "Táticas de negociação": os *jogos de cintura* e a flexibilidade de adaptação necessária para negociar; "Objeções": a forma de contornar qualquer objeção ao fechamento da venda; "Fechamento": várias formas de motivar e realizar o fechamento das vendas.

- Capítulo 9 - "Pós-venda" - mostro como manter o cliente satisfeito e manter o vendedor na lembrança do cliente quando novamente surgir a necessidade para a aquisição do produto.

- Capítulo 10 - "O vendedor" - último capítulo do livro, em que são apresentadas algumas dicas para o vendedor se valorizar e enaltecer essa profissão tão importante para o desenvolvimento das empresas, dos negócios e da sociedade.

Sumário

Introdução 19
Capítulo 1: o que é venda? 21
   Podcast 201: o que é venda? 25
   Podcast 71: o que é venda ii? 25
   Podcast 176: venda é arte e é técnica 26
   Podcast 33: o crescimento se dá pelo conhecimento 26
   Podcast 34: o mais importante investimento 26
   Podcast 113: conhecimento 26
Capítulo 2: motivação e autoconfiança para vender 29
   Podcast 202: por que aprender a vender? 33
   Podcast 203: todo mundo vende 34
   Podcast 204: vender é difícil? 34
   Podcast 205: você tem medo de vender? 34
   Podcast 206: como diminuir o medo de vender? 35
   Podcast 207: a fonte do medo de vender 35
   Podcast 208: faça do início o menos importante 35
   Podcast 209: evite a procrastinação 36
   Podcast 61: paciência 36
   Podcast 76: persistência, sucesso e fracasso 36
   Podcast 93: resiliência 36
   Podcast 156: resiliência ii 37
   Podcast 81: estado de fluxo 37
   Podcast 88: autoconhecimento 37
   Podcast 109: coragem 38
   Podcast 112: esforce-se 38
   Podcast 175: comprometido é diferente de envolvido 38
   Podcast 178: ensaiar e praticar antes de agir 39
   Podcast 179: praticar e praticar 39
   Podcast 186: diga-me com quem andas 39
   Podcast 46: os fuxiqueiros das vendas 40
   Podcast 187: aliviar o estresse 40
   Podcast 188: simpatia 40
   Podcast 191: empatia 41
   Podcast 210: nunca esqueça o prêmio 41
   Podcast 211: colecione seus sucessos 41
   Podcast 214: autoconfiança para vender 42
   Podcast 215: a fisiologia para a autoconfiança 42
   Podcast 216: o comportamento de autoconfiança 42
   Podcast 217: lembranças para uma autoconfiança 43

Podcast 218: música para a autoconfiança...........43
Podcast 219: modelos de autoconfiança...........43
Podcast 28: planeje e analise suas visitas...........44

Capítulo 3: o meu produto...........45
Podcast 54: o que você vende?...........49
Podcast 221: a solução do seu produto...........49
Podcast 222: características genéricas do seu produto...........50
Podcast 223: qualidade do seu produto...........50
Podcast 224: os diferenciais do seu produto...........50
Podcast 09: diferenciais...........50
Podcast 225: potenciais do seu produto...........51
Podcast 226: como assegurar cada característica...........51
Podcast 227: características x benefícios...........52
Podcast 127: os benefícios de um produto...........52
Podcast 126: custos de um produto...........52
Podcast 128: custos ou valor...........53
Podcast 74: concorrência...........53
Podcast 196: concorrentes...........53

Capítulo 4: o processo da venda...........55
Podcast 228: o processo de venda...........61
Podcast 55: o ato de vender...........61
Podcast 229: a etapa de investigação...........61
Podcast 230: a etapa de demonstração...........62
Podcast 231: a etapa de conclusão...........62
Podcast 72: *marketing* e venda...........62
Podcast 232: o *marketing* e a venda ii...........63
Podcast 107: *marketing* e venda não são sinônimos...........63
Podcast 108: *marketing* e vendas, funções diferentes e complementares...........63
Podcast 31: a proporção do seu funil...........64

Capítulo 5: prospecção...........65
Podcast 233: a prospecção...........69
Podcast 181: a importância da prospecção...........70
Podcast 234: o público-alvo...........70
Podcast 235: informações do público-alvo...........70
Podcast 05: veículos de prospecção...........71
Podcast 236: veículos de prospecção ii...........71
Podcast 237: veículos de prospecção e ações publicitárias...........71
Podcast 182: redes de contatos...........72

Veículos de prospecção...........72
Podcast 238: uma dúzia de valiosos veículos de prospecção...........80
Podcast 239: indicações de clientes...........80
Podcast 240: grupos de *networking*...........80
Podcast 241: associações comerciais...........81
Podcast 242: prospecção por eventos...........81
Podcast 243: produtos para sorteio por parceiros...........82

Podcast 244: participar de palestras, feiras e cursos para prospectar 82
Podcast 245: grupos de mídias sociais 82
Podcast 246: prospecções frias 83
Podcast 247: garimpar contatos na *internet* 83
Podcast 248: conteúdo pelas mídias sociais 83
Podcast 249: parcerias de negócios 84
Podcast 250: aliados de negócios 84
Podcast 251: parceiro de negócio ou de indicações 84
Podcast 252: o maior patrimônio de um vendedor 85
Podcast 253: meta de prospecção 85
Podcast 262: presentes para indicações 85
Podcast 49: fale para todo mundo que você vende 86

Capítulo 6: investigação 87
Podcast 254: o início do processo de venda 92
Podcast 255: as três ações da investigação 92
Podcast 256: buscas na investigação 92
Podcast 301: o principal erro dos profissionais de vendas 93

Parte 1: abordagem 93
Podcast 257: abordagem e acolhimento 95
Podcast 08: acolhimento 95
Podcast 01: abordagem por elogio 96
Podcast 258: harmonia na abordagem 96
Podcast 259: atenção no aperto de mão 96
Podcast 260: olhos nos olhos 97
Podcast 261: o *WhatsApp* nas vendas 97
Podcast 263: táticas de abordagem 98
Podcast 264: a tática do elogio 98
Podcast 265: a tática da referência pessoal 98
Podcast 266: a tática da referência de mercado 99
Podcast 268: o mistério 99
Podcast 269: a bonificação 99
Podcast 270: amenidades para abordar 100
Podcast 271: abordagem por questionamento 100
Podcast 275: abordagem de alto impacto 100
Podcast 274: o que não se pode esquecer na abordagem? 101
Podcast 276: abordagem de alta probabilidade 101
Podcast 22: dificuldade em marcar a visita 101
Podcast 32: marcar + visitas 102
Podcast 94: atendimento pelo telefone 102
Podcast 58: pontualidade 102
Podcast 272: ferir e curar na abordagem 103
Podcast 273: objeções para abordar 103
Podcast 73: um excelente atendimento 103
Podcast 43: cliente "só quero saber o preço" 104
Podcast 96: o cliente "estou com pressa" 104
Podcast 44: o cliente "só estou olhando" 104
Podcast 97: o cliente "só estou olhando" ii 105

Podcast 136: cinco dicas para *e-mails* de vendas mais eficientes..................105
Parte 2: relacionamento..................105
Podcast 195: venda relacional..................107
Podcast 286: perguntas de aquecimento..................107
Podcast 304: melhorar o relacionamento com o cliente..................108
Podcast 147: como fazer o cliente falar..................108
Podcast 124: o poder das perguntas..................108
Podcast 36: escute mais, fale menos..................109
Podcast 87: *rapport*..................109
Podcast 290: o *rapport*..................109
Podcast 38: valorize sua credibilidade..................110
Podcast 39: cuide da reputação..................110
Podcast 78: escutar..................110
Podcast 35: preserve os relacionamentos..................111
Podcast 53: elogie mais..................111
Podcast 64: como perguntar o nome do cliente?..................111
Podcast 75: planejamento e relacionamento..................112
Podcast 80: posição do cliente..................112
Podcast 89: o cliente sempre tem razão?..................112
Podcast 105: perguntar e ouvir..................113
Podcast 110: ame seu cliente..................113
Podcast 82: valores dos clientes..................113
Podcast 84: linguagem do cliente..................114
Podcast 99: cliente nervoso..................114
Podcast 100: cliente falador..................114
Podcast 101: cliente aproveitador..................115
Podcast 103: cliente estrela..................115
Podcast 102: cliente sabidão..................115
Podcast 115: cliente agressivo..................116
Podcast 116: linguagem chula..................116
Podcast 117: cliente com problemas de fala..................116
Podcast 120: cafezinho com o cliente..................117
Podcast 153: amizades com clientes..................117
Podcast 155: dificuldade em vender mais para os mesmos clientes..................117
Podcast 161: afeição..................118
Podcast 194: o psicólogo e o profissional de vendas..................118
Podcast 57: promessas..................118
Podcast 199: a segunda reunião..................119
Podcast 59: segredos..................119
Podcast 23: tirando um cliente do concorrente..................119
Podcast 134: a influência no comportamento do comprador..................120
Podcast 368 (extra): seja interessante..................120
Parte 3: revelar necessidades..................120
Podcast 212: necessidades..................122
Podcast 213: necessidades e desejos..................122
Podcast 83: necessidades e interesses..................122

Podcast 133: Maslow e vendas..123
Podcast 365: por que compramos?..123
Podcast 149: momento de insatisfação 123
Podcast 24: geladeira para esquimó..124
Podcast 277: o necessário para investigar...124
Podcast 303: qualificando oportunidades..124
Podcast 285: o que é importante qualificar?..125
Podcast 287: perguntas de qualificação...125
Podcast 278: perguntas abertas 126
Podcast 279: a pergunta que não deve ser feita 126
Podcast 280: perguntas reflexivas 126
Podcast 79: *backtracking*..127
Podcast 281: o que queremos revelar?...127
Podcast 282: descobrir o que angustia e o que queremos revelar......127
Podcast 288: perguntas poderosas..128
Podcast 65: personagens do processo de compra..................................128
Podcast 66: o iniciador..128
Podcast 67: o especialista...129
Podcast 68: o decisor...129
Podcast 69: o comprador..129
Podcast 70: o usuário...129
Podcast 283: comprou o sinal de compra 130
Podcast 284: as duas perguntas poderosas "como"................................130
Podcast 183: testar a oportunidade de venda 130
Podcast 366 (extra): gol de venda..131

Capítulo 7: demonstração..**133**
Podcast 289: demonstração...137
Podcast 362: objetivo da demonstração..137
Podcast 293: a proposta de valor 137
Podcast 294: a escala de valor...137
Podcast 02: a primeira pergunta secreta 138
Podcast 03: a segunda pergunta secreta 138
Podcast 04: a terceira pergunta secreta 139
Podcast 106: soluções de um produto...139
Podcast 06: ofertas interessantes...139
Podcast 07: ofertas encantadoras..139
Podcast 296: *storytelling* 140
Podcast 292: use palavras interessantes 140
Podcast 358: metáforas..141
Podcast 295: a hora do preço..141
Podcast 360: preço e valor..141
Podcast 361: percepção de valor..142
Podcast 85: temas: sistemas representacionais..142
Podcast 119: falar em público 142
Podcast 189: você compraria de você?...143
Podcast 177: as três formas de encantar os clientes 143
Podcast 122: didática..143
Podcast 63: sensações para vender..143

Podcast 291: fale como ouça 144
Podcast 220: ultimação 144

Capítulo 8: conclusão da venda 145
Podcast 297: a negociação 148
Podcast 298: a Tríade da Ótima Negociação 149
Podcast 123: negociar muito bem 149
Podcast 355: o maior segredo dos bons negociadores 149

Parte 1: estratégia de negociação 150
Podcast 299: a estratégia 152
Podcast 10: preço de reserva 152
Podcast 300: o preço de oferta e o preço de reserva 153
Podcast 305: a reciprocidade do ZAP 153
Podcast 11: menos descontos 153
Podcast 306: a melhor alternativa ao não-acordo 154
Podcast 307: aumentar o bolo 154
Podcast 121: barganhar ou negociar 154

Parte 2: tática de negociação 155
Podcast 308: as táticas da negociação 157
Podcast 309: Ancorar Alto 157
Podcast 310: o Ultimato 157
Podcast 311: Salame 158
Podcast 312: limite orçamentário 158
Podcast 19: ferir e curar 158
Podcast 313: as táticas de quem compra 158
Podcast 98: cliente caladão 159
Podcast 95: cliente "ai, que dúvida!" 159
Podcast 142: Marston e o DISC 160
Podcast 143: perfil dominante 160
Podcast 351: venda para dominantes 160
Podcast 144: perfil influente 161
Podcast 352: venda para influentes 161
Podcast 145: perfil estável 161
Podcast 353: venda para estáveis 162
Podcast 146: perfil conformista 162
Podcast 354: venda para conformistas 163
Podcast 356: a coragem de largar tudo 163
Podcast 357: quando o comprador usa a escassez 163

Parte 3: objeções 164
Podcast 40: objeções são bons sinais 167
Podcast 314: objeções 167
Podcast 41: técnica do ccc 167
Podcast 166: a técnica do ccc ii 168
Podcast 316: a técnica do ccc iii 168
Podcast 165: contornando objeções 168
Podcast 315: mapeie suas objeções 169

Podcast 42: colecione objeções 169
Podcast 164: objeções o incomodam? 169
Podcast 167: sofrimento com objeções 169
Podcast 168: não leve objeções para o lado pessoal 170
Podcast 169: objeções não reveladas 170
Podcast 170: objeções frequentes 170
Podcast 319: objeções frequentes ii 171
Podcast 171: objeções permanentes 171
Podcast 320: objeções permanentes ii 172
Podcast 172: objeções e contra-objeções 172
Podcast 173: objeções para argumentar 172
Podcast 318: objeções para argumentar ii 172
Podcast 174: objeções para abordar 173
Podcast 198: revelar objeções 173
Podcast 317: objeções para abordar 174

Parte 4: fechamento 174
Podcast 321: o fechamento da venda 175
Podcast 322: pedir o fechamento 175
Podcast 29: convite ao fechamento 176
Podcast 137: busque o fechamento da venda 176
Podcast 267: clientes referências 176
Podcast 323: a prontidão para o fechamento 177
Podcast 141: sinais de compra 177
Podcast 324: os sinais de compra ii 178
Podcast 325: a tática do fechamento direto 178
Podcast 326: a tática do fechamento diretivo 178
Podcast 327: a tática da escolha do cliente 179
Podcast 328: a tática do ponto insignificante 179
Podcast 329: a tática do convite 179
Podcast 330: a tática do resumo de benefícios 180
Podcast 331: a tática da devolução da questão 180
Podcast 332: a tática de prós e contras 180
Podcast 333: a tática do o que te impede 180
Podcast 334: a tática do ferir e curar 181
Podcast 335: motivadores de fechamento 181
Podcast 12: gatilho de fechamento de venda 181
Podcast 13: escolha do cliente 182
Podcast 14: devolução da questão 182
Podcast 15: fechamento direto 182
Podcast 16: gatilho da prestação de serviços 183
Podcast 20: gatilho da garantia de qualidade 183
Podcast 17: gatilho presentes 183
Podcast 21: gatilho da venda filhote 183
Podcast 160: prova social 184
Podcast 336: deixar o cliente vencer 184
Podcast 18: "o que te impede?" 184
Podcast 132: fatores higiênicos e motivacionais 185

Podcast 135: processos psicológicos na decisão de compra.................185
Podcast 148: momentos de compra dos clientes 185
Podcast 104: o melhor momento para vender novamente 186

   60 Gatilhos de fechamento de venda...186

Capítulo 9: pós-venda...199

Podcast 337: o pós-venda..202
Podcast 338: ações até a entrega...202
Podcast 339: a importância de checar a entrega............................202
Podcast 340: empenho em solucionar insatisfações......................203
Podcast 344: os eventos da empresa..203
Podcast 363: reforço positivo...203
Podcast 150: quando pedir indicações..204
Podcast 341: certificar-se de que o cliente sabe usar....................204
Podcast 25: não fuja dos problemas..204
Podcast 129: satisfação...205
Podcast 130: expectativas..205
Podcast 138: comemore cada venda..205
Podcast 342: ações após a entrega 206
Podcast 346: pequenos brindes..206
Podcast 364: trocas e devoluções..206
Podcast 343: os *hobbies* 207
Podcast 345: datas importantes para o cliente..............................207
Podcast 154: vender mais para os mesmos clientes......................207
Podcast 193: vender mais para seus clientes................................ 208

Capítulo 10: o vendedor..209

Podcast 26: você é vendedor?..211
Podcast 197: vendedores são essenciais 211
Podcast 86: a pessoa mais importante 211
Podcast 51: planeje seu trabalho e trabalhe no seu plano...........212
Podcast 52: balanço diário...212
Podcast 27: você é otimista?..212
Podcast 37: ROI...212
Podcast 56: atingir seus objetivos..213
Podcast 45: ser vendedor é o máximo!..213
Podcast 47: esse negócio é seu..213
Podcast 48: quanto você poderia estar vendendo?.......................214
Podcast 50: aceite e pague pela ajuda 214
Podcast 60: equilíbrio de humor..214
Podcast 62: vendedor não tem passado 215
Podcast 77: o vendedor crocodilo 215
Podcast 90: o vendedor corredor..215
Podcast 91: o mercado te compra?...216
Podcast 92: marca pessoal..216
Podcast 125: capital social de um vendedor..................................216
Podcast 139: vendedor, valorize sua função 217

Podcast 359: a função do vendedor 217
Podcast 151: o que o cliente deseja do vendedor? 217
Podcast 152: seja agradável 218
Podcast 140: seis dicas valiosas de vendas 218
Podcast 159: compromisso e coerência 219
Podcast 180: prática mental 219
Podcast 184: *"don't worry, be happy!"* 219
Podcast 185: como agir na adversidade? 220
Podcast 190: seja autêntico 220
Podcast 200: seu *"slogan"* 220
Podcast 302: o momento correto para a proposta 221
Podcast 347: a indústria 4.0 221
Podcast 348: o vendedor 4.0 221
Podcast 349: competências estratégicas 222
Podcast 350: o tempo do vendedor 222
Podcast 162: organização 223
Podcast 163: dicas de organização 223
Podcast 30: regra 60... 30... 10...Valorize seu tempo 223
Podcast 111: conheça intimamente seus números 224
Podcast 131: cliente lucrativo 224
Podcast 114: seja único 224
Podcast 118: carisma 225
Podcast 192: entusiasmado ou irritante 225
Podcast 157: falta de vendas 225
Podcast 158: dez dicas para ser um vendedor melhor 226
Podcast 367 (extra): correr 226
Podcast 369 (extra): crescimento e desenvolvimento 226

Você sabe o que é ser um vendedor? 228

Índice de *podcasts* 231

Referências 239

Introdução

Você é um vendedor?
Não?
Sim. Você é.

Atualmente, nas grandes empresas, a separação entre vendas e os outros departamentos está desaparecendo. Todos são vendedores e, os que ainda não se consideram assim, precisam mudar urgentemente a mentalidade para manter seus empregos. Mesmo que você seja um professor, um médico ou um profissional liberal, convencer alguém de mudar um hábito, trocar uma dieta ou adotar uma nova ideia faz parte de suas atividades. Você também é vendedor.

A atividade de vender surgiu há milhares de anos. Gosto de pensar na ideia de que os homens das cavernas já faziam trocas para obter itens e satisfazer suas necessidades. Nessa época, os homens que realizavam trocas mais justas e com benefícios para ambas as partes tinham maior aceitação. Conseguiam realizar mais trocas, com maior frequência entre os elementos, em maior velocidade, com maior confiança e assim atender rapidamente às próprias necessidades. Eram os primeiros ótimos vendedores. Já os outros, que realizavam trocas buscando apenas os próprios interesses, os que não se preocupavam com a satisfação do outro, perdiam a confiança, eram muitas vezes evitados e isolados. Ou na primeira oportunidade de desatenção, eram até mortos ou banidos da tribo. Foram os primeiros péssimos vendedores da história.

As vendas permeiam toda a nossa vida. Ao nascermos, assumimos o papel de vendedor quando choramos pedindo por alimento ou proteção. Quando adolescentes, precisamos vender nossa imagem de bom partido para encontrar nosso par ideal. Na fase adulta, dedicados ao trabalho, a cada manhã, temos que vender a ideia, para nós mesmos, de que é melhor levantar e trocar a cama pelas atividades do dia a dia.

Nos negócios, a área de vendas é a mais importante. É tão importante que uma empresa pode nascer sem produção, sem funcionário, sem sede, sem dinheiro, sem proprietários e, mesmo assim, ser um enorme sucesso por muitos anos. Entretanto, se nascer com tudo isso e sem o foco de atender alguma necessidade, jamais conseguirá se manter por muito tempo. Esse foco de atendimento de necessidades é a função do departamento de vendas.

Então, somos todos vendedores e estamos vendendo o tempo todo. Se você quer evoluir na sua carreira, se quer manter seu emprego, se quer viver melhor em sociedade, se quer se relacionar melhor com as pessoas, se acha que merece mais da sociedade em que vive, aprenda a vender melhor.

Este livro vai ajudá-lo.

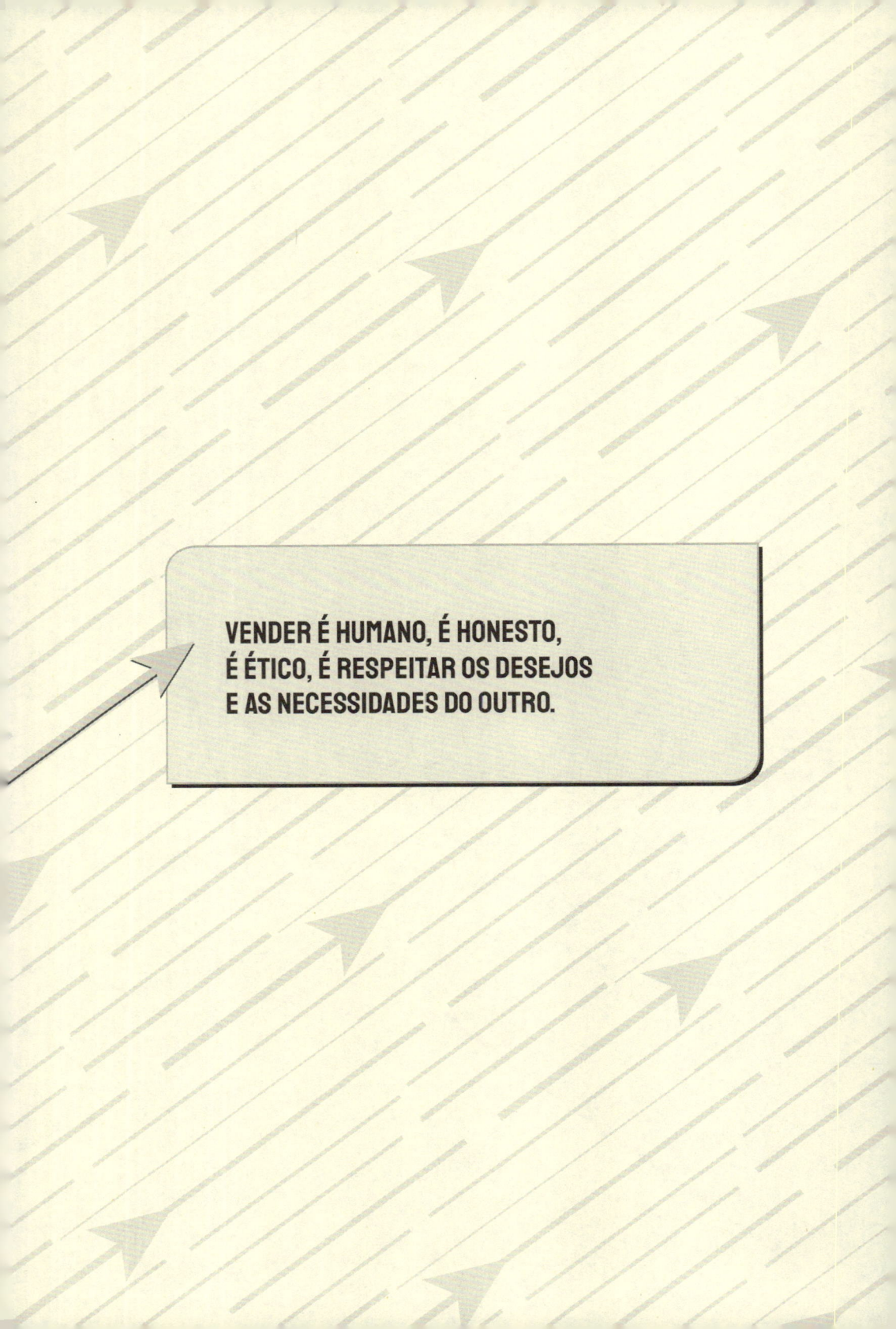

CAPÍTULO I: O QUE É VENDA?

Nós, humanos, somos seres individuais e vivemos em sociedade. Cada um tem habilidades, competências e desejos diferenciados dos outros. Alguns de nós são ótimos pintores, outros bons escultores, ou ainda ótimos em esporte. Existem pessoas capazes de resolver complexos problemas de Química Analítica e outros, tocar nossos corações com suas românticas melodias musicais de piano. Nas preferências e gostos, também somos diferentes. Alguns adoram se deliciar com risotos e vinhos, enquanto o desejo de outros é churrasco com cerveja. Além disso, somos dotados de livre arbítrio, da capacidade e do direito de mudar de opinião. Podemos adorar risotos na quinta-feira e amar churrasco no sábado. Somos seres incríveis!

Na sociedade assumimos papéis variados e complementares para a manutenção e sucesso da organização. Existem os médicos, os policiais, os professores, os empresários. Podemos assumir o papel que quisermos, e até vários deles. Também podemos criar papéis novos, nunca antes apresentados. As únicas condições para a manutenção em qualquer papel é que seja coerente com o desenvolvimento da sociedade e que respeite as individualidades dos outros seres. Caso contrário, sofreremos as ações dos outros para deixarmos de representar o papel e seremos responsabilizados pelos danos à sociedade gerados durante e por causa da nossa atuação.

Nesse contexto de respeito ao outro e à sociedade, o papel de vendedor é tão necessário e importante. Estamos o tempo todo vendendo. **Venda é o convencimento de realização de uma troca, pela qual oferecemos algo que possuímos e obtemos algo que desejamos; após a efetivação, as duas partes ficam satisfeitas de terem feito bons negócios.** Com frequência, as trocas não acontecem automaticamente, precisam de convencimento, argumentação e esclarecimento. Esse conjunto formado por convencimento, argumentação e esclarecimento é a venda.

Em nossa sociedade, a todo momento, tentamos convencer os outros a nos auxiliar na satisfação de desejos ou necessidades. É assim quando um bebê chora com fome, quando uma criança busca o convencimento do pai no supermercado para comprar guloseimas, quando um adolescente se empenha na conquista de seu primeiro amor ou, ainda, quando um senhor na melhor idade argumenta para comer um pouco mais de sobremesa, apesar dos resultados de seus exames. Tudo isso é venda. Tudo isso é convencer o outro a realizar uma troca.

Também é venda quando buscamos nova colocação profissional de trabalho, durante o momento da entrevista. Nessa ocasião estamos tentando trocar nosso tempo, dedicação, competências e habilidades por salário no final do mês. Assim como chamamos de venda o processo de oferecer nossos produtos ou serviços em troca de dinheiro.

Um adolescente, por exemplo, ao buscar seu amor, tenta atender às necessidades de associação, autoestima e autorrealização. Também tenta satisfazer desejos de estar junto àquele par que lhe chamou atenção. O outro, o par, também tem necessidades e desejos que precisam ser compreendidos. De alguma forma, é importante compreender que os dois podem se ajudar quando estão juntos. Apresentar-se como alguém que, além de si, tem a capacidade de atender aos desejos e necessidades do outro, estabelecendo uma verdadeira parceria com os objetivos da satisfação e da felicidade mútua.

Venda é o processo de convencimento para a realização de troca na qual as partes ficam satisfeitas. Quando o processo é compreendido e seguido, a venda se torna suave, tranquila e eficaz. As necessidades e desejos são atendidos e as pessoas ficam felizes com o resultado da negociação. Elas não se sentem persuadidas ou manipuladas; ao contrário, valorizadas. Alguém está atento às suas necessidades e aos seus desejos. Existe ainda sentimento de contribuição por ajudar o outro.

A venda é difícil, muitas vezes um desafio intransponível, caso apenas olharmos para as nossas necessidades, sem enxergar as do outro. Não seremos valorizados se não entendermos o outro. Vender é difícil se oferecermos algo que não é necessário ou não é compreendido como útil. Fazer força para vender dessa maneira, além de difícil, acontece unicamente por capacidade de persuasão, uma das partes pode não ficar satisfeita, ou até mesmo as duas. A experiência é ruim e não se repete. Para algumas pessoas, essa situação pode causar traumas e mágoas que dificultarão novas tentativas. As pessoas acabam por fugir de vender.

Venda é fácil se o processo for compreendido e valorizado. Cada um entendendo o que tem e que tipo de solução pode entregar. Quando um olha, entende as necessidades do outro e descobre como pode satisfazê-las com o que tem a oferecer, a troca passa a ser valorizada. As pessoas ficam orgulhosas ao concluírem a negociação. Enchem-se de satisfação e querem repetir a experiência. Querem vender novamente.

CAPÍTULO I: O QUE É VENDA?

Então, sempre que desejamos algo de alguém em nossa sociedade, precisamos oferecer algo em troca. Quando a troca não acontece automaticamente, precisamos vender. Assumimos o papel de vendedor.

Para facilitar as trocas e as relações sociais, este livro traz minhas experiências de 30 anos empreendendo, 35 anos vendendo e 50 anos vivendo como alguém que, para ter algo, sempre buscou realizar trocas honestas e valorosas para ambas as partes.

Venda é processo. Venda é fácil.

PodCast 201: o que é venda?

Gancho: o que é venda?

Texto da dica: se você procurar no dicionário, verá algumas definições de vendas, como: comercializar, ação de transmitir a posse, atender um cliente, entregar algo a alguém por meio de um pagamento, convencer alguém a comprar, entre outros significados. Sou vendedor há mais de 30 anos. Cheguei a uma conclusão do que é venda. Venda é a ação de convencimento de realização de uma troca, pela qual oferecemos algo que possuímos e recebemos algo que desejamos e, após a efetivação, as duas partes saem convencidas de terem feito bons negócios.

Motivação final: vendedor, é fundamental entender corretamente o que fazemos para fazer bem-feito. **Venda é uma troca.**

PodCast 71: o que é venda II?

Gancho: você sabe o que é venda?

Texto da dica: alguns dizem que *venda* é negociar; outros, que é convencer, persuadir, escutar e falar ou, ainda, insistir e persistir. Entretanto, o mais correto é: venda é uma troca. A definição completa é: Venda é o convencimento para a realização de uma troca, em que as partes ficam satisfeitas após a efetivação. É importante aprender a vender e a trocar, porque na sociedade em que vivemos o sucesso está nas relações e nas trocas bem-feitas.

Motivação final: aprenda a vender entendendo como trocar.

PodCast 176: venda é arte e é técnica

Gancho: você já ouviu falar que venda é arte e é técnica também?

Texto da dica: venda é arte quando nos referimos às habilidades do vendedor em desenvolver o relacionamento, avaliar o cliente, determinar seu estilo de personalidade e adequar a forma ideal de se comunicar. Venda é técnica quando envolve o processo e a aplicação de ações específicas em cada momento da venda. Use as estratégicas para avançar os passos de forma efetiva e sequencial e as táticas para evoluir melhor e facilmente em cada momento.

Motivação final: quer melhorar suas vendas? Melhore suas técnicas para evoluir na sua arte.

PodCast 33: o crescimento se dá pelo conhecimento

Gancho: para ganhar mais, é preciso aprender mais.

Texto da dica: vivemos em um momento de ampla divulgação da informação. Por esse motivo, os produtos estão cada vez mais parecidos uns com os outros e cada vez temos mais concorrentes na praça. Desse jeito, apenas com a aprendizagem contínua, teremos sucesso nas vendas. Hoje, mais do que nunca, é fundamental estudar, ler livros, fazer cursos, participar de seminários, ouvir *podcasts* especializados. Os profissionais de vendas mais bem-sucedidos e os que ganham mais são os melhores preparados.

Motivação final: lembre-se: o crescimento se dá pelo conhecimento.

PodCast 34: o mais importante investimento

Gancho: você sabe qual é o investimento mais importante que um vendedor pode fazer?

Texto da dica: é investir em si mesmo. Invista parte de sua comissão em cursos, compre livros, participe de seminários. Quando estuda, aperfeiçoa-se, melhora sua autoconfiança, suas atitudes em relação a você e à confiança no futuro. Você perceberá que os outros o tratarão cada vez com mais respeito, mais educação e interesse. É assim que os melhores atingem o sucesso.

Motivação final: vendedor, cada real investido em você gera um retorno de 100 vezes. Reserve 5% do que ganha para investir na sua evolução. O crescimento se dá pelo conhecimento.

PodCast 113: conhecimento

Gancho: você se dedica a aprender sempre mais?

CAPÍTULO I: O QUE É VENDA?

Texto da dica: aprender novas técnicas e implementá-las é o caminho para a construção de um vendedor de sucesso. Para qualquer profissional, estudar é importante. Para um vendedor que sempre está com pessoas diferentes, empenhando-se para entendê-las e oferecendo produtos e serviços variados, estudar é fundamental. É preciso ler muito, conversar com pessoas bem-sucedidas, frequentar cursos e palestras, encontrar um mentor que lhe dê orientações é valiosíssimo. Isso promove não só o sucesso nas vendas e o crescimento profissional, como desenvolve também o crescimento pessoal. O desejo de aprender sempre acrescenta qualidade na sua vida.

Motivação final: o crescimento se dá pelo conhecimento.

CAPÍTULO 2: MOTIVAÇÃO E AUTOCONFIANÇA PARA VENDER

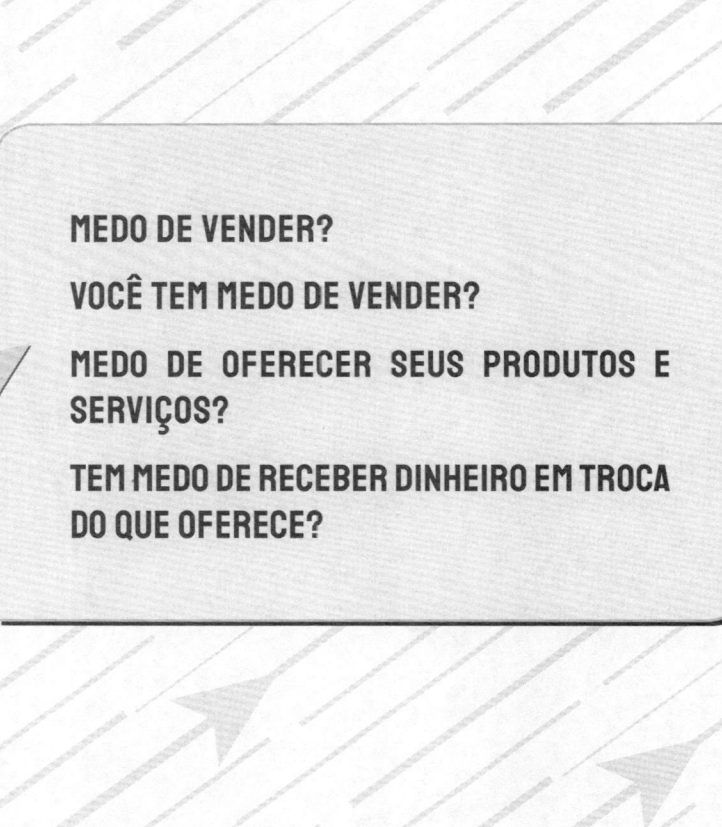

MEDO DE VENDER?

VOCÊ TEM MEDO DE VENDER?

MEDO DE OFERECER SEUS PRODUTOS E SERVIÇOS?

TEM MEDO DE RECEBER DINHEIRO EM TROCA DO QUE OFERECE?

CAPÍTULO 2: MOTIVAÇÃO E AUTOCONFIANÇA PARA VENDER

O **medo de vender** é comum nas pessoas de maneira geral. Existe um apego natural à situação atual e, consequentemente, uma tentativa de fuga da possibilidade de mudança. Sim. Mudança. Vender é realizar uma troca em que você entrega um produto ou serviço e a outra parte lhe entrega dinheiro ou outro bem em seu poder. Uma mudança de posses. É importante que as duas partes fiquem satisfeitas após a troca ser realizada, para continuarem se relacionando. A dúvida a respeito dessa satisfação gera insegurança. Gera esse **medo**.

Pessoas são diferentes, têm necessidades e desejos diversos. Um produto ou serviço que temos a oferecer pode ser ótimo para algumas pessoas e pouco interessante para outras. No processo de venda, quando oferecemos algo para quem não tem interesse, recebemos uma rejeição. É exatamente disso que temos medo, de **rejeição**.

Fugimos da rejeição porque somos seres programados para viver em sociedade. Estar junto a pessoas é uma necessidade humana. Correr o risco de sermos rejeitados nos afeta e nos amedronta.

Desde 2015, além de empresário da Educação, atividade que tenho exercido durante muitos anos, sou proprietário de uma rede de escolas de Educação Básica no interior do Estado de São Paulo, resolvi assumir a função de consultor empresarial com foco em ajudar empresários a venderem mais e melhor. Meu objetivo, com essa atividade, é retribuir parte dos conhecimentos que adquiri com minha experiência de mercado. É lógico, como um experiente empreendedor, entregar uma solução para um grupo de pessoas carentes e que poderiam se beneficiar com o que tenho. Criei a *Espadas Consultoria de Negócios* (www.espadasconsultoria.com.br), uma empresa voltada a ajudar os profissionais de vendas, os empresários e os profissionais liberais a venderem mais e melhor. Nosso produto é desenvolver com os nossos clientes processos lógicos estruturados de venda, personalizados para cada produto e cada vendedor.

Lembro-me de que um dos primeiros clientes que tive foi um empresário do ramo moveleiro, um proprietário de marcenaria, fabricante de móveis planejados. Um empreendedor com mais de 20 anos de experiência. Uma pessoa que teve muito sucesso, porém que estava com grandes desafios. Como quero preservar sua confidencialidade, vou chamá-lo de Antônio, o marceneiro.

Antônio, em toda sua experiência profissional, sempre preferiu as madeiras, as ferramentas e os armários do que os contatos com os clientes. Sempre acreditou que a melhor e maior propaganda era o próprio trabalho. Sempre confiou que seu maior divulgador era seu cliente satisfeito. Antônio esteve correto e teve sucesso agindo assim.

Porém, pelo ano de 2015, Antônio já não estava mais atingindo o mesmo sucesso. O mercado mudou, a crise chegou, as vendas diminuíram. Antônio teve de reduzir o quadro de trabalhadores. Na marcenaria, eram seis pessoas entre marceneiros e ajudantes, que ele precisou reduzir para três. No escritório, eram quatro pessoas: sua esposa, que cuidava das atividades administrativas; um vendedor externo e dois atendentes, que recebiam as ligações, faziam os projetos e as ligações de *follow up* para os contatos do vendedor.

Ligações de *follow up* são ligações telefônicas, nas quais os vendedores ou seus auxiliares acompanham os compradores durante um tempo, até a tomada de decisão de compra. Nessas ligações, são esclarecidas dúvidas que podem aparecer, são negociadas condições financeiras e também prazos, são contornadas objeções e, principalmente, são nessas ligações que o comprador recebe doses de motivação para realizar a compra e fechar a venda. Essas ligações de *follow up* são contatos fundamentais para a venda.

Com a crise, Antônio precisou demitir seus dois atendentes. Não podia demitir sua esposa nem seu vendedor. Antônio não tinha mais ninguém para fazer suas ligações de *follow up*. Tinha medo de incomodar o cliente e me procurou para ajudar. Expliquei e ensinei formas de fazer o contato com táticas de abordagens suaves e eficazes. Darei algumas dicas dessas abordagens no decorrer do livro.

Na semana seguinte, recebi novamente Antônio para me descrever suas ligações. A felicidade relatada por ele foi incrível. Enfrentar nossos desafios, romper nossos limites e conquistar o que queremos têm este ganho: felicidade. No caso do Antônio, as formas e táticas fizeram-no perder o medo.

Entenda ainda que o **medo** é apenas um sentimento indicador de necessidade de melhor preparação antes de iniciar uma ação. Percebo a importância de duas preparações antes da venda que diminuem muito o **medo**.

CAPÍTULO 2: MOTIVAÇÃO E AUTOCONFIANÇA PARA VENDER

1. **Seu produto é a sua solução.** Todo produto só existe porque é uma solução para alguma necessidade ou desejo. Compreender com requinte e detalhes essa solução, quais necessidades e desejos podem ser atendidos, tornará fácil identificar quais pessoas podem valorizar o que temos a oferecer. Poderemos escolher para *quem*, *onde* e *quando* oferecer nossos produtos ou serviços, para maior possibilidade de aceitação.

2. **O processo de venda.** Saber como realizar uma venda é outro conhecimento importante para evitar o **medo**. Venda é um processo com etapas claras e definidas. Vender sem respeitar o processo dificulta a compreensão da solução e a realização da troca, portanto aumenta a possibilidade de rejeição. Aumenta o medo.

Para diminuir o **medo** e as possibilidades de rejeição, estude. Conheça melhor seu produto. Seja um especialista. E não se esqueça de se capacitar no processo de vendas. Faça o treinamento:

Mastery in Sales Strategy (www.espadasconsultoria.com.br).

Não sinta mais medo. Entenda seu processo, entenda seu produto e elimine seu medo.

PodCast 202: por que aprender a vender?

Gancho: por que precisamos aprender a vender?
Texto da dica: vivemos em uma sociedade baseada em trocas. A todo tempo, estamos interagindo com as pessoas que querem coisas de nós. Nós também queremos coisas das pessoas. Quando conseguimos realizar trocas, nossos interesses e os interesses dos outros se satisfazem. Assim, a relação interpessoal se desenvolve, a confiança cresce e a sociedade evolui. Algumas vezes as trocas precisam de maiores convencimentos para serem realizadas. Isso acontece porque as necessidades não estão reveladas e claras. Esse é o papel do vendedor, revelar as necessidades para ajudar a realizar as trocas.
Motivação final: desenvolva suas competências em vendas para trocar mais, para se relacionar bem e viver melhor em sociedade.

PodCast 203: todo mundo vende

Gancho: todos vendem algo.

Texto da dica: vivemos em uma sociedade na qual, a todo momento, tentamos convencer as pessoas a nos ajudarem com nossos sonhos, desafios, objetivos, metas e necessidades. É assim quando um bebê chora pedindo leite, uma criança insiste com a mãe por uma guloseima, um adolescente tenta conquistar seu primeiro amor, um profissional busca um emprego ou um senhor na melhor idade argumenta para comer mais uma sobremesa. Tudo isso é venda. Também é venda quando convencemos a nós mesmos a levantar da cama quentinha todas as manhãs cedo para trabalhar, mesmo precisando de nossa capacidade de persuasão.

Motivação final: é fundamental aprender a vender para conseguir o que se quer, para entender o outro, para viver melhor em sociedade e ser mais feliz.

PodCast 204: vender é difícil?

Gancho: você acha que vender é difícil?

Texto da dica: vender é realmente difícil se estivermos preocupados com a nossa meta, a nossa comissão, os produtos parados no estoque ou com o faturamento baixo do mês. Vender é fácil quando estamos focados nas necessidades dos clientes, no processo da venda e na realização de uma troca em que as duas partes ficarão satisfeitas ou na relação ganha-ganha. Como vender é uma ação, existe um processo para fazer isso bem-feito e facilmente.

Motivação final: é fundamental estudar o processo das vendas. Ao vendermos corretamente, as partes se enchem de satisfação, ficam orgulhosas e querem repetir a experiência.

PodCast 205: você tem medo de vender?

Gancho: você tem medo de vender?

Texto da dica: é comum encontrar pessoas com medo de vender. Isso acontece porque existe um apego das pessoas pela situação atual e um desejo natural em evitar as mudanças. Vender é realizar uma troca em que o vendedor entrega seu produto ou serviço e o cliente entrega dinheiro. Uma mudança de posses. No momento em que o vendedor propõe essa mudança, algumas vezes ele recebe uma rejeição. Como somos seres que vivemos em sociedade, sentimos medo dessa rejeição por parte de outro ser humano.

Motivação final: é aprendendo a vender que diminuímos esse medo.

CAPÍTULO 2: MOTIVAÇÃO E AUTOCONFIANÇA PARA VENDER

PodCast 206: como diminuir o medo de vender?

Gancho: quer diminuir o medo de vender?

Texto da dica: o medo de vender vem do medo de ser rejeitado. No entanto, o medo é apenas um sentimento indicador de necessidade de maior preparação. Temos duas formas para nos prepararmos. A primeira é entender a solução de nossos produtos. É conhecendo com requinte as soluções que conseguimos identificar pessoas com necessidades para elas, e assim menos sujeitas a rejeitar. Outra preparação importante é quanto ao processo de vender. É preciso compreender como a venda acontece, etapa a etapa, para poder realizar com qualidade e diminuir ainda mais a possibilidade de rejeição.

Motivação final: entenda suas soluções e seja especialista no seu processo de vender. Diminua o medo.

PodCast 207: a fonte do medo de vender

Gancho: você sabe qual a fonte do seu medo de vender?

Texto da dica: é fundamental compreender o que exatamente tememos na hora de vender. Os temores da venda podem vir de várias formas. Muitas vezes nos preocupamos em não ser queridos, ou ser rotulados como insistentes, inconvenientes ou incompetentes. Algumas vezes, o medo pode vir do receio de que nosso produto ou serviço não funcione como dizemos. Tememos também uma opinião contrária em desacordo com nossas expectativas. Saber qual é a fonte do medo, ou as fontes, é o primeiro passo para a superação. Só assim saberemos como e onde agir.

Motivação final: reflita de onde vem seu medo.

PodCast 208: faça do início o menos importante

Gancho: você quer começar a vender com mais facilidade?

Texto da dica: a primeira venda é sempre a mais desafiadora. A primeira ligação ou a primeira visita do dia sempre traz algum receio. Isso acontece porque iniciar uma ação consome mais energia que sua manutenção, é assim quando iniciamos um novo treinamento, um novo trabalho, uma nova praça, um novo dia. Tornar o início menos importante é dica valiosa para começar com mais facilidade qualquer ação. Fazemos isso quando diminuímos as expectativas do contato inicial. Comece por alguém que você não espera vender. Na verdade, não espere nada.

Motivação final: o primeiro contato do dia deve servir apenas para sair da inércia, para colocá-lo em movimento e em ação. Venda mais. Venda melhor.

PodCast 209: evite a procrastinação

Gancho: você evita a procrastinação?

Texto da dica: procrastinação é o adiamento de uma ação. Adiar a ação só a faz se tornar mais desafiadora. A pessoa que procrastina sente estresse, sensação de culpa, perda de produtividade e vergonha por não cumprir com suas responsabilidades e compromissos, conforme as expectativas. Nas vendas, a procrastinação só faz aumentar os desafios e o medo. Para evitar a procrastinação, faça listas e estabeleça metas e indicadores mensais, semanais e até diários. Monitore seus avanços e prazos. Tenha a certeza de que está em ação e evoluindo em direção ao seu objetivo.

Motivação final: mantenha a ação. O movimento evita a procrastinação e diminui o medo.

PodCast 61: paciência

Gancho: vendedor, qual o tamanho da sua paciência?

Texto da dica: a competência mais importante para o sucesso nas vendas é a persistência. Para isso, paciência é fundamental. Cuidado para não atropelar seu cliente com ligações e contatos exagerados. Não force a tomada de decisão apressada. Isso provoca atitudes negativas. É comum encontrar vendedores impacientes que não esperam o tempo necessário para a análise de suas propostas. Muitas vendas são perdidas assim.

Vendedor, quando seu cliente solicitar um prazo de análise, sempre pergunte sobre o tempo que será necessário. Agende com ele o novo contato e faça sempre por escrito.

Motivação final: seja persistente e paciente.

PodCast 76: persistência, sucesso e fracasso

Gancho: vendedor, você sabe a diferença entre persistência, sucesso e fracasso?

Texto da dica: sabemos que persistência é a maior razão para o sucesso nas vendas. Pode procurar, mas não encontrará um vendedor de grande sucesso que não passou por dificuldades, dissabores, frustrações, engoliu vários *sapos* e cometeu muitos erros. A persistência é compreendida quando entendemos o significado do fracasso.

Motivação final: fracassar é desistir. Quem persiste nunca fracassa, porque se mantém caminhando para o sucesso. Sucesso é conseguir o que se quer.

PodCast 93: resiliência

Gancho: você sabe o que é resiliência?

CAPÍTULO 2: MOTIVAÇÃO E AUTOCONFIANÇA PARA VENDER

Texto da dica: resiliência é o nome de uma propriedade da Física de alguns corpos que conseguem retornar à forma original após terem sido submetidos a uma deformação causada por uma pressão ou força externa. Para o vendedor adquirir ou desenvolver essa propriedade de resiliência, é fundamental. No nosso dia a dia de trabalho, é preciso aprender a retomar nossa condição inicial de alegria, de motivação, de autoconfiança, mesmo após sofrer grande pressão do cliente, do chefe ou de alguém no trabalho. Um vendedor resiliente é mais focado, concentrado, equilibrado, persistente, procura por soluções, não por problemas.

Motivação final: vendedor, desenvolva sua resiliência.

PodCast 156: resiliência II

Gancho: você sabe o que é resiliência?

Texto da dica: resiliência é a capacidade de um indivíduo em lidar com problemas, adaptar-se a mudanças, superar obstáculos e resistir a pressões de situações adversas. Resiliência é uma das mais importantes características de um vendedor de sucesso. Nas vendas, resiliência pode ser traduzida como capacidade de se manter motivado apesar de vários "nãos" que se ouve. Desenvolvemos a resiliência quando aceitamos os desafios, reconhecemos os problemas, focamos nas soluções e nas novas possibilidades. Um dos fatores mais importantes no desenvolvimento da resiliência é o acolhimento de outras pessoas. O vendedor precisa manter ótimo relacionamento interno com sua empresa e com sua equipe gestora.

Motivação final: é com resiliência que ficamos persistentes.

PodCast 81: estado de fluxo

Gancho: vendedor, você sabe o que é estado de fluxo?

Texto da dica: o estado de fluxo é o momento em que um vendedor usa sua máxima habilidade para enfrentar um desafio difícil e grande, mas possível de ser transposto. É um estado mental de operação, em que o vendedor está totalmente imerso e concentrado no que está fazendo. É um sentimento de total envolvimento no processo da atividade. Representa uma fonte de energia, para enfrentar com vigor e entusiasmo os desafios da vida e das vendas. A consequência desse estado é felicidade.

Motivação final: vendedor, lembre-se: dedicação, concentração e foco. Entre no estado de fluxo e se sinta feliz com isso.

PodCast 88: autoconhecimento

Gancho: você se dedica ao autoconhecimento?

Texto da dica: autoconhecimento é fundamental para ter sucesso em qualquer profissão e em qualquer atividade. Saber quais são seus pontos fortes e fracos é requisito básico para atingir o que você quer. É importante trabalhar e desenvolver os pontos fracos, para diminuir os desafios e superar obstáculos mais facilmente. Também é estratégia valiosa desenvolver ainda mais os seus pontos fortes, assim continua a se diferenciar e a se destacar no mercado. O autoconhecimento ainda traz outro benefício: a **felicidade**.

Motivação final: vendedor, aprenda cada vez mais sobre a pessoa mais importante do seu mundo. Aprenda mais sobre você.

PodCast 109: coragem

Gancho: como está sua coragem?

Texto da dica: coragem é a capacidade de agir apesar do medo, do temor e da intimidação. Na vida de um vendedor, às vezes, é preciso coragem para pegar o telefone e fazer a primeira ligação do dia. Os ótimos resultados nas vendas dependem apenas disso. Vendedores de sucesso têm coragem, inclusive, de ficar sozinhos e olhar para dentro de si, quando as coisas não vão bem, refletir, tomar decisão e agir. Afinal de contas, não adianta culpar os outros

Motivação final: o sucesso depende apenas de você. Coragem!

PodCast 112: esforce-se

Gancho: vendedor, qual é seu limite? Qual é o limite de seus clientes? Qual é o limite das suas vendas?

Texto da dica: não sabemos nosso limite, nem aonde podemos chegar. Esforçar-se não é fácil. Muitas vezes deixamos de dar nosso máximo por acreditar que não somos capazes, por pensar que nunca alcançaremos metas mais desafiadoras e elevadas. Precisamos desenvolver o hábito de sempre ir mais longe e sempre querer mais. Só assim nos mantemos em crescimento e em evolução. Somos como elásticos: se não formos submetidos ao esforço máximo, não saberemos qual é nosso limite.

Motivação final: esforce-se! Você vai se surpreender com os resultados.

PodCast 175: comprometido é diferente de envolvido

Gancho: você conhece a história da sociedade entre o porco e a galinha?

Texto da dica: o porco e a galinha fizeram uma sociedade para montar um restaurante e servir café da manhã. Seu prato principal era o famoso ovo com bacon. Em pouco tempo de trabalho, o restaurante fechou. O porco e a galinha brigaram e a sociedade acabou. O motivo foi a diferença

CAPÍTULO 2: MOTIVAÇÃO E AUTOCONFIANÇA PARA VENDER

da dedicação dos sócios ao negócio. Enquanto a galinha se envolvia entregando seus ovos, o porco se comprometia entregando uma parte sua ao negócio: o bacon.

Motivação final: venda é uma atividade fundamental para qualquer empresa. Não é suficiente o envolvimento, é necessário o comprometimento.

PodCast 178: ensaiar e praticar antes de agir

Gancho: como você reage quando se assusta ou sente o perigo?

Texto da dica: quando nosso cérebro percebe o perigo, produz automaticamente uma resposta do tipo lutar, fugir ou paralisar. Os batimentos cardíacos aumentam e a adrenalina é produzida. Tudo isso para preparar o corpo para a reação. Entretanto, nas vendas, ao reagirmos dessa forma nos arrependemos. Não é assim que conseguimos o sucesso nem os resultados. Precisamos ficar frios durante todo o processo de venda e sempre ter consciência das falas e ações.

Motivação final: para agir sempre com consciência, a forma mais eficaz é ensaiar e praticar antes de agir. Vendedor, ensaie suas ações.

PodCast 179: praticar e praticar

Gancho: quer uma dica valiosa para se tornar um mestre nas vendas?

Texto da dica: a dica é *praticar*. Para atingir a maestria, são necessárias horas e horas de prática. Comece sempre aprendendo como fazer corretamente algo. Depois passe a praticar e praticar, muitas e muitas vezes até atingir sua maestria nas ações. Reserve um tempo na sua agenda diária para praticar. Combine com um colega ou um parente, filme sua atuação e assista em seguida. Uma dica valiosa para praticar ligações telefônicas de vendas é ligar para sua caixa de mensagens e ouvir em seguida. Preste atenção não só no que você diz, mas no seu tom de voz e sua entonação. Perceba se transmite credibilidade e confiança.

Motivação final: você compraria de você?

PodCast 186: diga-me com quem andas

Gancho: você já ouviu dizer que somos a média das cinco pessoas com as quais mais convivemos?

Texto da dica: os psicólogos sabem que as emoções podem disseminar. O termo para isso é "contágio emocional" ou "transmissão de humor". Pesquisas mostram que as pessoas começam a agir e a reagir da mesma forma como as pessoas que passam seu tempo. Bons vendedores escolhem seus parceiros e seus amigos com inteligência. E quanto a você?

Anda com pessoas negativas ou positivas? Anda com os encrenqueiros e fofoqueiros ou com os esforçados e dedicados?

Motivação final: lembre-se do ditado: *"diga-me com quem tu andas e eu direi quem tu és".*

PodCast 46: os fuxiqueiros das vendas

Gancho: vendedor, você faz parte do time dos fuxiqueiros das vendas?

Texto da dica: os fuxiqueiros das vendas é um time presente em toda empresa. São vendedores que se agrupam pela manhã em torno do café para falar, discutir e reclamar do emprego, da empresa, dos produtos, do gerente, do salário, da família, do colega que bateu a meta, de tudo. No almoço, agrupam-se novamente e repetem as reclamações. No *happy hour*, novamente o time se reúne e mais reclamações. Se você faz parte desse time e não esteve presente em um dos encontros, cuidado, devem estar reclamando de você também.

Motivação final: vendedor, enquanto uns reclamam, outros vendem. Não desperdice seu tempo!

PodCast 187: aliviar o estresse

Gancho: você conhece a melhor ferramenta para aliviar o estresse?

Texto da dica: bom humor é a melhor ferramenta para o estresse. Uma conversa bem-humorada relaxa, tranquiliza, alivia e facilita. O bom humor aproxima, gera conexão, desenvolve o relacionamento e ajuda na lembrança. Para ter bom humor: alimente-se bem, respire direito, pratique atividades físicas, cultive amizades verdadeiras, viva o presente, ouça músicas, cuide do sono, beba água, faça planos, seja voluntário, elogie, mantenha bons pensamentos sobre você, ame alguém.

Motivação final: e mais, muito mais do que tudo isso, ame a si mesmo.

PodCast 188: simpatia

Gancho: você sabe qual o primeiro passo para construir confiança e credibilidade com seu cliente?

Texto da dica: simpatia é o primeiro passo. Simpatia é uma afinidade entre duas ou mais pessoas, pela semelhança e proximidade de sentimentos e pensamentos. É uma impressão ou disposição favorável que alguém experimenta em relação a outra pessoa que acabou de conhecer. É o modo amistoso de tratar alguém e ter empenho em atender as suas pretensões. Pessoas com altos níveis de simpatia são mais contratadas, promovidas e fecham mais vendas.

CAPÍTULO 2: MOTIVAÇÃO E AUTOCONFIANÇA PARA VENDER

Motivação final: a verdade é que, quando os produtos e as condições são parecidos, compramos sempre de quem mais gostamos.

PodCast 191: empatia

Gancho: vendedor, você tem empatia?

Texto da dica: empatia é a habilidade de perceber, entender e reconhecer os sentimentos e pensamentos de outras pessoas. É a habilidade de se colocar na perspectiva do outro, como se estivéssemos nos sapatos dele. Vendedores de sucesso desenvolvem a empatia para entender melhor seus clientes. Durante as reuniões, ative sua empatia, capacidade de ouvir e gerar harmonia. Como resultado, os clientes passam a confiar mais, se abrir e a gostar mais desses vendedores. Vendedores com empatia, durante as visitas, não ficam pensando nos seus próximos compromissos, ficam sintonizados no assunto, com sua atenção focada no cliente. Eles se mantêm plenamente presentes.

Motivação final: concentre-se no seu cliente e no momento. Venda mais. Venda melhor. Sucesso!

PodCast 210: nunca esqueça o prêmio

Gancho: você sabe o que é motivação?

Texto da dica: motivação, na Psicologia, refere-se à condição do organismo que influencia na direção de um comportamento. Em outras palavras, é o impulso interno que leva a uma ação. Motivação é importante para o vendedor, que aborda o cliente, conversa, oferece, negocia, explica, insiste e argumenta. Para fazer isso, ele telefona, escreve, visita, digita, espera, planeja e às vezes blefa. Tudo para fechar a venda. Várias ações, e todas motivadas pelo desejo da conquista de seu prêmio: a comissão.

Motivação final: nunca esqueça o prêmio. Mantenha sua motivação.

PodCast 211: colecione seus sucessos

Gancho: você coleciona seus casos sucessos?

Texto da dica: clientes bem atendidos, satisfeitos com as soluções, felizes com a qualidade, encantados com os diferenciais e impressionados com o profissionalismo e a dedicação do vendedor são o que chamamos de casos de sucesso. Os casos de sucesso devem ser colecionados. Depoimentos em vídeos, áudios, por escrito ou até mesmo histórias anotadas pelos próprios vendedores, relatando como levou os clientes à satisfação, são valiosas ferramentas de motivação de fechamento de vendas. Casos de sucesso ajudam no desenvolvimento da sua credibilidade e são fortes

contribuições ao desenvolvimento da confiança de novos clientes.
Motivação final: é importante tê-los à mão, para usar quando necessário.

PodCast 214: autoconfiança para vender

Gancho: você tem autoconfiança?
Texto da dica: a autoconfiança é a fé que o trabalho a ser realizado trará os resultados esperados. É a confiança que temos em nós mesmos e em nossas capacidades. Vendedores autoconfiantes são seguros, decididos, sabem apresentar suas ideias com clareza, sem parecer arrogantes, enfrentam os desafios, são mais persistentes e sabem tomar boas decisões mesmo quando estão sob pressão. Vendedores bem preparados, com grande conhecimento, mas sem autoconfiança, desperdiçam seu potencial e desistem cedo, acabam fracassando em seus projetos, mesmo sendo merecedores do sucesso. Esses vendedores, quando conseguem vender, a margem é baixa e as condições são ótimas apenas para o comprador. Eles têm dificuldades em se manter no ganha-ganha.
Motivação final: aumente a autoconfiança em suas vendas para vender mais e melhor.

PodCast 215: a fisiologia para a autoconfiança

Gancho: você cuida da sua fisiologia?
Texto da dica: a fisiologia é o ramo da Biologia que estuda as múltiplas funções mecânicas, físicas, bioquímicas, o funcionamento normal e sadio do organismo. A fisiologia é poderoso instrumento para ajustar o estado mental e alcançarmos o dinamismo desejado. O desânimo vem de um estado fisiológico derrotado. A postura corporal acompanha o estado psíquico, o corpo se encolhe e as funções físicas e biológicas vão aumentando a descrença em uma espiral negativa. A postura corporal é determinante no combate ao desânimo. Esticar as costas, levantar o queixo e abrir os ombros ajudam a diminuir o desânimo, aumentar a motivação e a melhorar a autoconfiança em uma espiral positiva.
Motivação final: estique o corpo, abra os ombros. Cuide de sua fisiologia.

PodCast 216: o comportamento de autoconfiança

Gancho: como é seu comportamento?
Texto da dica: o comportamento influencia a motivação e a autoconfiança do vendedor. Um comportamento reativo, cujas reações são provocadas apenas por estímulos externos, faz com que a inatividade seja gradualmente evidente. Isso torna mais difícil aumentar a motivação interna e a autoconfian-

ça para agir. Já um comportamento mais proativo, no qual não são necessários estímulos externos para colocar o vendedor em movimento, estimula, como em uma retroalimentação, estímulos internos que facilitam ainda mais as ações, aumentando a motivação e a autoconfiança gradualmente.

Motivação final: então, vendedor, não adie as ações. Faça sempre antes do esperado. Mantenha um comportamento proativo.

PodCast 217: lembranças para uma autoconfiança

Gancho: quais lembranças lhe dão orgulho?

Texto da dica: nosso cérebro não diferencia realidade de imaginação. As sensações que temos quando algo está acontecendo são as mesmas que sentimos quando estamos apenas nos lembrando. Ao fazermos algo bom, isso nos faz sentir bem e nos motiva a continuar fazendo e mantendo a sensação. É também valioso lembrar ações realmente boas que fizemos. Isso provoca uma sensação de bem-estar e motivação que nos estimula e aumenta nossa autoconfiança. Faça uma lista de ações que realizou e se orgulha de ter realizado. Leia sua lista sempre que quiser melhorar sua autoconfiança.

Motivação final: aumente sua lista de lembranças de orgulho constantemente. Aumente sua autoconfiança. Venda mais. Venda melhor. Sucesso!

PodCast 218: música para a autoconfiança

Gancho: o que você ouve quando está indo vender?

Texto da dica: as músicas têm poder incrível, pois conseguem influenciar nossas emoções e motivar ou desmotivar nossas ações. As músicas nos fazem chorar, rir, estimulam ou relaxam. Existem também músicas certas para almoçar, ler, trabalhar e namorar. A música errada pode atrapalhar o almoço ou desestimular o namoro. Para a hora de vender, é o mesmo. Existem músicas que ajudam, estimulam-nos e aumentam a autoconfiança, porém existem músicas que atrapalham.

Motivação final: monte uma *playlist* com as músicas certas para estimulá-lo, aumentar sua autoconfiança e ajudá-lo na hora que for vender.

PodCast 219: modelos de autoconfiança

Gancho: quem é seu modelo de autoconfiança?

Texto da dica: ter um modelo, um profissional próximo a você que admira e pode se inspirar, facilita desenvolver sua autoconfiança. Isso porque não pode ser o que não pode ver. Simples assim. Se ainda não é capaz de se enxergar fazendo determinadas coisas ou até mesmo enxergar pessoas parecidas com você fazendo, não conseguirá ser e fazer essas mesmas coisas. Tendo como referência um modelo, pode-se copiar e imitar as ações e comportamentos que ajudam a melhorar sua autoconfiança. Se essas ações funcionam para o seu modelo, podem funcionar para você também. Agir assim, além de orientar suas ações, economizará tempo.

Motivação final: escolha seu modelo de autoconfiança.

PodCast 28: **planeje e analise suas visitas**

Gancho: você quer fazer sucesso nas vendas? Então desenvolva o hábito de planejar e analisar cada visita.

Texto da dica: antes de visitar o cliente, faça uma pesquisa, use a *internet*. Veja quem é o cliente, quais são seus principais produtos e seu mercado de atuação. Prepare a sua lista de perguntas para a hora da visita. Defina também seus objetivos. Anote tudo. Isso é planejar. Após a visita, invista alguns minutos na análise do que aconteceu. Se não foi bom, verifique e escreva no seu relatório *onde* e *por que* esfriou. Se conseguiu seus objetivos, anote como isso ocorreu. Revise suas anotações para melhorar continuamente.

Motivação final: planeje suas visitas e venda melhor. Sucesso!

CAPÍTULO 3:
O MEU PRODUTO

ALÉM DA SOLUÇÃO, AO OPTAR POR UM PRODUTO, OS CLIENTES QUEREM QUALIDADE E ENCANTAMENTO.

COMO VOCÊ ENCANTA SEU CLIENTE?

CAPÍTULO 3: O MEU PRODUTO

Todo cliente, ao adquirir um produto ou um serviço, vai para o mercado, olha para as várias possibilidades a sua disposição e tenta encontrar o que quer. Ele busca satisfação, quer ter suas necessidades atendidas em troca do menor recurso despendido. Esse é seu objetivo. Podemos imaginá-lo olhando para o mercado com uma mira em seu olhar. Sim. Aquela imagem clássica de mira de arma com os vários círculos concêntricos buscando pelo seu alvo. Nas vendas, chamo essa mira de *alvo dourado*.

O centro desse *alvo dourado*, o círculo menor e central, é a solução para o problema, a necessidade do cliente. Todo produto ou serviço só existe porque apresenta uma solução para alguma necessidade. É isso o que atrai os clientes. A solução de um produto precisa ser compreendida pelo vendedor dele. Deve ser apresentada de forma clara, inteligível e rápida ao cliente. Por exemplo, um hotel com foco em vendedores que necessitam passar a noite próximo ao seu local de trabalho e longe de suas residências tem como solução um local seguro, limpo e confortável. E não coisas como restaurantes de estrelados, piscinas, sauna e outras comodidades que poderiam atrair outros tipos de clientes em outros momentos.

Ao redor e bem próximo da solução, em outro círculo concêntrico, estão as características genéricas dos produtos que apresentam a mesma solução. Coisas óbvias, normais, comuns e que vários concorrentes também têm. Itens presentes em todos os produtos que entregam a solução buscada. Características que os clientes nem questionam, nem checam, pois têm a certeza de que estarão junto à solução. Por esse motivo, ficam horrorizados quando não as recebem. Sentem-se enganados quando adquirem um produto sem elas. No nosso exemplo de hotel, as características genéricas seriam os travesseiros, o banheiro dentro do quarto com água quente, a cama arrumada, o quarto limpo na chegada e, neste mundo moderno, *wi-fi*.

Expandindo mais um pouco o nosso *alvo dourado*, no terceiro círculo concêntrico, aparecem as características esperadas pelos clientes. Coisas que os clientes querem receber, esperam por elas. São características que, na sua ausência, não impedem o produto de ser adquirido, não causam horror, porém fazem o valor ser reduzido na aquisição. Esse círculo representa o limite da qualidade do produto. Como, por exemplo, sabonetes e *shampoo*, água no frigobar, aquele chocolatinho de cortesia e um serviço de restaurante de qualidade e sem preços exorbitantes fazem um vendedor considerar o hotel que entrega como de boa qualidade.

No próximo círculo, estão as características que o cliente não espera. São esses itens que encantam o cliente. É aqui que os produtos são realmente valorizados e o valor cresce. O cliente se encanta e paga mais quando é encantado. Esse é o círculo dos diferenciais. São as características ampliadas, os diferenciais dos produtos que nos tornam únicos e nos separam da concorrência. Diferenciais são fundamentais para o cliente escolher um ou outro produto, um ou outro fornecedor, um ou outro vendedor. São essas as características que geram valor aos produtos e fazem custar mais. No nosso exemplo, o que encantaria os vendedores que passam a noite no hotel? Talvez um serviço de passar a camisa e o paletó, ou um local de *networking* com outros vendedores que passam a noite lá, ou a lavagem e higienização do carro realizadas durante a noite ou ainda a disponibilização de serviço de massagem para os clientes frequentes.

Existe ainda o quinto e último círculo do alvo de ouro que o cliente não vê. São características potenciais que não são apresentadas no momento da aquisição do produto. O cliente não sabe delas, muitas vezes nunca saberá. Algumas estão presentes, porém não são divulgadas por tática de segredo estratégico. Outras ainda não estão presentes, mas estarão quando o produto evoluir com o tempo, ou necessitar de outros diferenciais, ou o cliente começar a buscar mais encantamentos. Algumas características em potencial podem ainda ser geradas por causa dos próprios clientes. Por exemplo, um hotel em que muitos vendedores passam a noite pode ser um ótimo local para descobrir novas oportunidades de recolocação profissional. No nosso exemplo, podem ser também características potenciais: itens como *check-in* automático pela proximidade do *smartphone* ou secretária virtual para programar a agenda da região ou, ainda, uma hidromassagem no quarto.

O *alvo dourado* é minha interpretação e tradução do trabalho de *Marketing* e o Conceito de Níveis de Produto, conforme Diagrama de Levitt, 1986 (Theodore Levitt é professor de Administração de Empresas na Escola de Administração de Empresas da Universidade de Harvard).

CAPÍTULO 3: O MEU PRODUTO

É fundamental que o vendedor entenda o *alvo dourado* do cliente e do seu produto. É importante que distribua as características pelo alvo de forma a compreender, atrair, satisfazer, diferenciar e encantar os clientes. Todo produto visto pelo cliente tem um *alvo dourado*. A demonstração e a apresentação são importantes.

Já consegue imaginar o *alvo dourado* do seu produto?

PodCast 54: o que você vende?

Gancho: vendedor, o que você realmente vende?
Texto da dica: se respondeu coisa parecida com sapatos, café, peças automotivas, ferramentas ou transporte de cargas, escolta armada ou assessoria de qualquer tipo, não está errado, porém distante de compreender a plenitude da sua capacidade de entrega. Você não vende produtos ou serviços, vende os benefícios que entrega aos clientes. Os consumidores não estão interessados em produtos e serviços. Eles apenas estão interessados *em que* e *como* se beneficiarão com eles. Entender isso é o segredo para localizar e captar muitos clientes novos e aprimorar sua capacidade de persuasão.
Motivação final: vendedor, entenda o que você realmente vende para vender MAIS e MELHOR.

PodCast 221: a solução do seu produto

Gancho: vendedor, você sabe qual a solução do seu produto?
Texto da dica: todo produto ou serviço que existe foi criado como uma solução para algo. Muitos vendedores não entendem as soluções dos seus produtos. Isso dificulta a venda. Um vendedor que não foca em soluções faz propostas vagas e pouco interessantes, torna-se insistente e chato para os clientes. Compreender claramente a solução que seu produto oferece ajuda a definir o público-alvo, a esclarecer quais necessidades serão atendidas, a valorizar o próprio produto e a evitar a rejeição na hora da venda.
Motivação final: vendedor, busque necessidades para sua solução.

PodCast 222: características genéricas do seu produto

Gancho: que características são necessárias para seu produto estar no jogo?

Texto da dica: do mesmo modo que um jogador de futebol precisa de alguns equipamentos básicos para entrar em campo, o produto que você vende também precisa de algumas características para começar a ser considerado como uma opção pelos clientes. Chamamos isso de características genéricas. Essas características podem ser: condições de pagamento, prazo e local de entrega, conhecimento e compreensão sobre o produto ou outras características específicas. Entender as características genéricas dos produtos que vende e mostrar isso para seu cliente, o quanto antes, abrem a possibilidade de uma venda.

Motivação final: vendedor, estude seu produto.

PodCast 223: qualidade do seu produto

Gancho: seu produto tem qualidade?

Texto da dica: qualidade é um aspecto que depende do produto e do cliente. Um produto pode ter qualidade para alguns e não ter para outros. Um produto tem qualidade quando atende às expectativas, entrega o esperado. Saber quais são os benefícios e as características esperadas pelos clientes permite ao vendedor identificar quem ficará satisfeito com a compra. Dessa forma, o vendedor pode oferecer argumentos que dão segurança ao cliente. Não saber o que o cliente espera faz com que os argumentos do vendedor fiquem inseguros e duvidosos. O risco da compra aumenta e reflete no preço.

Motivação final: vendedor, busque clientes que valorizam sua qualidade.

PodCast 224: os diferenciais do seu produto

Gancho: quais são seus diferenciais?

Texto da dica: diferenciais são benefícios que seu produto fornece e os concorrentes ainda não oferecem. São características que mostram diferenças, que tornam um produto único e superior. São vantagens que levam os clientes a decidirem pelo seu produto. São aspectos não esperados pelos clientes, porém quando descobertos encantam. Não ter diferenciais é não ter diferenças, é ser igual, é ser comum e fácil de encontrar. Quem não possui diferenciais tem de cobrar mais baixo para ser escolhido. Ter diferenciais é ter mais valor, é ser mais desejado e valorizado.

Motivação final: quem tem diferenciais, vale mais.

PodCast 09: diferenciais

Gancho: você conhece e entende bem seus diferenciais?

CAPÍTULO 3: O MEU PRODUTO

Texto da dica: diferenciais são benefícios que você entrega para o cliente e seus concorrentes não entregam. É importante ter diferenciais, só assim o cliente é capaz de escolher seu produto e não o do concorrente. E é só com diferenciais claros que você escapa da briga de preço. Diferenciais podem ser alguma característica que só seu produto tem e que gera benefícios ao cliente. Podem ser também seu atendimento, sua marca ou a confiança conquistada. Um diferencial pode ser até mesmo você, que atende melhor que qualquer um.

Motivação final: vendedor, fique atento aos seus diferenciais para vender mais e melhor.

PodCast 225: potenciais do seu produto

Gancho: que benefícios podem aparecer com o uso do seu produto?

Texto da dica: quando um consumidor usa um produto novo, ele inicia com cuidado e timidez. Entretanto, em pouco tempo, com a prática e o aprendizado, passa a ter mais habilidade e aumenta seus benefícios. Chamamos isso de benefícios potenciais dos produtos. São benefícios que o cliente não recebe no momento da compra, porém receberá com a prática ou ao longo do uso. Benefícios potenciais podem ser, por exemplo, conhecer pessoas em um treinamento, aprender algo, revender após o uso por um preço muito bom ou revelar novas possibilidades do produto. Muitos vendedores não dão atenção aos benefícios potenciais dos produtos, mas aqueles que utilizam esse conceito valorizam ainda mais os produtos.

Motivação final: vendedor, descubra os potenciais dos seus produtos.

PodCast 226: como assegurar cada característica

Gancho: vendedor, o que acontece quando você não sabe explicar uma característica ou benefício do seu produto?

Texto da dica: no momento em que o cliente pergunta sobre algo do seu produto, ele demonstra interesse e sinaliza que a venda está caminhando bem. No entanto, quando o vendedor não consegue responder, não sabe dar a explicação que o cliente quer, perde a oportunidade e a venda. O vendedor precisa ser um especialista no produto que vende. Deve conhecer bem as características e os benefícios que o cliente receberá com a compra. Precisa saber explicar isso com tranquilidade e naturalidade. Para isso, o vendedor precisa estudar o produto e se preparar continuamente.

Motivação final: uma dica valiosa é anotar antecipadamente como todas as características do seu produto podem ser comprovadas.

PodCast 227: características x benefícios

Gancho: você sabe a diferença entre características e benefícios?

Texto da dica: características são atributos, especificações, particularidades e detalhes presentes em um produto ou serviço. Algo como cor, tamanho, espessura, densidade ou sabor. Também são características dos produtos: a empresa fabricante, o tempo de mercado, as certificações de qualidade, a área de distribuição ou testemunhos de clientes. Já benefícios são os resultados percebidos pelos clientes, são os reflexos sentidos de cada característica. Por exemplo, a característica de certificações de qualidade e testemunhos de clientes satisfeitos refletem no cliente o benefício da convicção de ficar satisfeito com a compra. Ao anunciar as características, sempre explique os benefícios.

Motivação final: os clientes não compram características, estão focados apenas nos benefícios para si.

PodCast 127: os benefícios de um produto

Gancho: Vendedor, você conhece todos os benefícios que seu cliente recebe ao comprar seu produto?

Texto da dica: no momento em que um cliente adquire um produto, recebe mais que a solução para uma necessidade revelada, recebe outros benefícios, os serviços que vêm acoplados, como: entrega, embrulho, explicação do uso e atendimento realizado pelo vendedor. Ele recebe também o benefício pessoal pela satisfação com a aquisição e ainda o benefício de valorização de sua imagem, o destaque pessoal com a compra realizada.

Motivação final: quer entregar mais para seu cliente? Melhore os benefícios.

PodCast 126: custos de um produto

Gancho: vendedor, você entende todos os custos que seu cliente paga pelo seu produto?

Texto da dica: isso mesmo! Custos. Na compra de um produto não é só o custo monetário que é levado em consideração. Esse é só o primeiro custo. Existem ainda o custo do tempo, da energia física que será despendida e o custo psicológico da compra. Esses quatro custos somados definem o custo total de um produto para um cliente. Se seu cliente está achando caro seu produto, em vez de pensar apenas no custo monetário, por que não pensa em reduzir os outros custos para ficar mais barato para ele?

Motivação final: venda mais. Venda melhor. Sucesso!

CAPÍTULO 3: O MEU PRODUTO

PodCast 128: custos ou valor

Gancho: vendedor, você sabe qual a diferença entre custo e valor de um produto?

Texto da dica: custo de um produto é a soma de todos os custos presentes na aquisição de um produto, como custo monetário, do tempo, do esforço físico e psicológico da compra. Já Valor é a subtração entre os benefícios recebidos na aquisição do produto, como: solução de uma necessidade, serviços acoplados, satisfação pessoal e crescimento da imagem; o custo total de um produto. Quanto maior o valor percebido pelo cliente, mais fácil é fazer a venda.

Motivação final: melhore o valor reduzindo os custos e aumentando os benefícios.

PodCast 74: concorrência

Gancho: vendedor, você conhece seus concorrentes?

Texto da dica: nenhum negócio consegue manter o crescimento contínuo de suas vendas sem conhecer os pontos fortes e fracos e as ações dos concorrentes. Vendedores, cuidado para não alimentarem falsas ilusões. Estudem e analisem seus concorrentes. Descubram o que estão fazendo e quem estão atendendo. Conhecer nossos concorrentes é fundamental não só para descobrir no mercado novos grupos de clientes que nos valorizem, mas também para manter nossos atuais clientes convictos do quanto somos diferentes e do quanto somos melhores.

Motivação final: atenção aos concorrentes! Venda mais. Venda melhor. Sucesso!

PodCast 196: concorrentes

Gancho: você tem concorrentes?

Texto da dica: uma coisa é certa no mundo das vendas atualmente, todos têm concorrentes. Por mais que você possa imaginar que seu produto seja inovador, a verdade é que alguém, em algum lugar, está vendendo um produto parecido com o seu, por um preço semelhante ou até mesmo mais baixo. No entanto, temos vantagens em ter concorrentes: você pode aprender com eles. Pode pesquisar e descobrir onde, de que maneira e o que estão fazendo para vender. Pode entender suas soluções e suas características de qualidade. Dessa forma, conseguirá desenvolver diferenciais para continuar encantando e surpreendendo seus clientes, fidelizará e venderá mais e melhor.

Motivação final: não se isole. Aproxime-se e estude seus concorrentes.

CAPÍTULO 4:
O PROCESSO DA VENDA

VENDER É HUMANO.

VENDEMOS O TEMPO TODO.

ENTÃO, VAMOS FAZER DA MANEIRA CORRETA E HONESTA?

CAPÍTULO 4: O PROCESSO DA VENDA

A venda é o convencimento de realização de uma troca, pela qual oferecemos algo que possuímos e obtemos algo que desejamos. Após a efetivação da venda, as duas partes ficam satisfeitas de terem realizado bons negócios. Para essa troca ser realizada com efetividade e gerar resultados, precisa ser feita em três etapas: investigação, demonstração e conclusão. Essas três etapas, em conjunto, chamamos de *ciclo da venda*.

Veja a figura "O processo da venda" e a explicação a seguir.

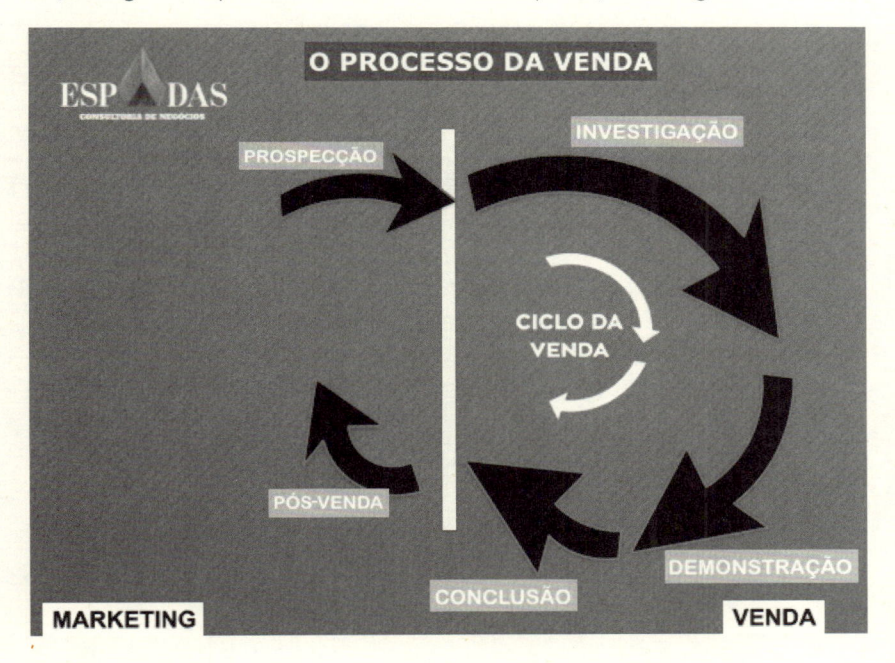

- 1. **Investigação:** o vendedor inicia seu trabalho de venda investigando o cliente para descobrir necessidades que seu produto tem o poder de satisfazer. Vendedores que oferecem o produto muito rápido são rotulados pelos clientes de insistentes, chatos e pouco interessantes. Para investigar bem, o vendedor usa mão de sua principal ferramenta: perguntas. Deve começar fazendo perguntas para conhecer e se aproximar do cliente. Perguntas de preferência abertas que dão ao cliente a possibilidade de falar. O vendedor precisa ouvir com atenção para fazer novas perguntas relacionadas às respostas e assim desenvolver o relacionamento e a confiança. Gradualmente, o vendedor deve fazer perguntas mais profundas e mais focadas em necessidades do cliente, que começa a revelar não só suas necessidades como também seus desejos, expectativas, interesses, medos, dores, frustrações ou outros focos de sua atenção. Quando o vendedor percebe essa abertura, começa a fazer mais perguntas relativas a necessidades, desejos, expectativas, interesses, medos, dores e frustrações que seu produto pode resolver e satisfazer. Damos a essas perguntas o nome de *perguntas poderosas*. O cliente, quando responde a uma pergunta desse tipo, tem uma revelação e percebe que existe algo no produto do vendedor que pode lhe interessar.

2. **Demonstração:** é apenas para demonstrar como a necessidade revelada será solucionada e que o vendedor deve iniciar a apresentação de seu produto ou serviço. A apresentação inicia explicitando essa solução. O início valoriza o foco do cliente, ancora sua atenção na fala do vendedor e mostra compromisso na solução. Com a solução clara, o vendedor deve dar segurança para o cliente falando de seus atributos de qualidade. O cliente precisa se certificar de que receberá o que é esperado. O próximo passo é o processo de encantamento. O vendedor começa a falar de características do produto (não esperadas). Isso surpreende, encanta e mostra para o cliente como o produto é diferenciado dos seus concorrentes. É importante falar das características e dos benefícios fornecidos por elas. Depois de encantar, o vendedor deve dizer o preço e as condições de pagamento de forma clara, com confiança e com a tranquilidade de quem está entregando algo de real necessidade em uma troca. Após o preço e, como último item, é hora de convidar o cliente a adquirir o produto e efetivar a troca. O vendedor deve explicar para o cliente o que fazer para efetivar a compra e fechar o negócio.

3. **Conclusão:** na nossa cultura comercial, é comum um momento de negociação antes do fechamento definitivo da venda. Para negociar bem, o vendedor precisa estar preparado com sua estratégia definida antes de começar. Além disso, durante a negociação, é necessário manter táticas preparadas para ter *jogo de cintura* e se adaptar às características do interlocutor e às circunstâncias do momento. É nessa fase que objeções costumam aparecer. O vendedor precisa estar preparado para contornar a situação com tranquilidade, confiança e segurança. Durante toda a fase da

CAPÍTULO 4: O PROCESSO DA VENDA

conclusão, o vendedor deve fornecer oportunidades, convidar o cliente a efetivar o negócio e fechar a venda. É preciso estar preparado com todas as ferramentas para a ultimação do processo de venda. Muitas vendas se perdem porque os vendedores não levaram o contrato, a máquina de cartão ou não sabem se têm o produto no estoque.

Venda é a realização de uma troca na qual, após a efetivação, as partes ficam satisfeitas de terem feito bons negócios para si. Ela é realizada nas três fases explicadas anteriormente, no ciclo da venda. Entretanto, para iniciar esse ciclo, o vendedor precisa estar frente a frente com seu cliente. O processo de atrair clientes é atividade originariamente destinada ao *marketing*. Enquanto a venda tem como objetivo a efetivação de uma troca, o *marketing* tem a função de desenvolver o desejo no mercado pelos nossos produtos e, assim, atrair clientes para o processo de vendas. Da mesma forma, após realizada a venda, é necessário garantir a satisfação e manter o vendedor, seu produto e sua empresa na lembrança do cliente. Essa atividade também é atribuída ao *marketing*. Então, as fases de investigação, demonstração e conclusão são partes do processo de venda. E a prospecção e a fase de pós-venda são ações do *marketing* originalmente.

Porém, na prática, essa divisão não é tão separada assim. Empresas que têm ótimo *marketing* e muito desejo do mercado pelos seus produtos não realizam o ciclo de vendas completo. Praticamente não investigam o cliente que quer adquirir seus produtos. O cliente sabe muito bem o que quer. O ciclo de vendas de produtos assim se resume apenas à demonstração e à conclusão. Existem ainda algumas empresas que só realizam a fase da conclusão, nem a demonstração é necessária. Veja, como exemplo, lançamentos de *smartphones*, cujos consumidores formam enormes filas para adquirirem o quanto antes.

Também existem empresas e produtos com *marketing* não tão poderosos assim. São empresas que, na hora da venda, não podem esperar o cliente para começar o processo de investigação, porque não chegam em número suficiente. Elas precisam ir ao encontro dos clientes e realizar uma prospecção ativa e não reativa. Do mesmo modo, a etapa de pós-venda dessas empresas com baixo poder de *marketing* também fica sob a responsabilidade do vendedor, que precisa realizar com qualidade para se manter na lembrança de seu cliente.

4. **Prospecção:** a prospecção é a ação de buscar, no mercado, clientes que têm a possibilidade de terem necessidades que os nossos produtos podem satisfazer. Na prospecção de vendas, é necessário iniciar definindo o público-alvo. É importante esclarecer suas características observáveis, a região onde está e suas atividades comuns. Depois, é preciso definir que informações precisamos para começar o processo de vendas. Se nosso alvo for pessoas físicas, vamos precisar do nome, *e-mail*, telefone, por exemplo. Se for pessoa jurídica, vamos precisar do nome da empresa, nome e setor do contato que queremos, *e-mail*, telefone e endereço. Com a definição do público-alvo e das informações que queremos captar deles, passamos a pensar em uma ação, um evento, um acontecimento para essa captura. Isso é o veículo de prospecção. A partir daí, é só definir uma meta semanal, para nos mantermos em movimento constante, e um local seguro de armazenamento dessas informações.

5. **Pós-venda:** o pós-venda é a ação de certificar que o cliente ficou satisfeito com a compra e garantir que exista um real interesse de comprar novamente, quando precisar. O pós-venda é dividido em dois momentos. O primeiro é o pós-venda até a entrega completa. Nesse momento, o lema é satisfação. Ele precisa se certificar de que o cliente ficou satisfeito e feliz com o que adquiriu. É importante ter a certeza de que o cliente sabe usar todas as funcionalidades do produto. O segundo momento é o pós-venda após a entrega. Nesse momento, o lema é lembrança. O vendedor precisa desenvolver ações para se manter na lembrança do cliente. Para isso, ele faz contatos sucessivos até aparecer novamente a necessidade e o momento de uma nova venda.

Entenda bem o processo de vendas para efetivar melhores trocas, ter maiores sucessos, vender mais e viver melhor.

CAPÍTULO 4: O PROCESSO DA VENDA

PodCast 228: o processo de venda

Gancho: você conhece o processo de venda?

Texto da dica: vender é a ação de convencimento de realização de troca, em que o vendedor entrega seus produtos ou serviços e recebe dinheiro. Após a efetivação da venda, as duas partes ficam satisfeitas. Para realizar a troca e obter satisfação, não importa o que você vende, é necessário realizar um processo simples com apenas três etapas: **investigação, demonstração e conclusão**. Apesar de ser um processo simples, muitos vendedores fracassam por ignorar a etapa de investigação. São vendedores que não focam nos clientes, estão atentos apenas às próprias necessidades e metas.

Motivação final: quando respeitamos as etapas, vender fica mais fácil.

PodCast 55: o ato de vender

Gancho: você acha que vender é difícil?

Texto da dica: vender é a ação de convencimento de realização de uma troca, na qual as duas partes precisam se convencer de realizar um ótimo negócio. Para convencer a troca, o vendedor realiza um processo simples, de três etapas apenas. Primeiro, descobre o que o cliente quer e necessita; depois, mostra como vai satisfazer essa necessidade e esse desejo com o que tem e está oferecendo. Por fim, deve explicar para o cliente o que quer em troca da entrega desse benefício.

Motivação final: vendedor, para vender mais, entenda, desenvolva e aperfeiçoe sucessivamente cada uma dessas três etapas. Sucesso!

PodCast 229: a etapa de investigação

Gancho: você tem dedicação à investigação?

Texto da dica: na investigação, vendedores precisam desenvolver suas habilidades de aprofundar-se nos problemas específicos de cada cliente. O espírito analítico deve estar atento. Nessa etapa são valorizados vendedores capazes de revelar os problemas, a busca, os desejos, as expectativas, as limitações, o contexto, a agenda, o ambiente do cliente, suas atividades, as motivações e os tomadores de decisão. O vendedor precisa fugir da tentação de começar seu discurso cedo demais. Vendedores que falam cedo são desinteressantes e rotulados de chatos. Vendedores são ouvidos com atenção quando fazem discursos orientados pelas necessidades investigadas e reveladas nos clientes.

Motivação final: nunca esqueça a etapa da investigação.

PodCast 230: a etapa de demonstração

Gancho: você faz boas demonstrações?

Texto da dica: na etapa da demonstração, vendedores devem apresentar suas capacidades de atender às necessidades específicas do cliente. Aqui são esperadas competências como: confiança em si mesmo, convencimento, credibilidade e espírito pragmático associados ao cliente, suas necessidades ao produto e suas soluções. Nessa etapa, são valorizados os vendedores capazes de argumentar com eficácia, apoiando-se em sua capacidade de persuasão e na gestão do estresse. Vendedores que se preparam com simulações, ensaios e roteiros previamente escolhidos têm mais resultados.

Motivação final: vendedor, prepare-se com antecedência. SEMPRE!

PodCast 231: a etapa de conclusão

Gancho: você consegue concluir suas vendas?

Texto da dica: na conclusão, o vendedor precisa desenvolver a capacidade de gerar a concretização do compromisso de compra pelo cliente. Ele precisa realizar a ultimação da venda. Essa etapa começa com a negociação, em que são esperadas competências, como liderança, criatividade, tenacidade, combatividade e contorno de objeções. É preciso encontrar as ferramentas para avançar o processo, acelerar a venda, fazer a defesa de preços, da oferta e de produtos. Na conclusão, vendedores com perseverança, ao mesmo tempo em que gerenciam confortavelmente a relação com o cliente, têm melhores resultados.

Motivação final: estratégias, táticas e contornos das objeções são importantes preparações para realizar bem essa etapa.

PodCast 72: *marketing* e venda

Gancho: você sabe qual a diferença entre *marketing* e venda?

Texto da dica: *marketing* são ações de desenvolvimento de produtos, locais, publicidades e preços para aumentar o desejo pelos produtos. Venda é o convencimento para a realização de uma troca cujas partes ficam satisfeitas após a sua realização. Quando um produto tem um bom *marketing*, ajuda a venda, porque facilita a troca do seu produto por dinheiro. O trabalho do vendedor é facilitado. Quando um produto ainda não tem um bom *marketing*, a arte do vendedor é necessária.

Motivação final: vendedor, ajude na sua arte trabalhando seu *marketing*. Sucesso!

CAPÍTULO 4: O PROCESSO DA VENDA

PodCast 232: o *marketing* e a venda II

Gancho: você sabe a diferença entre *marketing* e venda?

Texto da dica: o *marketing* trabalha o preço, o local, a promoção, os produtos e os serviços com o objetivo de desenvolver o desejo do mercado por eles. Venda é a ação de revelar necessidades e demonstrar como os produtos e serviços podem solucionar para realizar a troca por dinheiro. Quanto melhor for o trabalho do *marketing*, mais desejo pelos produtos e, consequentemente, mais fácil será realizar a venda. Mas, quando o *marketing* não conseguiu desenvolver suficientemente o desejo, é ainda mais necessário e importante o trabalho do vendedor para a venda acontecer.

Motivação final: vendedor, melhore seus processos de venda, mas não se esqueça de também trabalhar seu *marketing*.

PodCast 107: *marketing* e venda não são sinônimos

Gancho: *marketing* e venda não são sinônimos. E um não é eficiente sem o outro.

Texto da dica: *marketing* tem por objetivo elevar o desejo por um produto ou por um serviço. *venda* tem como objetivo efetivar a troca desse produto ou serviço por dinheiro. Embora com objetivos diferentes e usando táticas e estratégias diferenciadas, precisam estar integrados para serem eficazes. São as ferramentas certas para descobrirmos os compradores, com interesse e condições financeiras adequadas, que mais tarde serão convertidos em clientes pagantes e, no final do processo, se tornarão clientes recorrentes, gerando fluxo de receita constante para uma empresa.

Motivação final: vendedor, trabalhe bem suas vendas assim como seu *marketing*.

PodCast 108: *marketing* e vendas, funções diferentes e complementares

Gancho: *marketing* e Vendas têm funções diferentes e complementares.

Texto da dica: a função do *marketing* é desenvolver o desejo pelos produtos e serviços. Com um *marketing* poderoso e ativo, a venda, que tem a função de efetivar a troca desses produtos e serviços por dinheiro, fica facilitada. É importante a colaboração mútua. Um vendedor que desenvolve um ótimo relacionamento com seus clientes levanta informações valiosas que o *marketing* sozinho não consegue atingir. Um *outdoor* não permite diálogo, um anúncio na rádio não ouve o cliente, um *folder* não identifica necessidades.

Motivação final: vendedor, colabore com o *marketing*. Ajude o cliente a desenvolver o desejo pelos seus produtos.

PodCast 31: a proporção do seu funil

Gancho: é importante entender a proporção do seu funil. Quantos clientes você precisa colocar por cima para sair as vendas que você quer por baixo?

Texto da dica: um processo de venda pode ser representado em quatro momentos: buscar novos clientes, investigar suas necessidades, demonstrar soluções e concluir a venda. Imagine isso como um funil: entram clientes em potencial por cima e saem vendas fechadas por baixo.

Quando você descobrir sua proporção, saberá quantos clientes novos precisa localizar para atingir sua meta de vendas. Com o tempo, melhore a qualidade dos clientes e seu processo de venda, assim a proporção será maior, você trabalhará menos e terá mais resultados.

Motivação final: melhore seu processo de vendas para vender mais.

CAPÍTULO 5: PROSPECÇÃO

PROSPECTAR É OLHAR PARA O MERCADO À PROCURA DE DEMANDANTES.

CAPÍTULO 5: PROSPECÇÃO

Tudo tem um início. Quando se inicia corretamente, a possibilidade de terminar bem e de maneira tranquila é grande. Quando se inicia mal, correções são necessárias no processo. Isso leva a maiores gastos de recursos e aumento de estresse. O final fica comprometido.

O processo de venda começa pela investigação na qual revelamos necessidades que nossos produtos têm o potencial de satisfazer. Entretanto, para investigar, precisamos localizar no mercado clientes que têm possivelmente necessidades que poderemos satisfazer. A ação de localizar esses clientes no mercado chamamos de **"prospecção de clientes"**. Prospectar é pesquisar o mercado e colher potenciais demandantes de nossos produtos e serviços. Pessoas ou empresas que olharam para nossos produtos e enxergaram soluções para suas necessidades. Além disso, que têm condições monetárias, tempo, localização e outros pré-requisitos para adquirirem os produtos. No intuito de ajudar esse início, podemos responder a algumas perguntas.

Para quem? A primeira coisa a fazer é definir o alvo da procura, as pessoas ou as empresas que ficariam satisfeitas com as nossas soluções e que têm condições financeiras para a aquisição. Pessoas que têm as condições necessárias. Não adianta fazer uma venda para alguém que não pode pagar, em um lugar onde não entregamos ou para alguém que não pode usufruir de nossas soluções.

Que informações devemos colher? Nessa busca, informações são necessárias para prosseguirmos com o processo de venda. Uma abordagem será feita. Precisamos ter as condições mínimas para um bom resultado. Alguns produtos são oferecidos apenas a partir da coleta do nome do cliente. Outros carecem de um pouco mais de informações, como endereço, *e-mail*, telefone, renda familiar, grau de instrução, regime tributário, seguimento de mercado etc.

Em quais lugares? A *internet* é local em que informações estão disponibilizadas em excesso e facilidade. É fácil chegar a nomes, endereço etc. É ótimo local, e não é o único. Podemos prospectar por meio de eventos, anúncios, fachadas, parcerias, pedindo indicações ou, até mesmo, por meio de pessoas.

Outra coisa importante a saber é que os clientes prospectados fazem parte do patrimônio do vendedor. São informações que devem ser colecionadas e guardadas com zelo. Elas podem ser úteis em outras ocasiões, principalmente quando o vendedor muda de produto.

Conceitos importantes para realizar suas prospecções são o público-alvo e as informações necessárias.

1. **O público-alvo**: pessoas são diferentes, com diferentes desejos e necessidades. Seu produto é a solução para quem? Existe uma interessante frase que ouvi há algum tempo e não sei a fonte: *"Quem tenta abraçar o mundo, acaba sempre se dando mal porque é impossível aguentar o peso."* Tem ainda outra interessante e popular: *"É impossível agradar gregos e troianos".* Diferentemente do que possa a princípio parecer verdade, não é estabelecendo grandes alvos que acertamos mais. Isso só nos faz errar mais. Para grandes alvos, com grandes e diferenciados públicos, as soluções precisam ser diversificadas. Cada cliente quer ser tratado como indivíduo, com suas específicas necessidades e desejos atendidos e isso só conseguimos estabelecendo nosso público-alvo.

O público-alvo é o conjunto de pessoas que têm necessidades e desejos específicos para nossa solução, além de condições financeiras para a aquisição. Estabelecer o público-alvo é a primeira etapa para uma prospecção eficaz. Para isso, devemos listar as características comuns dos integrantes do nosso público-alvo. Para ajudar a definir as características do nosso público-alvo, segue uma série de perguntas que podem ser usadas:

- Qual problema, necessidade ou desejo nosso produto se destina a resolver?
- Quem tem esse problema, necessidade ou desejo?
- Para quem esse produto é solução?
- Quem decide pela compra dessa solução?
- Onde essas pessoas se localizam?
- Qual sua classe social?
- Qual sua faixa etária?
- Quais são seus hábitos de consumo?
- Quais seus hábitos sociais?
- Que outras características posso listar para explicitar melhor o meu público-alvo?

Quanto mais específicas forem a definição e as características do público-alvo, mais fácil será localizá-lo.

CAPÍTULO 5: PROSPECÇÃO

2. **Informações necessárias:** a definição e a localização do público-alvo não são o bastante. Precisamos colher algumas informações valiosas para, posteriormente, fazermos o contato com qualidade, uma abordagem para vender. Chamo de informações necessárias fundamentais para acessar o cliente.

- Nome do cliente e da empresa;
- Telefone e *e-mail*;
- Endereço;
- Necessidade ou desejo comum de solução.

Existe ainda outro grupo de informações as quais não são fundamentais, porém são interessantes porque facilitam nosso processo de venda.

- Capacidade de compra;
- Como o cliente satisfez a necessidade até o momento;
- Qual o nível de satisfação com a atual solução?

A definição do público-alvo e a coleta das informações necessárias para acessar o cliente são as primeiras ações a realizar para começar o processo de venda. Fazer isso com critério e dedicação gerará contados de qualidade para as próximas etapas do processo da venda.

PodCast 233: a prospecção

Gancho: você sabe o que é prospecção?
Texto da dica: prospecção é a ação de explorar o mercado à procura de clientes potenciais, investindo tempo e dedicação na busca de pessoas com características específicas que podem ter necessidades ou desejos pelas soluções dos nossos produtos. É claro que também precisam ter condições financeiras para a aquisição. A prospecção é uma atividade de *marketing*, no momento em que trabalhamos com ações publicitárias e aguardamos o cliente vir até nós, e uma atividade de venda, ao realizarmos ações de coleta e cadastro de clientes para ir até eles futuramente. Na prospecção de *marketing*, o vendedor tem uma ação reativa ao cliente. Na prospecção de venda, a ação é totalmente proativa e é o vendedor quem vai ao encontro das informações dos clientes.

Motivação final: vendedor, entenda a melhor forma de prospectar seus clientes.

PodCast 181: a importância da prospecção

Gancho: você entende a importância da prospecção de novos clientes?

Texto da dica: há várias situações de causa e efeito na nossa vida. Se não regar, as plantas morrerão. Se não abastecer o carro, parará por falta de combustível. Nas vendas também existe uma relação de causa e efeito muito clara. Se não prospectar novos clientes de forma consistente, continuamente e com qualidade, terá processos de venda pobres, com pouco fluxo, baixo número de oportunidades de fechamento e, consequentemente, poucas vendas.

Motivação final: defina uma meta mínima de prospecções de novos clientes por semana. Mantenha seu fluxo de entrada de clientes consistente, só assim você manterá suas vendas em volumes razoáveis.

PodCast 234: o público-alvo

Gancho: você tem claro seu público-alvo?

Texto da dica: o público-alvo é uma parte do mercado total que a empresa está apta a atender. É a parte composta por um grupo específico de consumidores, os quais têm perfis semelhantes e serão prioridade nas ações de venda de um vendedor. Ter uma orientação clara de ações no público-alvo permite ao vendedor economia de recursos, como tempo e dinheiro. Permite também um rápido entendimento das necessidades e soluções eficazes para realizar mais vendas. Para definir com assertividade o público-alvo, precisamos escolher quem necessita da solução, quem valoriza a qualidade e quem reconhece os diferenciais dos produtos e serviços à venda. E, lógico, não podemos esquecer, quem tem condições financeiras.

Motivação final: defina rápido seu público-alvo. Venda mais e melhor.

PodCast 235: informações do público-alvo

Gancho: que informações do cliente você precisa para iniciar a venda?

Texto da dica: venda é o convencimento de realização de uma troca. Começamos a venda conversando com nossos clientes e investigando necessidades que nossos produtos podem satisfazê-los. Para investigar, precisamos contatar nosso cliente-alvo com qualidade, estando em posse de algumas informações básicas como o nome do cliente, da empresa, número do telefone e *e-mail*, pelo menos. Dependendo da forma que contatamos, ainda precisaremos do endereço, algum conhecido em comum, um acontecimento recíproco ou uma empresa de referência. Cuidado: não pense que quanto mais informações, melhor. Muitas informações atrasam suas vendas, porque demoram para serem colhidas e tornam-se mais difíceis de receber indicações.

Motivação final: construa uma ficha de cadastro inicial com o mínimo de informações necessárias.

PodCast 05: veículos de prospecção

Gancho: quais são seus veículos de prospecção? O que você pode fazer para que seu cliente lhe traga mais informações? O que você pode fazer para seu cliente trazer informações mais precisas?

Texto da dica: os veículos de prospecção são meios, formas, acontecimentos, maneiras e ferramentas que o vendedor utiliza para colher as informações necessárias dos clientes antes da abordagem. É importante entender a diferença entre veículos de prospecção e material publicitário, o qual tem por objetivo aumentar o desejo e o interesse pelos produtos. Já veículos de prospecção têm por objetivo captar informações necessárias para uma melhor abordagem. É o famoso *lead*.

Motivação final: melhore seus veículos de prospecção. Venda mais. Venda melhor.

PodCast 236: veículos de prospecção II

Gancho: você sabe o que são veículos de prospecção?

Texto da dica: veículos de prospecção são formas, meios, ações, acontecimentos, eventos, iscas que um vendedor realiza ou participa para trazer contatos de clientes em potencial. Bons veículos de prospecção geram contatos em boa quantidade e qualidade. Além de permitir ao vendedor acessar vários clientes e iniciar mais processos de vendas, aumentando a possibilidade de fechá-las. Quem tem mais clientes tem maior possibilidade de vender mais. Veículos de prospecção ruins diminuem as possibilidades. Tornar cada processo de venda essencial faz o vendedor assumir uma postura forçosa e faz com que o vendedor seja chato.

Motivação final: com bons veículos de prospecção, você terá mais clientes e mais opções.

PodCast 237: veículos de prospecção e ações publicitárias

Gancho: você sabe a diferença entre veículos de prospecção e ações publicitárias?

Texto da dica: veículos de prospecção são formas para um vendedor captar contatos de clientes para iniciar o processo de venda. Ações publicitárias têm como objetivo divulgar uma marca, um produto ou um serviço. São acontecimentos que dão visibilidade às nossas empresas e fazem o mercado saber que existimos. Boas ações publicitárias ajudam a tornar nossos produtos mais desejados, o que ajuda muito nas vendas. No entanto, ao fazermos ações publicitárias, é o cliente que precisa vir até nós. O movimento inicial é sempre dele. Quando usamos veículos de prospecção, o movimento inicial é do vendedor.

Motivação final: com bons veículos de prospecção, você tem clientes e opções.

PodCast 182: redes de contatos

Gancho: você constrói redes de contatos e de relacionamentos com parceiros?

Texto da dica: vendedores de sucesso constroem redes de contatos e de relacionamentos com parceiros para obter indicações e recomendações. Essa é uma estratégia poderosa para prospectar e manter um fluxo constante de novos clientes. Pesquisas mostram que um vendedor indicado para uma oportunidade aumenta em 50% suas chances de fechar a venda, em relação a outro sem essa indicação. Isso ocorre porque parte da credibilidade de quem indicou se soma à credibilidade do vendedor indicado.

Motivação final: construa redes de contatos e de relacionamentos.

VEÍCULOS DE PROSPECÇÃO

Para chegar aos clientes de forma ativa, utilize os veículos certos de prospecção.

Para acessar os clientes, é necessário um veículo de contato que você utiliza como forma de captar as informações. Veículo é um termo usado para dar nome a um mecanismo de transporte de modo geral. No caso de vendas, o *veículo de prospecção* transporta as informações dos clientes de mercado, no qual está nosso público-alvo (local onde se encontra o público-alvo), para o vendedor. São exemplos de veículos de prospecção: eventos que realizamos com coleta de cadastros de participantes ou anúncios que fazemos em mídias sociais com captação de *leads*. (*leads* são as informações de clientes que fazem parte do nosso público-alvo).

CAPÍTULO 5: PROSPECÇÃO

É importante compreendermos esse conceito de veículo. Considero que é um dos pontos mais importantes para agir e melhorar o processo e os resultados nas vendas. Um veículo de prospecção é diferente de uma ação publicitária. Essa tem a função de divulgar um produto para aumentar o interesse e o desejo do mercado por ele. A ação é do cliente, para depois de ter interesse desenvolvido, ir até o produto, e não do vendedor. Já um veículo de prospecção fornece as informações para o vendedor ir até o cliente e não o oposto. Com o uso de veículos de prospecção, a venda se torna mais ativa por parte do vendedor.

Um veículo bem usado trará muitos contatos de qualidade, que estarão desejosos em satisfazer suas necessidades com nossas soluções. Serão pessoas do nosso público-alvo prontas para a compra. A esses contatos também podemos dar o nome de *leads quentes*. Um veículo mal-usado e mal dirigido trará informações de contatos frios, que não estão prontos para a compra. Ou pior que isso, não trarão informação de contato algum.

Não é incomum encontrar empresários utilizando seus veículos de forma errada. É fácil encontrarmos lojas com vitrines feitas, bagunçadas e até mesmo sujas. Ou quando participamos de grupos de *networking*, com o objetivo de um indicar ao outro, com frequência encontramos vendedores se desentendendo com os colegas. Usar veículos de forma errada é mais que consumir recursos sem resultados, é construir uma imagem negativa ao seu mercado-alvo. Isso trará mais dificuldade em trazer clientes por outros veículos, mesmo usados de maneira correta.

Existem muitos casos de utilização de veículos de forma interessante e com ótimos resultados. Tenho um amigo fabricante de meias, que utilizou o próprio produto como veículo para trazer mais clientes. Ele pediu para uma colaboradora andar pelas ruas, próximas a sua loja, distribuindo apenas um pé do par de meias. O outro pé, para completar o par, o cliente deveria retirar na loja. Resultado: muitos clientes novos foram até a loja. Outro caso interessante foi de uma escola infantil que, na semana das crianças, montou atividades lúdicas na praça de alimentação do *shopping* da cidade. Para a criança participar, de forma gratuita, era necessário que a mãe fizesse um cadastro da família. Resultado: novos contatos de famílias com crianças.

Para ajudar a escolher um veículo de prospecção, responda às perguntas:

1. Onde acessar as informações de pessoas de meu público-alvo?
2. Como colher as informações necessárias?
3. Que ação posso realizar para fazer a coleta?
4. Quais serão os recursos necessários?
5. Quanto custará esse veículo?
6. Existe uma forma mais barata de colher as mesmas informações? (se a resposta for sim, volte à pergunta 2)

Observe que, na sequência de perguntas acima, as informações do veículo de prospecção são levantadas. Na última pergunta, existe uma reflexão quanto ao investimento no veículo proposto em relação a outra possível opção. Se aparecer uma opção melhor, devemos optar para a economia de recursos e escolher um novo veículo.

MAIS DE 30 VEÍCULOS DE PROSPECÇÃO

Selecionar, planejar, movimentar, operar, gerir, monitorar e alimentar são algumas das ações fundamentais para manter eficientes e eficazes veículos de prospecção. Um veículo mal utilizado ou mal escolhido, além de não trazer os clientes esperados, gera grandes custos e a propagação de imagem negativa do vendedor no mercado.

Sim. Imagem negativa porque um veículo mal escolhido trará clientes em quantidade e com características diferentes das esperadas. Dessa forma, a solução do produto do vendedor pode não estar completamente em acordo com as expectativas dos clientes. Isso, além de dificultar as vendas, trará desafios na satisfação dos clientes.

Além disso, um número reduzido de clientes gerados por um veículo de prospecção escolhido poderá gerar uma diminuição na motivação do vendedor, podendo levá-lo a culpar o produto que vende, seu processo de venda ou a si próprio.

Para ajudar o leitor a escolher o melhor veículo de prospecção para o seu público-alvo e sua solução, listo abaixo 31 exemplos com suas descrições. Incluo modos e ações para obter melhores resultados e mais contatos-alvo.

1. **Grupos de *networking*:** grupos de *networking* são grupos de empresários ou profissionais de vendas que se reúnem regularmente para explicar sobre seus produtos, seus públicos-alvo, trocar indicações e contatos de seus clientes. Para obter indicações de novos clientes nesses grupos, demonstre para o grupo sua credibilidade profissional e qualidade de seus produtos. Escolha participantes que tenham a mesma credibilidade e qualidade. Só a partir desse momento, troque seus contatos de clientes com os contatos do parceiro.

2. **Grupos profissionais:** são grupos em que profissionais de áreas específicas se reúnem para aprimorar seus conhecimentos técnicos prioritariamente, como grupos de engenheiros ou advogados. São ótimos locais para buscar clientes que valorizam principalmente aqueles seus produtos exclusivos e específicas soluções que só você tem. Nesses grupos, identifique profissionais com soluções que podem ser ampliadas ou terem destaque no mercado sendo apresentadas para os clientes, junto aos produtos que você vende. Construa parcerias com esses participantes. Sempre objetivando o ganho de ambas as partes.

3. **Parceiros de negócio:** profissionais que buscam o mesmo público-alvo, que vendem produtos com soluções diferentes, porém complementares à solução do seu produto. Exemplos de parceiros de negócio são um vendedor de viagens de intercâmbio e uma escola de educação básica. Ambos têm o mesmo público-alvo, com produtos e soluções que não concorrem entre si. Podem trocar indicações de clientes, sem prejuízos. Podem, inclusive, motivar as trocas pagando comissões mutuamente.

4. **Aliados de negócios ou parceiros de indicações e referências:** profissionais que buscam o mesmo público-alvo, mas que vendem produtos com soluções e produtos completamente diferentes. Por exemplo, um consultor empresarial e um dono de restaurante que atende empresários. São duas empresas e dois profissionais que entregam soluções diferentes: um entrega conhecimento; o outro, experiência gastronômica. Esses dois profissionais podem ser grandes aliados de desenvolvimento de negócios e captação de clientes quando confiam um no outro e ajudam um ao outro com indicações valiosas de novos clientes. Cada um empresta sua credibilidade e doa parte do tempo para o outro captar mais clientes. Nessa parceria não se paga comissões em moeda de valor, aqui é dedicação mútua à prospecção de novos clientes.

5. **Clientes:** é comum encontrar clientes satisfeitos que queiram falar de sua satisfação para seus conhecidos. Porém, é difícil encontrar vendedores preparados e interessados em pedir essas indicações. Perdem grande oportunidade de utilizar esse eficiente veículo de prospecção e perdem ainda a chance de ter a certeza de que seus clientes estão satisfeitos com suas soluções.
6. **Funcionários de empresas do mercado-alvo:** profissionais que trabalham em empresas que o vendedor busca são poderosas e precisas fontes de informações sobre suas empregadoras. Trabalhe com ética, transparência e profissionalismo. Busque informações com quem está diariamente perto delas.
7. **Ex-Funcionários de empresas do mercado-alvo:** do mesmo modo que funcionários de uma empresa têm valiosas informações porque estão lá todos os dias, ex-funcionários podem, além das informações, ter maior motivação para lhe contar.
8. **Anúncios de empregos:** esses tipos de anúncios podem fornecer valiosas informações a respeito do crescimento e expansão dos seus clientes-alvo.
9. **Especialistas das indústrias** todo setor industrial ou comercial tem seus especialistas, pessoas de renome que realizam trabalhos de destaque, têm reconhecimento e são reconhecidos. Esses profissionais estão continuamente em contato com a indústria em que trabalham, para se manter atualizados e em evidência. São grandes fontes de informações de potenciais clientes.
10. **Jornalistas e assessores de imprensa:** jornalistas conhecem muita gente e estão sempre em evidência. Estão também sempre à procura de novas informações e notícias. São ótimas fontes de contatos de novos clientes. Excelentes veículos de prospecção, principalmente para contatos de grandes empresas.
11. **Concorrentes:** são pessoas que muitas vezes queremos longe, mas também são profissionais que muitas vezes têm os contatos que não temos. Vale a pena estreitar a relação, deixando claro os limites e os assuntos possíveis de serem compartilhados.
12. **Observação ativa:** muitas informações podem ser colhidas simplesmente indo até o cliente, observando seu fluxo e movimentação da sua portaria ou fachada. É um investimento de tempo, porém pode ser revelador.

13. **Feiras, eventos e exposições:** encontre locais onde seus clientes-alvo estão expondo. São, sem dúvida, grandes oportunidades de encontrar pessoas dispostas e motivadas a falar e entregar valiosas informações.

14. **Relatórios financeiros:** empresas grandes, aquelas com capital na bolsa de valores, têm por obrigação divulgar parte de seus dados financeiros. Esses relatórios são grandes fontes de informações para um vendedor dedicado.

15. **Revistas especializadas:** revistas que trazem informações específicas sobre indústrias de determinadas áreas. São fontes de grande número de clientes-alvo, porém sem fornecerem todas as informações necessárias. Geralmente são veiculos de prospecção para informações complementares.

16. *Redes sociais oficiais dos clientes:* o mundo virtual é um ambiente no qual estamos para desenvolver relacionamento, falar dos nossos produtos e captar clientes. É local para coletarmos valiosas e precisas informações de nossos clientes-alvo.

17. **Redes sociais oficiais dos vendedores:** é fundamental que o vendedor e sua empresa tenham e mantenham atualizadas suas redes sociais. Muitas vezes elas são o primeiro contato do cliente com o vendedor. É importante que as redes sociais dos vendedores expressem todo profissionalismo, qualidade e credibilidade necessários para propagar uma imagem correta do profissional. Também é necessário ter regularidade nas postagens de conteúdos relevantes para os clientes-alvo. Se o vendedor ainda puder investir em uma ferramenta *on-line* de captação de contatos, uma *landing page* terá acesso a contatos em número além das expectativas.

18. *Google* **Alerta:** essa ferramenta do *Google* ajuda o vendedor a estar ciente do que está sendo dito na *internet* a respeito de um tema específico. Faça um *Google Alerta* com o nome de seu cliente-alvo e receba no seu *e-mail* as informações novas. Tenha acesso a muitas informações antes da concorrência.

19. *Google:* ótimo veículo de prospecção, principalmente para iniciar a busca de informações que serão complementadas por outros veículos.

20. *LinkedIn:* tenha uma especial atenção à rede social profissional *LinkedIn*. Construa um bom e profissional perfil. Insira conteúdos regularmente e siga seus contatos. Busque pelo *LinkedIn* novas e

interessantes conexões. Dedique alguns minutos da semana a esse veículo. Valerá a pena, principalmente se está no mercado B2B e vende para empresas.

21. **LinkedIn Business Tool:** essa é uma ferramenta do *LinkedIn* eficaz para fazer *marketing* de seus produtos, de seu perfil e para acessar específicos contatos. Com essa ferramenta, você pode compartilhar produtos, soluções e informações em páginas específicas.

22. **Palestras:** realizar palestras é importante para ampliar a visibilidade do profissional e do produto. Não se esqueça de captar os dados dos participantes por meio de um preenchimento de ficha de cadastro.

23. **Webinar:** *Webinar* é como uma palestra *on-line*. O palestrante passa seu conteúdo por meio de uma câmera e do ambiente *on-line*. Os participantes assistem e participam por meio de um *chat*. É uma boa forma de divulgar o conhecimento e aumentar a autoridade em determinado assunto. Além de prospecção, um *webinar*, quando bem executado, permite o fechamento de algumas vendas. Esteja preparado. Utilize alguns gatilhos de fechamento de venda, que verá no capítulo de conclusão.

24. **Eventos:** eventos são valorosos locais para estar com aquele contato que o vendedor buscava. Participar de eventos desenvolve sua rede de contatos porque, em um único ambiente, você tem a oportunidade de acessar muitas pessoas em pouco tempo. Promover eventos é ter um destaque ainda maior com um reforço na credibilidade. Esteja preparado com muitos cartões de visita.

25. **Grupos on-line:** participar de grupos *on-line* é oportunidade de estar próximo a pessoas com interesses em comum. Isso promove o desenvolvimento técnico e lhe permite acessar específicos profissionais. Cuidado para não assumir uma postura de vendedor excessivamente agressivo. Isso pode afetar sua imagem.

26. **Grupos de WhatsApp:** grupos de *WhatsApp* são os mais intensos dos grupos *on-line*. Além de ter cuidado para não assumir a postura de vendedor exageradamente agressivo, é preciso cuidado para não entrar em assuntos polêmicos, como política ou religião. Isso afeta sua imagem. Tenha cuidado, mas seja ativo no grupo. Um participante ausente tem dificuldade de ser visto.

27. **Associações e sindicatos:** participar de associações e sindicatos é importante, não só para ser proativo e influenciar as decisões

relacionadas ao mercado de atuação, como também para captar oportunidades de negócios e contatos de novos clientes.

28. **Agências reguladoras e órgãos do governo:** são instituições que têm importantes informações, muitas inclusive disponíveis para pesquisa e abertas ao público. Vale a pena refletir sobre as regulamentações necessárias para seu cliente-alvo exercer sua atividade.

29. **Comprador oculto:** muitas informações podem ser colhidas quando o vendedor faz uma visita ao cliente-alvo. Uma visita não para vender, para comprar. Assim ele saberá como o atendimento dos clientes do seu cliente é realizado. Identificará as soluções do seu cliente, suas características de qualidade e seus diferenciais. Importantes informações, pois o vendedor que ajuda o cliente a vender mais, adquire o *status* de parceiro.

30. **Lista de clientes inativos:** clientes inativos são importantes alvos para qualquer vendedor e empresa, por dois motivos. O primeiro motivo é pela empresa ter as informações necessárias para um contato com assertividade. O outro motivo é descobrir o que tornou o cliente inativo. Será que ele deixou de necessitar sua solução ou será que ele não ficou satisfeito na última compra? Pode ser que o cliente teve algum problema com seu produto. É uma espetacular oportunidade para o vendedor descobrir o que ocorreu, resolver o problema, fazer mais uma venda e colaborar para que uma ótima imagem da empresa se propague pelo mercado.

31. **Lista de clientes ativos:** o grupo dos clientes ativos é um grupo com elementos satisfeitos com as soluções recebidas, por isso estão ativos. São clientes para os quais o vendedor e sua empresa têm grande credibilidade. São contatos acessíveis e simples de serem realizados, ótimos locais para o vendedor buscar novas necessidades e desafios para oferecer outras soluções. Assim, as vendas para o mesmo cliente crescem, aumenta o faturamento médio, melhora o relacionamento, a parceria entre as empresas e a fidelização para o cliente aumentam.

Escolher um ótimo veículo de prospecção é valorizar os recursos que o vendedor dispõe para captar clientes. Entre os recursos, destaco não apenas o investimento financeiro, amostras e os materiais impressos como *folders*, panfletos e cartões de visita, como também escolher um melhor veículo de prospecção ajuda o vendedor a valorizar seu tempo.

PodCast 238: uma dúzia de valiosos veículos de prospecção

Gancho: você já sabe que veículos de prospecção são formas para um vendedor captar contatos de clientes.

Texto da dica: uma dúzia de veículos de prospecção representa:

1. Pedir indicações para seus atuais clientes;
2. Participar de grupos de *networking*;
3. Tornar-se membro de associações comerciais;
4. Realizar eventos apresentando conteúdos ou degustações;
5. Oferecer prêmios ou sorteios de produtos para pessoas cadastradas;
6. Participar de palestras, feiras e cursos em que seu cliente está;
7. Investir tempo na *internet* garimpando contatos;
8. Entrar para grupos de mídias sociais junto ao público-alvo;
9. Fazer prospecção fria visitando o cliente;
10. Oferecer conteúdo exclusivo pelas mídias sociais para quem enviar seus dados de cadastro;
11. Construir parcerias de negócios;
12. Construir parcerias de indicações quentes.

Motivação final: com bons veículos de prospecção, você tem mais chances de vender.

PodCast 239: indicações de clientes

Gancho: você pede indicações para seus clientes?

Texto da dica: pedir indicações para clientes é um poderosíssimo veículo de prospecção. Clientes já conhecem seus produtos, valorizam suas soluções, aprovam suas qualidades e escolhem os seus diferenciais, tudo isso porque usaram e usam seus produtos. Pessoas tendem a se aproximar de iguais. Se você conquistar um cliente-alvo, não pense em vender apenas uma vez. Dedique-se em prestar um ótimo serviço para construir alta satisfação e credibilidade. Peça por indicações ao seu cliente. Ele vai indicar seus amigos e conhecidos e você terá outras possibilidades de venda.

Motivação final: 80% dos clientes satisfeitos querem dar indicações. Então, peça.

PodCast 240: grupos de *networking*

Gancho: você participa de grupos de *networking*?

Texto da dica: grupos de *networking* são ótimas formas de receber referências de novos clientes. Referências são indicações de clientes com reais necessidades de suas soluções. São pessoas ou empresas que fazem parte de seu público-alvo e estão precisando de suas soluções. As chances de fechar a venda é enorme. Esses grupos profissionais se reúnem regularmente, entendem as soluções dos participantes, certificam-se da qualidade e compreendem o público-alvo de cada um. A partir desse momento, no próprio cadastro de clientes, buscam quem pode ter necessidade da solução do parceiro. Uma referência é feita, e mais uma venda está perto de ser fechada.

Motivação final: em troca de uma referência dada, os membros desse grupo esperam receber uma referência também.

PodCast 241: associações comerciais

Gancho: você participa de associações comerciais?

Texto da dica: participar de associações comerciais é uma excelente forma de conhecer outros empresários, trocar ideias e opiniões sobre projetos, descobrir novas demandas e necessidades da comunidade, construir parcerias de negócios, encontrar fornecedores e prospectar novos clientes. Essas associações costumam realizar cursos, treinamentos, encontros, bailes e cafés de negócios com a participação de empresários e profissionais liberais associados. Nesses encontros, contatos são trocados e vendas podem acontecer posteriormente. Procure uma associação comercial, afilie-se e participe. Verdadeiramente participe. Não basta só pagar as mensalidades e esquecer que ela existe.

Motivação final: afilie-se a uma associação comercial para se tornar mais conhecido.

PodCast 242: prospecção por eventos

Gancho: você realiza eventos para mostrar suas soluções?

Texto da dica: realizar eventos é poderosa ação de geração de negócios. Nos eventos, você pode se preparar para receber os clientes-alvo, com estrutura, amostras, apresentações, equipe treinada, testemunhos de casos de sucesso, registro em foto e vídeo, cadastrando os visitantes. Muitos negócios podem ser gerados nos eventos, porque os participantes estão lá justamente para conhecer mais sobre suas soluções, porém mais participantes podem não estar no momento da compra na hora do evento. Então, não se esqueça de fazer cadastros captando informações para posteriores contatos e início do processo de venda.

Motivação final: nos eventos, nunca se esqueça de realizar cadastros.

PodCast 243: produtos para sorteio por parceiros

Gancho: você oferece alguns produtos para serem sorteados por parceiros?

Texto da dica: realizar sorteios de seus produtos para cadastros feitos por parceiros são ótimas formas de gerar negócios: estreitam parcerias comerciais, oferecem mais benefícios para os parceiros, mostram suas soluções para novos clientes que não teriam acesso de outra forma. No entanto, o mais valioso são cadastros de contatos e novas possibilidades de venda que você capta. Futuramente, você poderá acessar com uma estratégia de abordagem definida para iniciar novos processos de venda.

Motivação final: faça sorteios, capte novos cadastros, certifique-se de que estão corretos e aptos para futuras vendas.

PodCast 244: participar de palestras, feiras e cursos para prospectar

Gancho: você participa regularmente de palestras, feiras e cursos?

Texto da dica: frequentar eventos em que seus clientes-alvo também estão é importante forma de fazer negócios e prospectar clientes. Participe desses eventos com dedicação. Prepare os materiais como folhetos, pequenos brindes e cartões de visita. Vista-se harmonicamente com o evento e o produto que você vende. Esteja preparado para ser simpático, gentil e amigável. No evento, não cometa o erro de ir distribuindo seu material, comece perguntando aos participantes o que fazem e o que buscam. Interesse-se e peça o material deles. Sempre espere que peçam o seu e perguntem para falar de você. Estabeleça uma meta de número de contatos e um limite de tempo com cada interação.

Motivação final: lembre-se de que você está lá para prospectar.

PodCast 245: grupos de mídias sociais

Gancho: você participa de grupos de mídias sociais em que seus clientes também estão?

Texto da dica: existem muitos grupos de mídias sociais. Participar dos quais nossos clientes estão é importante forma de gerar negócios e captar contatos de clientes potenciais. Escolha os grupos com critério e cuidado. Não seja um membro apenas numérico, participe ativamente do grupo, mas sempre com educação, respeito e profissionalismo. Muito cuidado com informações erradas, *fake news* ou erros ortográficos. Lembre-se: você está em um ambiente em que muitos estão olhando e julgando as postagens. Nunca entre em polêmicas. Poste suas soluções sempre com o propósito de ajudar os membros. Quando identificar necessidades que sua solução pode atender, entre em contato diretamente com o participante e fora do grupo.

Motivação final: venda mais. Venda melhor. Sucesso!

PodCast 246: prospecções frias

Gancho: você não faz prospecções frias?

Texto da dica: desde que se iniciou a ação de vender também se iniciou a prospecção fria, que é o ato de sair pelo mercado buscando e captando as informações dos clientes-alvo para uma posterior tentativa de venda. Para fazer prospecções frias com qualidade, esteja certo do seu público-alvo, planeje as regiões com antecedência, vista-se adequadamente como se estivesse saindo para atender um cliente, prepare-se com amostras, materiais e cartões de visita, caso seja solicitado esteja também preparado para fazer uma pergunta de abordagem. Pergunte se estariam interessados em obter maior benefício e que seu produto entrega para todos que encontrar.

Motivação final: você sairá para fazer prospecções frias e fará algumas vendas.

PodCast 247: garimpar contatos na *internet*

Gancho: você usa a *internet* para garimpar contatos?

Texto da dica: a *internet* é um universo no qual nossos clientes também estão. São muitos *sites*, páginas em mídias sociais, perfis pessoais e profissionais que podem nos fornecer valiosas informações para acessar nossos clientes. Existem inclusive programas, como o *Google Alerta*, que nos avisam sempre que alguma informação sobre nossos clientes-alvo for postada. Cuidado: mantenha seu foco de busca bem especificado. Defina um tempo-limite máximo para ficar na *internet*. É fácil perder o foco e desperdiçar valioso tempo de venda na frente de computadores e *smartphones*.

Motivação final: não se esqueça de que sua prioridade é vender.

PodCast 248: conteúdo pelas mídias sociais

Gancho: você oferece conteúdo pelas mídias sociais?

Texto da dica: oferecer conteúdo pelas mídias sociais é bom para mostrar seu trabalho, dar degustações de suas soluções, acessar pessoas distantes, receber *feedback* de melhoria e interagir com seus clientes em potencial. Para isso, trabalhe em seus canais conteúdos relevantes, interessantes e produzidos com qualidade e cuidado. Crie e siga uma frequência de postagens para facilitar o engajamento. Use impulsionamentos com cuidado e critério. Não use as mídias sociais apenas como uma forma de divulgação, capte as informações dos seus seguidores, use um formulário eletrônico ou simplesmente peça.

Motivação final: traga sua relação virtual para o mundo real e realize mais vendas.

PodCast 249: parcerias de negócios

Gancho: você constrói parcerias de negócio?

Texto da dica: parcerias de negócio são construídas por duas ou mais empresas que atendem o mesmo público-alvo, oferecem soluções complementares, porém não são concorrentes. Podem ser parceiros de negócios, por exemplo, um fornecedor de vinhos e outro de queijos. Os dois buscam restaurantes como público-alvo e podem se ajudar mutuamente. Eles podem realizar eventos em conjunto, acessar novos mercados juntos, podem inclusive trocar contatos de clientes atendidos. A parceria se mantém enquanto um estiver ajudando o outro a captar e a atender melhor seus clientes. É fundamental escolher parceiros de negócios que têm qualidade comprovada e atendem bem seus clientes.

Motivação final: boas parcerias de negócios ajudam a captar e a fidelizar nossos clientes.

PodCast 250: aliados de negócios

Gancho: sabe o que são aliados de negócios?

Texto da dica: aliados de negócios podem ser dois empresários ou vendedores que atendem o mesmo público-alvo, entretanto com soluções completamente distintas. Um exemplo de parceria desse tipo é um dentista e uma proprietária de *pet shop*. Imagine que os dois atendam o mesmo público-alvo, de uma mesma região da cidade e que também reconheçam a qualidade mútua. Agora pense que, quando o dentista termina seu atendimento a um cliente, pergunta se tem animalzinho e fala do *pet shop* de que gosta tanto. É chance de mais uma venda para o *pet shop* que, para manter a parceria, deve retribuir com indicações também quentes ao dentista.

Motivação final: encontre seus aliados de negócios.

PodCast 251: parceiro de negócio ou de indicações

Gancho: você tem parceiros de negócios e aliados de negócios?

Texto da dica: parceiros de negócios são empresas que entregam soluções complementares as suas para os mesmos clientes-alvo. Esses clientes tendem a ficar satisfeitos com soluções mais completas. Isso ajuda na fidelização. São exemplos de parceiros de negócios uma cabeleireira e uma manicure. Aliadas de negócios são empresas que entregam soluções completamente diferentes e distantes para um mesmo público-alvo. Essa parceria não vende seus produtos juntos, apenas quando o cliente tem necessidade específica. É um exemplo de aliados de negócios uma cabeleireira e uma psicóloga. Essas duas formas de parcerias ajudam na prospecção de clientes: uma na realização dos negócios em conjunto com outra, na captação e na troca de cadastros de clientes.

Motivação final: desenvolva parcerias para vender mais.

PodCast 252: o maior patrimônio de um vendedor

Gancho: você sabe qual é o maior patrimônio de um vendedor?

Texto da dica: o maior patrimônio são os contatos dos seus clientes. É a partir disso que o vendedor desenvolve o relacionamento e fecha suas vendas. É preciso manter esse patrimônio em local seguro, com acesso rápido sempre que precisar. Local seguro não é uma agenda ou um caderno antigo, não é a gaveta de cartões da sua mesa, também não é a agenda do seu celular ou uma planilha no seu computador. Já perdi computador e já tive celular roubado, sei que não são locais seguros. Um local seguro é uma planilha na nuvem. Um local ainda melhor é um sistema CRM na nuvem. Existem vários gratuitos na *internet*.

Motivação final: guarde com segurança seu maior patrimônio.

PodCast 253: meta de prospecção

Gancho: você tem uma meta de prospecção semanal?

Texto da dica: é importante ter uma meta de prospecção semanal e monitorar para que sempre seja cumprida. Para atingir o objetivo de vendas, precisamos manter o fluxo de entrada de clientes no início do nosso processo. Por esse motivo, necessitamos de uma meta de entrada. Os veículos de prospecção são escolhidos e monitorados se estão gerando os contatos necessários. Se não estão, simplesmente mudamos de veículos para outros que nos entregam a quantidade que queremos.

Motivação final: quem não tem meta, não consegue avaliar se o veículo de prospecção está sendo suficiente e efetivo. Perde tempo e dinheiro facilmente.

PodCast 262: presentes para indicações

Gancho: o que você faz para incentivar as indicações?

Texto da dica: indicações são valiosas formas para captar novos clientes e gerar mais vendas. Presenteie os clientes que indicam com valiosos privilégios que satisfazem e desenvolvem seu relacionamento e sua credibilidade. Crie um programa de incentivo de indicações. Nesse programa, seus clientes podem receber amostras adicionais de produtos, avaliações gratuitas, mais itens sem custo adicional, descontos futuros, extensões de tempo e prorrogação de privilégios, descontos para grupos, garantias estendidas, redução de custos em itens ou serviços periféricos.

Motivação final: a criatividade é a chave para a criação de um bom programa de incentivo de indicações.

PodCast 49: fale para todo mundo que você vende

Gancho: vendedor, o *boca a boca* é importante para ajudá-lo a vender mais?

Texto da dica: hoje, 85% das vendas são realizadas com a ajuda do *boca a boca*. Cada pessoa conhece em torno de 250 outras pessoas e cada um tem em média 1000 amigos pelas mídias sociais, então todo contato que fazemos com alguém é uma possibilidade de venda. Vendedor, quando for ao açougue, diga ao açougueiro o que faz e o que vende. Ele pode estar precisando ou pode indicá-lo para um dos conhecidos. Mesma ideia quando for ao mercado, ao barbeiro, à padaria ou tomar um cafezinho no bar.

Motivação final: fale para todo o mundo o que faz e o que vende. Colabore com o seu *boca a boca*.

CAPÍTULO 6: INVESTIGAÇÃO

É FUNDAMENTAL PERGUNTAR PARA TER VALOR. QUALQUER PESSOA SÓ SE INTERESSA POR AQUILO QUE TEM VALOR PARA ELA.

CAPÍTULO 6: INVESTIGAÇÃO

Venda é a motivação para a realização de uma troca. Quando temos algo que o outro necessita, é fácil trocar. Portanto, o maior segredo para vender é descobrir o que o comprador necessita, qual é a sua dor e, posteriormente, demonstrar como nosso produto pode resolver essa necessidade. Dessa forma, temos os dois interlocutores motivados a realizar a troca. Um querendo vender; o outro desejando comprar.

Como descobrir a dor ou a necessidade do outro? A resposta é fácil e óbvia: basta perguntar. Entretanto, é preciso desenvolver um clima de confiança, credibilidade e respeito. É preciso interesse real pelo outro. Desenvolver a empatia. Conversar. Questionar. Querer saber mais. Descobrir as necessidades, as dores, os desejos, as vontades, os medos, as expectativas, os sonhos.

É tentador falar de nossos produtos e serviços, suas soluções e benefícios, porém é preciso fugir dessa tentação e fazer as perguntas, principalmente no início. O vendedor precisa compreender que qualquer pessoa só adquire aquilo que na percepção dela tem valor. Para que a proposta do vendedor tenha um real valor, precisa estar focada nas satisfações das necessidades do cliente.

Na etapa de investigação, deve-se focar no cliente e ouvir com paciência e com atenção o que ele diz. É preciso concentração para captar todos os detalhes, e cuidado na hora de interagir para motivá-lo a falar ainda mais. É fundamental esforço para não julgar, porque isso, além de limitar as possibilidades de soluções, desmotiva o cliente a prosseguir.

Outra coisa importante é o local em que as perguntas são feitas. Além de silêncio para ter a atenção, é importante discrição para não acanhar o cliente. Olhar nos olhos e fazer movimentos de compreensão também são fundamentais, além da manutenção de imagem corporal parecida com a dele, isso gera conexão. Também são fundamentais caneta e papel para os detalhes serem anotados.

São basicamente dois tipos de perguntas que se deve fazer. Sempre é preciso começar com **perguntas de aquecimento** da relação. Perguntar sobre assuntos que aproximam fazem o cliente perceber o genuíno interesse em conhecê-lo para melhor atender. As perguntas de aquecimento desenvolvem a relação, aumentam a credibilidade do vendedor e ajudam a captar mais informações do ser humano.

As outras perguntas que se deve estar preparado para realizar são as **perguntas poderosas**. Essas perguntas têm por objetivo descobrir e especificar as necessidades do cliente que o produto tem o poder de satisfazer. Posteriormente, oferecer uma solução focada nessas necessidades. É preciso preparação prévia com uma lista dessas perguntas.

É pelas perguntas que o ser humano e sua sociedade sempre se desenvolveram. Outro dia li na *internet* um artigo dizendo que as primeiras ferramentas humanas foram criadas há dois milhões de anos. Eram machados e facas feitos de pedra lascada. Imagine um ser humano faminto na pré-história que encontrou um pedaço de carne grande e dura. Ele a levou para sua caverna para se alimentar. Com dificuldade, tentou cortar um pedaço grande de carne com os dentes. Sentindo muita dificuldade, quebrou um dente. Como estava com muita fome, quebrou outro e outro. Somente duas coisas podem fazê-lo parar. Todos os dentes se quebraram ou começou a se perguntar: *"Como isso pode ficar mais fácil?"*. Isso o leva a buscar uma melhor maneira. Encontrar uma solução para sua necessidade. Foi a pergunta que o ajudou a evoluir.

Quando interagimos com nossos clientes, também para ajudá-los a evoluir e adquirir o melhor, perguntas são fundamentais. É com elas que os levamos a pensar em suas necessidades, para oferecermos as soluções. Precisamos fazer perguntas e focar nossas atenções no que as pessoas estão falando. Escutar de maneira ativa e gerar novas perguntas para aprofundar o raciocínio e a análise. Nesse momento, temos de evitar pensar nas possíveis soluções antecipadas, isso nos atrapalha. Péssimo também é pensarmos em assuntos distantes do momento, distrações da mente. Precisamos estar totalmente presentes nessa investigação. Focados e concentrados no que estamos escutando e no que está acontecendo no momento presente. É necessário buscar a compreensão do que está sendo dito por meio das palavras, entonações, pausas e até da linguagem corporal.

Além de fazer a pergunta certa, é fundamental o momento correto. Assim, mostramos para as pessoas que estão sendo ouvidas e compreendidas. Perguntas certas no momento certo levam ao desenvolvimento do raciocínio. Porém, em momento errado levam à perda de foco, desinteresse e até confusão. Precisamos de atenção e sensibilidade aguçadas.

CAPÍTULO 6: INVESTIGAÇÃO

É sempre interessante começar com perguntas abertas. Perguntas que começam com **"O quê?"**, **"Como?"**, **"Quem?"**, **"De que forma?"** etc. Essas perguntas fazem o cliente pensar e produzir um texto mental para responder. Não comece com perguntas fechadas do tipo que se responde com apenas um *sim* ou um *não* ou uma informação seca e sem reflexão do tipo: "Qual é seu volume de compra mensal?" Também não utilize perguntas que começam com **"Por quê?"**. Essas perguntas têm como respostas opiniões ou impressões pessoais. Não ajudarão a encontrar a necessidade que seu produto pode satisfazer. Apenas apresentam opiniões pessoais do seu cliente que podem gerar mais distanciamento do que conexão. É como eu digo: **"Opinião é como cabeça, cada um tem a sua"**.

Continue o diálogo com **perguntas dirigidas** para esclarecer as respostas iniciais. Essas são perguntas feitas em função das respostas apresentadas. Melhoram a compreensão, esclarecem detalhes e ajudam a certificar-se de que está realmente compreendendo. Essas perguntas incentivam o cliente a continuar falando e esclarecendo ainda mais o assunto.

Misture as perguntas dirigidas com **perguntas reflexivas**. São as perguntas que levam o cliente a pensar nas possibilidades de solução. Ajudam a testar possibilidades e alternativas antes de sua oferta. Perguntas reflexivas são as que começam com: **"E se..."**, **"Já pensou em..."**, **"Como isto seria se..."**, **"O que aconteceria com..."** etc.

Quando sua proposta de solução estiver sendo montada na sua mente, para certificar-se de sua compreensão, faça **perguntas específicas**. São aquelas que esclarecem como e quais serão as características específicas da sua oferta. São perguntas como: **"Qual o tamanho?"**, **"Qual a cor?"**, **"Qual a quantidade?"** etc.

Só após uma ótima investigação que o vendedor consegue fazer uma proposta de real valor, porque estará focada na necessidade do cliente. Fazer perguntas é importante para investigar e identificar como sua solução atenderá o cliente. **"Qualquer pessoa só adquire aquilo que para ela tem valor."**

PodCast 254: o início do processo de venda

Gancho: qual a primeira ação de um vendedor no início do processo de venda?

Texto da dica: muitos acreditam que a primeira ação é mostrar como seu produto é importante e valioso. Pensam que o vendedor, no início, deve mostrar a sua capacidade de encantar, chamar a atenção e se mostrar interessante ao cliente. Isso é um enorme erro. Falar dos nossos produtos no início, só faz o cliente diminuir o interesse e iniciar um julgamento desfavorável ao vendedor. Isso porque o cliente está focado em suas necessidades. Quando o vendedor fala de produtos no início do processo de venda, mostra que seu foco é o produto e não o cliente.

Motivação final: apenas os vendedores que buscam o melhor para o cliente são valorizados e ouvidos com atenção.

PodCast 255: as três ações da investigação

Gancho: quais as três ações que os vendedores devem realizar antes de apresentar seus produtos?

Texto da dica: o vendedor precisa realizar três ações: **abordar** o cliente com acolhimento, calma e com a intenção clara de ajudar; **aquecer a relação e qualificar** fazendo perguntas que mostrem o foco claro do vendedor para o cliente; **revelar necessidades** que os produtos do vendedor podem satisfazer. O conjunto dessas três ações chamamos de fase de investigação. Essa fase, além de ser a primeira ação do vendedor, deve durar a maior parte do tempo da reunião com o cliente.

Motivação final: apenas após necessidades reveladas, o vendedor deve começar a falar de seus produtos.

PodCast 256: buscas na investigação

Gancho: quais as buscas do vendedor no momento de investigação?

Texto da dica: para investigar bem, o vendedor deve ter a habilidade para aprofundar-se nos problemas específicos do cliente. Uma orientação analítica é essencial. Nesse momento, o vendedor deve ser capaz de encontrar e definir: os problemas, as expectativas, as limitações, as especificidades do contexto, de tempo, do ambiente do cliente e de suas atividades. As motivações do cliente são fundamentais, como também descobrir os tomadores de decisão e os concorrentes envolvidos.

Motivação final: apenas após ótima investigação, o vendedor poderá oferecer produtos que os clientes realmente se interessam e valorizam.

CAPÍTULO 6: INVESTIGAÇÃO

PodCast 301: o principal erro dos profissionais de vendas

Gancho: você sabe qual é o principal erro dos profissionais de vendas?

Texto da dica: o principal erro dos profissionais de vendas é a inabilidade ou a incapacidade de fazer perguntas e de ouvir com atenção as respostas dos clientes. Por causa dessas competências pouco desenvolvidas, os vendedores falham em descobrir as reais necessidades dos clientes. O resultado são propostas sem aderência, tediosas e sem real interesse do cliente. O vendedor acaba rotulado como uma pessoa que fala em demasia, como alguém que tenta empurrar o produto e como um chato. Dessa forma, as vendas só acontecem quando o preço é convidativo. Para evitar passar por isso, o vendedor deve preparar suas perguntas com antecedência e ficar atento às respostas.

Motivação final: vendedor, muito cuidado com a fase da investigação.

PARTE 1: ABORDAGEM

**Abordagem é etapa crítica no processo de venda.
O importante é causar uma primeira boa impressão.**

A abordagem é o momento em que o vendedor faz o primeiro contato com o cliente. Como é o início do processo de vendas, é um momento crítico. Ele pode ser interrompido e a venda perdida se não for bem realizado. Muita atenção no acolhimento, empenhe-se para passar uma imagem de alguém que tem intenções positivas com o cliente e que está empenhado em ajudar. Aborde com credibilidade, respeito, calma, tranquilidade, motivação, alegria e energia.

Interpelar um cliente é grande desafio para alguns. Iniciar uma conversa, estabelecer o início de uma relação e atrair o interesse são desejos dos vendedores nessa etapa de início de conexão. Para muitas pessoas, o desafio é tão grande que pode se tornar barreira intransponível e levar à desistência da carreira de vendas. Entretanto, como sempre digo: **"O crescimento se dá pelo conhecimento"**. É preciso aprender para melhorar e evoluir. Como fazer a abordagem?

Como consumidor, frequentemente sou abordado por pessoas agindo de maneira contraproducente. Coisas como: "Pois não?", "Vamos levar!" ou "Quer comprar?" não são interessantes. Uma postura arrogante, de indiferença ou de pouco caso com o cliente, sinto nesses casos.

A primeira coisa a compreender no momento de abordagem é a necessidade de acolhimento para estabelecer o início de conexão. Uma barreira é rompida, a do distanciamento. Acolher, amparar e apoiar o outro torna-se fundamental para a construção da empatia. É importante se mostrar interessado por meio da postura, dos gestos e das suas expressões faciais. Uma postura de confiança e gentileza é bem-vinda. Algumas coisas são fundamentais nesse momento, entre elas o sorriso.

- **O sorriso:** é impossível destacar o poder transformador do sorriso. Antoine de Saint-Exupéry, autor de O pequeno príncipe dizia: ***"No momento em que sorrimos para alguém, descobrimo-lo como pessoa, e a resposta do seu sorriso quer dizer que nós também somos pessoa para ele"***. Um belo sorriso abre portas. Quando alguém sorri, passa uma imagem de confiança, otimismo e felicidade, reflete saúde física, mental e psicológica. Um sorriso bonito é capaz de melhorar a conexão e o envolvimento nos relacionamentos pessoais.

- **Calma:** tenha calma na abordagem. Não se apresse, não dê a impressão de que quer se livrar da situação o mais rápido possível. Chegue cedo para atender o cliente. Apresente-se com calma para passar ao cliente impressão de organização, planejamento, segurança, profissionalismo e credibilidade.

- **O aperto de mão:** o aperto de mão geralmente é o primeiro toque físico entre duas pessoas, tem como objetivo simbolizar um contato de iguais. Então, não aperte em demasia ou com frouxidão. Aperte a mão com a mesma força que sente apertar a sua. Não utilize cumprimentos moderninhos, transados e íntimos, mantenha-se no clássico.

- **Cuidado com o beijinho:** quando atendemos alguém do sexo oposto, o famoso "beijinho" parece ser uma opção. Muito cuidado com ele. Pode dar a sensação de invasão de espaço. Evite situações embaraçosas. Prefira sempre o clássico aperto de mão.

- **Cumprimentos:** cumprimentos simples, "bom dia!", "como vai?" ou "olá!", são apropriados como primeiras palavras. Diga de forma clara e transmita uma atitude de carinho, tranquilidade e gentileza.

- **Olhos nos olhos:** olhar nos olhos passa sensação de confiança, honestidade e transparência. Quando estiver conversando com o cliente, olhe nos olhos. Isso ajudará a marcar sua imagem e o cliente se lembrará de você.

CAPÍTULO 6: INVESTIGAÇÃO

- **Simples na apresentação:** ao se apresentar, evite frases de impacto ou *slogans* previamente ensaiados, seja simples. Diga seu nome, a empresa e o motivo da presença.

- **A postura:** apresente-se com uma postura corporal de credibilidade e confiança. Estique o corpo, levante o queixo para gerar uma imagem de vitalidade e motivação. Não exagere, cuidado ao gerar uma impressão de arrogância e indiferença.

- **A harmonia da imagem:** no momento da abordagem, atenção à higiene, à organização dos cabelos, às falas iniciais e às roupas. O ideal são roupas em harmonia com as vestimentas do seu cliente e com o produto que você vende.

O momento da abordagem dura alguns segundos apenas, porém são suficientes para o cliente fazer uma rápida análise mental, julgar e classificar o vendedor. Alguns vendedores, por causa de uma abordagem ruim, gastam valioso tempo para reconstruir sua imagem. Isso atrasa o fechamento das vendas. Vendedores que têm ótimas abordagens constroem uma imagem de credibilidade e autoridade. Isso acelera o processo de venda.

Sempre aborde com atenção no acolhimento e na intenção de ajudar.

PodCast 257: abordagem e acolhimento

Gancho: você sabe o que é abordagem?

Texto da dica: a abordagem é o início do contato do vendedor com o cliente. Chamamos esse momento de *quebra-gelo*. O vendedor precisa, de início, demonstrar acolhimento e que sua intenção é ajudar. A abordagem é o começo de uma sintonia. O cliente precisa desejar disponibilizar parte de seu tempo para o vendedor. É fundamental calma, confiança e segurança nas afirmações. Vendedor, seja simples na abordagem. Faça um cumprimento, diga apenas seu nome e o nome da sua empresa. Ainda não é o momento de falar de você ou do seu produto.

Motivação final: na abordagem, o mais importante é o acolhimento do cliente.

PodCast 08: acolhimento

Gancho: você sabe qual é o sentimento que o cliente tem na primeira vez que entra em um estabelecimento comercial?

Texto da dica: ele sente MEDO. Isso mesmo! Seu cliente sente MEDO. Esse sentimento de medo vem gravado por gerações na memória genética dos seres humanos. Vem lá do tempo em que os homens viviam em cavernas, quando não estavam no topo da cadeia alimentar e eram constantemente caçados. Fugiam de predadores e sentiam medo de locais novos.

Para atender os clientes e realizar a venda, é fundamental ajudar a superar o medo inicial. O acolhimento, quando o cliente chega, é indispensável.

Motivação final: abra um sorriso, faça um cumprimento, seja gentil. Acolha com carinho.

PodCast 01: abordagem por elogio

Gancho: um dos momentos mais importantes do processo de vendas é o da **abordagem**.

Texto da dica: a abordagem é o momento em que se inicia a relação com o cliente. O vendedor precisa, de início, mostrar que seu objetivo é ajudar. Mas a abordagem também é o início de uma conversa com um estranho, e isso pode ser um desafio para alguns vendedores.

Uma forma de fazer uma excelente abordagem pessoal é usar a técnica do **elogio**. Comece a conversar com seu cliente elogiando. O elogio mostra que o cliente está sendo observado e que é importante.

Motivação final: elogie para abordar melhor seus clientes. Elogie para vender mais.

PodCast 258: harmonia na abordagem

Gancho: como andam suas abordagens?

Texto da dica: a abordagem é o momento de passar ótima primeira boa impressão. No momento da abordagem, a harmonia é valiosa. O vendedor precisa se mostrar harmônico ao cliente. Harmonia significa equilíbrio, ordem, acordo, consonância, entendimento, conciliação e coerência. O vendedor é harmônico quando cuida para que suas roupas, suas falas, sua postura, seus modos, sua higiene pessoal, o tom de sua voz, tudo isso se apresente coerente com o cliente e com o produto que está vendendo. Chamamos de *conjunto harmonioso da imagem*.

Motivação final: outra coisa fundamental para uma abordagem harmônica é o sorriso. Sorria, vendedor.

PodCast 259: atenção no aperto de mão

Gancho: você tem um bom aperto de mão?

CAPÍTULO 6: INVESTIGAÇÃO

Texto da dica: vendedores apertam muitas mãos durante seu dia de trabalho. É um gesto simples, que muitos não dão valor, porém tem o potencial de sinalizar muito sobre você. Um bom aperto de mão transmite confiança, proximidade, credibilidade e igualdade, enquanto um com baixo desempenho pode deixar a sua personalidade em dúvida e dificultar sua venda. Comece sempre com o polegar para cima. Segure a mão firme, mas sem força exagerada. Sinta a pressão e exerça uma força parecida. Faça contato visual amigável, apenas uma balançada das mãos é suficiente.

Motivação final: existem outros cumprimentos usados em grupos específicos ou entre amigos, porém prefira sempre o clássico aperto de mão nas vendas.

PodCast 260: olhos nos olhos

Gancho: você olha seu cliente nos olhos?

Texto da dica: o contato visual com seus clientes tem o poder de aumentar a qualidade das interações. Olhar nos olhos, e manter esse olhar, irá ajudá-lo a passar mais segurança, autoridade pessoal, confiança para uma ideia, emoção para um discurso comovente e até intimidar seus inimigos. Ajuda a fechar vendas também. Isso porque os olhos foram feitos para conectar, revelam nossos sentimentos e mostram nosso foco de atenção. Pessoas que evitam o contato visual desejam se manter distantes e dão a impressão de estarem escondendo algo.

Motivação final: vendedor, olhe nos olhos para melhorar seu relacionamento e fechar mais vendas.

PodCast 261: o *WhatsApp* nas vendas

Gancho: de que forma você se comunica com seus clientes?

Texto da dica: tenho visto muitos vendedores preferindo falar com os clientes por *WhatsApp*. Com certeza, o *WhatsApp* é uma valiosa ferramenta de comunicação. No entanto, para vender, precisamos sempre buscar meios em que a comunicação seja a melhor possível. Seres humanos têm três canais de comunicação: o visual, o auditivo e o cinestésico, que é representado pelas sensações. Quando escolhemos o *WhatsApp*, estamos apenas usando o canal visual, ou apenas o auditivo, se gravamos áudios. A comunicação fica pobre em relação se estivéssemos frente a frente com o cliente.

Motivação final: então, sempre prefira o meio presencial para fazer a venda. Quando não for possível, use o telefone. Apenas quando não tiver opção, utilize *e-mails* ou mensagens.

PodCast 263: táticas de abordagem

Gancho: você sabe o tamanho da importância das primeiras palavras que saem da sua boca?

Texto da dica: não? Elas são fundamentais. Pessoas julgam rápido. Dizem que, em apenas sete segundos ou nas primeiras 20 palavras ouvidas, o julgamento é realizado e concluído. Então, é importante saber o que dizer para mostrar que o foco do vendedor está no cliente, que sua intenção é atender, acolher as necessidades e ajudar. O vendedor deve mostrar segurança e autoconfiança. É ruim ser abordado por um vendedor nervoso, ansioso e inseguro. A melhor maneira de mostrar segurança é estar preparado para o que vai dizer com antecedência. Ter táticas de abordagem é valioso.

Motivação final: prepare e pratique suas táticas de abordagem para vender mais.

PodCast 264: a tática do elogio

Gancho: vendedor, você sabe qual é a ferramenta de vendas poderosíssima e que não custa nada?

Texto da dica: essa ferramenta é o *elogio*. Pessoas adoram ser elogiadas, por se sentirem valorizadas, observadas, queridas e fortificadas. Fazer um elogio é dar ao outro o que temos de melhor. Isso promove um incremento na autoestima do outro e sensação de segurança, aceitação e empoderamento. A pessoa elogiada sente que é capaz de buscar seus objetivos, desejos e sonhos. Todavia, o elogio é um ato de amor, precisa ser sempre verdadeiro e autêntico. Sem outros interesses ocultos.

Motivação final: elogie sempre o que é elogiável.

PodCast 265: a tática da referência pessoal

Gancho: vendedor, você sabe qual a melhor forma de fazer uma abordagem por telefone?

Texto da dica: a melhor forma é usar a tática da referência pessoal. A referência pessoal é uma pessoa que passou o contato e é conhecida de quem você está ligando. Essa tática é poderosa porque, quando alguém que não conhecemos nos liga, nosso alarme de perigo aciona, dizendo para termos cuidado e ficamos querendo encerrar o contato. Agora, quando essa pessoa que não conhecemos nos liga e rapidamente diz que recebeu o contato de alguém que conhecemos, uma sensação de segurança nos conforta, abrimos a guarda e passamos a querer ouvir o que o outro tem a dizer.

Motivação final: é importante receber indicações de clientes satisfeitos.

CAPÍTULO 6: INVESTIGAÇÃO

PodCast 266: a tática da referência de mercado

Gancho: vendedor, como fazer quando temos que ligar para um cliente novo e não temos uma referência pessoal para passar segurança e aquecer o contato?

Texto da dica: podemos usar a tática da referência de mercado. Uma referência de mercado é uma empresa, um evento, uma associação ou uma entidade a qual o cliente que fará o contato conhece. Um evento onde você, vendedor, esteve e o seu cliente também esteve é ótimo exemplo de referência de mercado. Ligamos para o cliente e, após dizer o nosso nome e o nome da nossa empresa, dizemos o evento em que estivemos juntos ou outra referência de mercado. Isso faz o cliente aumentar seu nível de segurança e motiva-o a dar mais atenção ao que temos a dizer.

Motivação final: por esse motivo, vendedores devem participar de eventos em que seus clientes também estarão.

PodCast 268: o mistério

Gancho: você sabe qual a melhor tática de abordagem por escrito?

Texto da dica: o mistério é a melhor tática para uma abordagem por escrito, porque o desejo pela solução de um mistério é grande motivador de movimento e de ação. Um cliente só lê, interpreta, pensa em uma resposta e escreve com grande motivação. Não adianta mandar *e-mails* para clientes com leques de soluções e possibilidades de uso para ele escolher, isso é pouco motivador. Ele nem sabe escolher, não é o especialista no seu produto, você é quem é.

Motivação final: para gerar mistério, fale de um grande benefício que seu produto entrega, mas sem explicar como.

PodCast 269: a bonificação

Gancho: você conhece a tática de abordagem por bonificação?

Texto da dica: essa tática consiste em presentear o cliente com um brinde, uma experiência ou um aprendizado, atrair sua atenção e, a partir desse momento, iniciar o processo de venda. Nós, seres humanos que vivemos em sociedade, somos fortemente impactados pela lei da reciprocidade. Quando recebemos algo de alguém, sentimos forte motivação em retribuir e dar algo para essa pessoa. Quando um cliente recebe uma bonificação do vendedor, tende a retribuir dedicando sua atenção a ouvir o vendedor.

Motivação final: para acionar a reciprocidade, a bonificação deve ter real valor para quem a recebe.

PodCast 270: amenidades para abordar

Gancho: você usa amenidades para abordar clientes?

Texto da dica: amenidades são boas formas de iniciar conversas com pessoas e com clientes. Amenidades são assuntos leves, amenos, mansos, suaves para se falar com alguém. São temas serenos e tranquilos, que não provocam grandes reflexões ou acionamento de mecanismos de defesa. Usando amenidades, começamos uma conversa leve e iniciamos o processo de venda com calma, mostrando para o cliente segurança como pessoa e como profissional.

Motivação final: com a abordagem por amenidades, a transição para o início do processo de venda deve ser calma e suave. E sempre com um sorriso no rosto.

PodCast 271: abordagem por questionamento

Gancho: você conhece a tática da abordagem por questionamento?

Texto da dica: abordar clientes por questionamento é ótima forma de iniciar uma conversa, por escrito ou pessoalmente. Pessoas ativam a reflexão e iniciam o processo mental para buscar respostas sobre os temas assim que perguntas são feitas. Por escrito, adoram responder a questionários quando sabem que o retorno será imediato. É assim que muitas empresas captam nossos dados pelas mídias sociais. Entretanto, abordar clientes por questionamento tem outra grande vantagem, permite ao vendedor começar a diagnosticar as necessidades e pensar nas possíveis soluções antes mesmo de iniciar a conversar com o cliente. Isso agiliza o processo de venda e torna o vendedor mais assertivo.

Motivação final: crie seu questionário e use mais a abordagem por questionamento.

PodCast 275: abordagem de alto impacto

Gancho: você já desenvolveu sua abordagem de alto impacto?

Texto da dica: uma abordagem de alto impacto é uma pergunta reflexiva sobre o maior benefício e os impactos positivos que seu produto entrega aos clientes. Um produtor de vídeos poderia ter uma abordagem de alto impacto, como: "Você estaria interessado em atrair novos clientes passando a credibilidade e a qualidade do seu trabalho em apenas um minuto?". Um decorador poderia ter sua abordagem de alto impacto, como: "Você estaria interessado em valorizar seu apartamento e abrir novo público de compradores?". Quanto melhor formulada a pergunta reflexiva e mais focada nos benefícios de suas soluções, maior a atenção será atraída e melhor será a abordagem de alto impacto.

CAPÍTULO 6: INVESTIGAÇÃO

Motivação final: experimente! Desenvolva sua abordagem de alto impacto.

PodCast 274: o que não se pode esquecer na abordagem?

Gancho: vendedor, o que você não pode esquecer na abordagem de clientes?

Texto da dica: a abordagem é o início da conversa com um estranho para começar um processo de venda, com o objetivo de fechá-la. Então, o vendedor precisa, no momento da abordagem, estar preparado para sanar dúvidas sobre o produto, passar segurança, credibilidade, fazer uma apresentação de valor, negociar e fechar a venda. Não adianta abordar um cliente se não estiver preparado para a venda completa. Isso é desperdiçar o tempo do cliente e possibilidades de negócios. Faça uma lista com tudo que você precisa para a venda completa. Pense em amostras, talão de pedido, contrato, canetas e calculadora. Não se esqueça dos itens emocionais como motivação, entusiasmo e alegria.

Motivação final: nunca deixe de fora da lista seu melhor sorriso.

PodCast 276: abordagem de alta probabilidade

Gancho: você tem uma abordagem de alta probabilidade?

Texto da dica: você já deve ter criado uma abordagem de alto impacto, aquela com uma pergunta reflexiva sobre os impactos positivos dos maiores benefícios do seu produto. Agora pense no grupo de pessoas que teria as maiores vantagens com esses benefícios e faça uma lista. Ligue para as pessoas dessa lista ou mande uma mensagem de WhatsApp. Apresente-se e pergunte se estaria interessado nesses benefícios. Se o cliente perguntar "Nossa! O que é?", marque a visita para apresentar seu produto e realizar a venda.

Motivação final: você vai se surpreender. Muitas vendas acontecerão.

PodCast 22: dificuldade em marcar a visita

Gancho: o cliente não quer recebê-lo? Está difícil marcar a visita? Ele não retorna suas ligações?

Texto da dica: bem-vindo, vendedor! Essa é realidade e o dia a dia da nossa vida. Para melhorar o interesse do cliente em você, use a criatividade ou algumas estratégias, como: peça para um amigo em comum indicá-lo, envie um pequeno presente, tente marcar um encontro em uma reunião de *networking* com outras pessoas, envie um *e-mail* com um benefício misterioso ou faça uma visita surpresa, sem marcar.

Motivação final: seja criativo e não desista. A persistência é competência importante para o sucesso nas vendas.

Podcast 32: marcar + visitas

Gancho: vou explicar uma forma de conseguir agendamentos de visitas rapidamente.

Texto da dica: primeiro pense no maior e mais significativo benefício que seu produto leva para os clientes. Agora pense no tipo de cliente que mais valorizaria esse benefício. Pesquise e prepare uma lista de contatos com esse tipo de cliente. Chamamos isso de *clientes prioritários*. Ligue para esses clientes prioritários ou envie *WhatsApp*, apresente-se e pergunte se estariam interessados em receber esse benefício. Não fale do produto no início, fale apenas do benefício. Deixe um mistério no ar, isso ajuda muito. Se o cliente perguntar: "o que é?", É só marcar a visita para explicar.

Motivação final: pense em um benefício de seu produto para seu cliente e marque mais visitas.

PodCast 94: atendimento pelo telefone

Gancho: vendedor, você faz um bom atendimento pelo telefone?

Texto da dica: o mais importante em qualquer tipo de atendimento ao cliente é o acolhimento. Quando esse atendimento for pelo telefone, o acolhimento deve atender no primeiro toque; dizer seu nome, o nome da empresa e fazer um cumprimento; perguntar o nome do cliente e anotar; escutar com atenção para entender a razão da chamada e sempre colocar um sorriso na voz. Na hora de responder ao cliente, fale pausadamente, com voz clara, tranquila e suave. Evite usar termos íntimos como amor, querido, fofinho ou amigão. Nunca diga que o assunto não é com você.

Motivação final: na hora em que você for ligar para o cliente, transmita motivação e energia. Faça a ligação em pé.

PodCast 58: pontualidade

Gancho: vendedor, você é pontual?

Texto da dica: o recurso mais importante que temos é o tempo e precisa ser sempre respeitado. Nunca deixe o cliente esperar por você. Um vendedor que não dá a devida importância aos horários e não passa respeito e credibilidade, deixa o cliente incomodado em esperar. Ele fica com medo de atraso e acaba concluindo que isso também pode refletir na entrega do produto, por isso escolherá passar os pedidos para a concorrência. Um vendedor precisa também ser fiel à regularidade das visitas. Isso transmite segurança para o cliente. Agende com o cliente suas visitas. Se tiver algum empecilho, avise o quanto antes.

Motivação final: é como meu pai, com toda sua experiência, sempre disse: "Um vendedor que atrasa não adianta!"

PodCast 272: ferir e curar na abordagem

Gancho: você já ouviu falar da tática de *ferir* e *curar* para abordar clientes?
Texto da dica: *ferir* e *curar* é uma tática usada em anúncios de publicidade, em revistas e comerciais na TV. Primeiro é mostrada uma imagem ou uma história é contada de alguém que passa por desafios porque não usa seu produto, portanto não tem acesso aos benefícios de suas soluções. Isso fere e chama a atenção do cliente. Depois é mostrada outra imagem ou história de alguém que usa seu produto, tem acesso aos benefícios e está melhor e mais feliz. Isso é a cura. Ferir e curar, uma tática de contraste. Quando usada na abordagem de clientes, chama atenção e gera interesse na sua solução.
Motivação final: experimente! Venda mais. Venda melhor. Sucesso!

PodCast 273: objeções para abordar

Gancho: você usa objeções para abordar clientes?
Texto da dica: originalmente, objeções são obstáculos que tentam impedir a continuidade do processo de venda. No entanto, objeções são também excelentes formas de abordar clientes. Pense na objeção mais comum na venda de seus produtos, aquela objeção que sempre aparece. Comece a conversa com o cliente contornando-a, antes mesmo do cliente falar qualquer coisa. Se sua objeção, por exemplo, for preço, comece a conversa assim: muita gente, na primeira vez que vê meu produto, acha caro. Isso é óbvio, porque os melhores produtos valem mais. Mas meu produto é, na verdade, o mais barato porque rende mais. Basta se aproximar e conhecê-lo melhor.
Motivação final: tenha coragem e experimente a abordagem por objeção.

PodCast 73: um excelente atendimento

Gancho: você sabe como prestar um excelente atendimento?
Texto da dica: um excelente atendimento é orientado por alguns aspectos como acolhimento, rapidez, cordialidade, conhecimento e capacidade de entregar as soluções. Mas os clientes não são pessoas iguais. Cada ser atribui importância diferente para cada um desses pontos, o que é significativo para um pode não ser para outro. Então, a única forma real de proporcionar ótimo atendimento é aproximar-se e conhecer seu cliente.
Motivação final: estude seu cliente para um atendimento perfeito para ele.

PodCast 43: cliente "só quero saber o preço"

Gancho: vendedor, você conhece o cliente "só quero saber o preço"?

Texto da dica: esse cliente é aquele que chega perto de você, dá a impressão de que está interessado, mas quando você começa o processo de venda, ele diz "só quero saber o preço". Se você der o preço, é provável que ele vá embora dizendo que seu produto é caro. Em vez disso, diga que o preço é importante nos dias de hoje, porém, antes de falar de preço, é necessário saber se o produto pode atender as suas necessidades. Diga que precisa fazer umas perguntas antes, que levará apenas poucos minutos. Se o cliente concordar, continue o processo de venda.

Motivação final: resista à tentação de dar o preço fora de hora. Isso destrói sua venda.

PodCast 96: o cliente "estou com pressa"

Gancho: você conhece o cliente "estou com pressa"?

Texto da dica: é aquele cliente que chega atrasado e quer ser atendido na frente dos outros. Ele fala rápido, fica o tempo todo no celular e muitas vezes vai embora antes de chegar a vez dele. Tudo isso porque ele está sempre com pressa. Para atender bem, não faça rodeios, vá direto ao assunto. No início deixe claro o que você está solucionando, explique sua qualidade e seus diferenciais de maior destaque com segurança, diga o preço e as condições, com calma e clareza. Comece a conversar com ele na mesma velocidade de sua fala, aos poucos vá reduzindo o ritmo da fala e da sua respiração, faça-o acompanhar e reduzir também.

Motivação final: vendedor, não se deixe influenciar pela pressa de seu cliente.

PodCast 44: o cliente "só estou olhando"

Gancho: conhece o cliente "só estou olhando"?

Texto da dica: esse cliente é aquele que para na sua vitrine e começa a olhar seus produtos. Quando você chega perto e faz um cumprimento, ele diz: "Só estou olhando". Aí você dá um sorriso e o cliente vai embora. Para atrair o cliente para dentro da loja, em vez do sorriso, o vendedor deve dizer: "Ótimo! Fique à vontade!. Esse produto que você está olhando é muito bonito e é da coleção nova. Se você quiser, pode me procurar que tenho outros modelos dessa mesma coleção e em condições ainda mais vantajosas para mostrar".

Motivação final: o mistério pode fazer o cliente se interessar e motivar a entrar na sua loja. Se ele entrar, é só realizar o processo de venda.

CAPÍTULO 6: INVESTIGAÇÃO

PodCast 97: o cliente "só estou olhando" II

Gancho: você conhece o cliente "só estou olhando"?

Texto da dica: o "SÓ ESTOU OLHANDO" é aquele cliente que entra na sua loja, olha os objetos, pega alguns, testa outros e, ao vê-lo se aproximar e perguntar se pode ajudar, ele diz: "Não, obrigado! Só estou olhando". Para atender bem esse cliente, na hora que ele disser isso, você deve dizer: "Ótimo! Fique à vontade! Esse produto que você está olhando é ótimo, inclusive tenho outros modelos mais novos e com outras características diferenciadas no estoque. É só me chamar que mostro".

Motivação final: se o cliente "só estou olhando" ficar curioso, ele pedirá ajuda e sua venda estará perto de ser fechada.

PodCast 136: cinco dicas para *e-mails* de vendas mais eficientes

Gancho: quer cinco dicas para tornar seus *e-mails* de vendas mais eficientes?

Texto da dica: primeira, dê ao cliente uma razão para responder. Dê um incentivo como um brinde, um desconto ou uma informação importante se ele responder ao *e-mail*; segunda: personalize seu conteúdo, escreva o nome do cliente e algo dirigido especificamente para cada leitor; terceira: ofereça, por *e-mail*, algo exclusivo. Isso valoriza o canal de comunicação; quarta: facilite o cancelamento: deixe claro que, se mudar de ideia, será fácil desistir; quinta: reforce o contato com outros canais, como telefonemas, *WhatsApp*, mídias sociais.

Motivação final: *e-mails* são poderosos meios de comunicação. Além de rápidos, ajudam no relacionamento e na sua credibilidade.

PARTE 2: RELACIONAMENTO

Venda é relacionamento. Compramos de
quem confiamos, acreditamos e respeitamos.
Compramos de quem nos relacionamos.

Vender algo a alguém é convencê-lo de realizar uma troca com você. Para esse convencimento ser possível, é fundamental o desenvolvimento de credibilidade e de confiança. Isso é feito com o desenvolvimento da relação. Para vender, precisamos conhecer a pessoa, estreitar a relação com o ser humano e gerar a credibilidade necessária.

Imagine um rapaz que vai a uma festa à procura de um novo amor. Dentro do local, ele olha ao redor e identifica uma linda moça tomando uma taça de vinho tinto sozinha no bar. Ele pede uma taça igual ao garçom, aproxima-se da moça e faz um elogio ao seu *drink*, uma ótima abordagem. Isso mostra que os dois têm aquela bebida como amenidade. Em seguida, começa a falar dele mesmo. Suas conquistas, suas potencialidades, sua renda mensal, suas posses, sua capacidade de amar. O que a moça fará? No mínimo, olhará para o lado em busca de uma fuga. O rapaz ficará sozinho.

Agora imagine o mesmo rapaz, chegando à festa, pegando o vinho, aproximando-se da moça, fazendo a mesma abordagem, mas dessa vez preparado a fazer perguntas. *"Quer começar um relacionamento comigo, para casar, comprar uma casa juntos no condomínio fechado, ter três filhos, dois cachorros?"*. Após essa pergunta, o que a moça faz? Como toda certeza, mesmo que o projeto de vida dela seja o mesmo do rapaz, ela também vai se assustar. Vai buscar distanciamento e fuga da situação. Após a abordagem, ele fez perguntas, mas não as certas.

O rapaz deveria ter desenvolvido a relação com a pessoa que acabou de abordar. Isso é feito por meio de perguntas de aquecimento de relação. Ele deveria perguntar coisas como: *"como você soube dessa festa?"* ou *"esse vinho é delicioso, qual sua bebida preferida?"* ou ainda *"quem você conhece daqui?"* ou *"quem a deixou sozinha por aqui?"*. Essas são perguntas que levariam a moça a falar e a relação dos dois se desenvolveria. A moça começa a conhecer mais o rapaz e vai aos poucos adquirindo confiança. O rapaz também vai conhecendo mais a moça e melhorando a relação. Os dois estão iniciando uma análise e verificando se a troca do tempo, dedicação e atenção de um pelo outro será interessante para os dois. Se os dois acreditarem que vale a pena, a troca será efetivada e os dois ficarão satisfeitos. Podemos dizer que o rapaz está no processo de autovenda para a moça.

Assim que encontramos nossos clientes, após a abordagem, não é útil começar a falar dos nossos produtos e soluções. Como também não é bom iniciar com perguntas diretas e invasivas. O interessante é fazer perguntas para desenvolver a relação com aquela pessoa, com o ser humano. Podemos fazer perguntas em função do local que abordamos nossos clientes, por exemplo:

CAPÍTULO 6: INVESTIGAÇÃO

a. Na reunião de *networking*: qual sua área de atuação?
b. No treinamento corporativo: o que você está gostando no dia de hoje?
c. Na loja do *shopping*, em frente à vitrine: de qual dessas peças você mais gostou?
d. Pelo telefone, em uma ligação: quem me indicou foi o Ricardo, você também o conhece há bastante tempo?
e. Na visita à loja do cliente: a loja está linda! Quem faz a organização das prateleiras?

Para se preparar e fazer ótimo levantamento de necessidades, imagine o local que você abordará, seu cliente e construa previamente uma lista de pelo menos cinco perguntas de aquecimento. Inicie-se preparado, o resultado será melhor.

PodCast 195: venda relacional

Gancho: você já ouviu o termo venda relacional?

Texto da dica: vendedores que conseguem estabelecer uma conexão próxima com seu cliente têm vantagens competitivas, porque o relacionamento ajuda a criar vínculo entre as partes. Venda relacional significa trabalhar para descobrir e entender as necessidades de um cliente, até ele sentir mais respeito, confiança e afinidade pessoal em relação ao vendedor. Quando isso é feito, o relacionamento atinge um grau avançado, o relacionamento de venda se torna uma amizade.

Motivação final: para um amigo, não precisamos vender, é só pedir para ele comprar que compra.

PodCast 286: perguntas de aquecimento

Gancho: com certeza, já ouviu dizer que venda é relacionamento. Mas você sabe desenvolver o relacionamento com seus clientes?

Texto da dica: para desenvolver o relacionamento com os clientes, basta conversar sobre o assunto preferido: sobre eles mesmos. Faça perguntas, deixe-os falar, ouça com atenção e faça mais perguntas para falarem ainda mais. Interesse-se por seus clientes. Escute, pergunte e ouça suas histórias. Pergunte sobre suas conquistas, suas vitórias, sua trajetória, sua família, seus esportes, suas predileções, seus desafios, seus orgulhos, seus sonhos. Prepare uma lista de perguntas com antecedência para que a conversa flua com naturalidade. Faça perguntas que podem ser respondidas sem muita reflexão. Perguntas que os clientes verdadeiramente gostam de responder. Essas perguntas desenvolvem e aquecem a relação, por isso são chamadas de perguntas de aquecimento.

Motivação final: venda mais. Venda melhor. Sucesso!

PodCast 304: melhorar o relacionamento com o cliente

Gancho: você quer melhorar o relacionamento com seu cliente?

Texto da dica: então, escute as histórias dele. Pense o quanto você gosta de contar suas histórias, os desafios que superou, as lições que aprendeu, suas conquistas e suas novas metas. Pense o quanto se sente importante e valorizado quando alguém se interessa por você. Seu cliente é igual. Na próxima vez que estiver com o cliente, pergunte sobre sua história, sobre seus desafios, sua trajetória, seus obstáculos e suas conquistas. Pergunte também sobre suas metas e objetivos.

Motivação final: conheça mais sobre seu cliente, desenvolva o relacionamento. Se puder ajudá-lo a conquistar seus objetivos, saiba que terá mais que um cliente, terá um parceiro.

PodCast 147: como fazer o cliente falar

Gancho: nas vendas é mais importante ouvir do que falar. Mas você sabe como fazer os clientes falarem?

Texto da dica: vou passar cinco técnicas simples, número 1: faça sempre perguntas abertas, perguntas que começam com *"o quê, quem, como"*; número 2: use palavras e sons conectores como: *"hum", "a-ha", "entendi"*; número 3: faça paráfrase, repita resumidamente o que acaba de ouvir; número 4: quando você perceber a direção da conversa, antecipe gestualmente as sensações e as emoções do final, para mostrar entendimento; número 5: deixe o cliente conduzir a conversa.

Motivação final: fazer o cliente falar é importante, mas nada adianta se você não ouvir com atenção.

PodCast 124: o poder das perguntas

Gancho: você sabe fazer perguntas?

Texto da dica: fazer perguntas no processo de vendas é fundamental para entender e atender bem nossos clientes. Perguntas elaboradas revelam necessidades, problemas, medos, desafios, dificuldades, preocupações e objeções dos nossos clientes. Elas conquistam o comprometimento do comprador e são responsáveis por fazer a conversa fluir e desenvolver uma relação. Precisamos criar uma lista de perguntas relacionadas à motivação da compra,

CAPÍTULO 6: INVESTIGAÇÃO

às preocupações, às percepções ou à situação do cliente, relacionamento, utilização do produto ou sobre formas de pagamento.

Motivação final: vendedor, prepare sua lista de perguntas antes de estar na frente do seu cliente.

PodCast 36: escute mais, fale menos

Gancho: vendedor, quando você visita um cliente é mais importante escutar do que falar.

Texto da dica: uma ótima visita a um cliente tem três etapas. A primeira chama-se **investigação**, na qual perguntamos sobre o cliente para desenvolver o relacionamento e descobrir suas necessidades, dura 70% do tempo da visita. A segunda chama-se **demonstração**, na qual o vendedor fala sobre seu produto e suas soluções, dura 20% do tempo. A última chama-se **conclusão**, na qual o vendedor fala do preço e negocia, leva 10% do tempo.

Motivação final: vendedor, escute mais e fale menos.

PodCast 87: *rapport*

Gancho: Você já ouviu falar de *rapport*?

Texto da dica: *rapport* pode ser entendido como conexão. Quando estabelecemos *rapport* com o cliente, ou uma conexão com o cliente, a comunicação fica mais efetiva. A confiança cresce rapidamente, a credibilidade é transmitida com facilidade e uma verdadeira parceria se estabelece. Uma conexão desse tipo leva tempo para ser construída e pode ser acelerada com o *rapport*. Para isso, mantenha uma postura corporal próxima ao cliente. Tenha também atenção para repetir os pontos principais das falas do cliente nas conversas e acompanhe a velocidade de respiração dele. Essas ações desenvolvem rapidamente o *rapport*.

Motivação final: conecte-se com seu cliente. Venda mais. Venda melhor. Sucesso!

PodCast 290: O *rapport*

Gancho: vendedor, você sabe o que é *rapport*?

Texto da dica: *rapport* significa conexão. Para nos comunicarmos melhor com nossos clientes, precisamos nos conectar a eles. Isso é construir *rapport*. Para construir *rapport*, mantenha uma linguagem corporal amistosa de compreensão e valorização. Faça gestos com a cabeça, olhos e sobrancelhas mostrando entendimento e aceitação. Posicione seu corpo de forma similar ao cliente. Se ele está em pé, levante-se para conversar, se ele está com os braços cruzados, cruze também os seus para mostrar harmonia. Quando for responder ao cliente, faça um breve resumo da pergunta para mostrar que o entendeu. E finalmente mantenha uma velocidade de fala e ritmo de respiração próximos aos do cliente.

Motivação final: seres humanos gostam mais de pessoas iguais, construa o *rapport*.

PodCast 38: valorize sua credibilidade

Gancho: o motivo mais frequente para um cliente não comprar é o medo de se arrepender. Isso é gerado quase sempre pela falta de credibilidade do vendedor.

Texto da dica: o vendedor precisa construir uma imagem de pessoa merecedora de crédito. Credibilidade é um processo que leva investimento, dedicação e tempo.

Vendedor, tudo é relevante em relação à credibilidade. Faça questão de ter uma aparência profissional de alta qualidade nas vendas. Respeite e valorize o tempo e a pontualidade. Colecione casos de sucesso e testemunhos dos clientes satisfeitos. Realize testes e forneça amostras. Por favor, sempre cumpra o que disser.

Motivação final: vendedor, desenvolva credibilidade a seu cliente e venda mais.

PodCast 39: cuide da reputação

Gancho: o bem mais valioso de um vendedor é sua reputação. A reputação é o modo, é o jeito que os clientes conhecem e falam do vendedor. Isso é importante porque cerca de 85% dos clientes hoje chegam por meio do *boca a boca*.

Texto da dica: quanto melhor for a reputação de um vendedor, maiores serão suas vendas. Por esse motivo, preserve os relacionamentos, dedique-se pessoalmente à solução dos problemas, seja pontual, valorize o tempo, o dinheiro e o que for dizer. Quando precisar indicar alguém, certifique-se antes da qualidade. Quando for dar uma solução, perceba antes a necessidade. Cuide da reputação.

Motivação final: cuide de sua reputação. Venda mais. Venda melhor. Sucesso!

PodCast 78: escutar

Gancho: vendedor, você ouve seu cliente ou sabe escutar?

Texto da dica: ouvir é uma ação passiva. O vendedor que ouve, fica em silêncio, mas a mente viaja. Ele pensa no próximo cliente, na próxima venda, nas suas atividades, seu time de futebol, seu carro ou até mesmo no cachorro. O vendedor que só ouve o cliente, perde informação importante. Escutar é diferente. É uma ação ativa. Significa estar presente, prestar atenção à pessoa, ao que ela diz e ao que ela não diz.

Motivação final: é com uma escuta realmente ativa que o vendedor descobre oportunidades importantes para atender o cliente e fechar mais vendas. Vendedor, escute mais.

PodCast 35: preserve os relacionamentos

Gancho: vou ser direto: venda é relacionamento.

Texto da dica: não importa se você vende para pessoas físicas ou para grandes empresas, sempre a decisão de compra é tomada por uma pessoa. Todo seu sucesso de hoje ou do futuro será fruto de sua capacidade de desenvolver e preservar seus relacionamentos com seus clientes. Nossos produtos são complexos, os compradores não conseguem tomar decisões lógicas e precisas. Recorrem frequentemente a impressões e subjetividades. Por esse motivo, sua capacidade de passar confiança e se relacionar é fundamental para o seu sucesso. Preserve os relacionamentos.

Motivação final: não se esqueça de manter um bom relacionamento com seus clientes para vender mais e melhor.

PodCast 53: elogie mais

Gancho: vendedor, você é daqueles que diz sempre a verdade, nua e crua, custe o que custar?

Texto da dica: não é necessário mentir para vender, porém é importante valorizar o comprador, o modo como se comporta e o que ele tem. Ele gostará de você e do que está vendendo se elogiar o que ele tem. Pessoas gostam de ser elogiadas mesmo quando sabem que isso não é de todo verdadeiro. Essa atitude cria um clima acolhedor, simpático, amigável, desinibidor e cordial. Isso contribui incrivelmente com o relacionamento.

Motivação final: elogie para ser cordial, elogie mais para vender mais.

PodCast 64: como perguntar o nome do cliente?

Gancho: acolher bem um cliente que chega à loja é importantíssimo. Isso passa segurança e ajuda na decisão da compra.

Texto da dica: descobrir o nome do cliente também é fundamental para gerar sensação de conforto e proximidade. Nossos nomes nos identificam e atraem a atenção. É provavelmente a palavra que mais ouviremos durante toda a vida. Para descobrir o nome do cliente, não vá perguntando logo de cara. Você não quer que ele se sinta investigado. Apresente-se primeiro e faça-o dizer o nome naturalmente. Diga: "Olá, meu nome é Márcio... e o seu é....". Ele vai completar a frase e dizer o nome. A partir daí, passe a chamá-lo pelo primeiro nome. E se ele o chamar de senhor ou coisa parecida, reforce o seu primeiro nome, você não quer que ele se distancie.

Motivação final: aproxime-se de seu cliente. VENDA MAIS. VENDA MELHOR. Sucesso!

PodCast 75: Planejamento e relacionamento

Gancho: vendedor, você planeja suas visitas ou é daqueles que sempre se vira nos trinta? Você pode estar perdendo clientes.

Texto da dica: vendedores que planejam suas visitas, estudam os clientes e se preparam previamente com argumentos, fecham mais vendas. Quem trabalha o relacionamento, apresenta novidades antes de ser solicitado e se faz presentes, mantém os clientes por mais tempo. Vendedores que não planejam, não investem no relacionamento ou são ausentes, vendem menos e perdem mais clientes.

Motivação final: planeje para vender mais e foco no relacionamento para manter seu cliente.

PodCast 80: posição do cliente

Gancho: vendedor, você sabe qual é a sua posição certa?

Texto da dica: venda é relacionamento entre vendedor e cliente. E a eficácia do relacionamento entre vendedor e cliente é aquela focada na posição do cliente, no melhor para ele. É importante saber falar das características e dos benefícios dos produtos e dos serviços que o vendedor trabalha, porém o sucesso nas vendas está na capacidade de focar na pessoa, nas suas necessidades e nos seus interesses. Saber se colocar na posição de apoio ao cliente leva você a ter um lugar na "vida" desse cliente.

Motivação final: vendedor, fique na posição certa. Venda mais. Venda melhor. Sucesso!

PodCast 89: o cliente sempre tem razão?

Gancho: vendedor, o que você pensa? O cliente sempre tem razão?

Texto da dica: nos tempos atuais, sabemos que o cliente nem sempre tem razão. Pelo contrário, frequentemente ele se engana e faz afirmações erradas. Afinal de contas, o especialista não é ele. O especialista é você, vendedor. Mesmo entendendo que o cliente nem sempre tem razão, para vender é fundamental respeitar e acolher suas falas e opiniões. É importante ter uma escuta realmente ativa, desenvolver a empatia e querer o melhor para ele.

Motivação final: para vender, é preciso construir o respeito e o relacionamento com o cliente.

PodCast 105: perguntar e ouvir

Gancho: você dedica tempo a perguntar e ouvir seu cliente?

Texto da dica: perguntar e ouvir são duas das mais importantes competências de um vendedor. Ouvir é demonstração de atenção. Saiba que os clientes têm um tema favorito para falar, sobre eles mesmos. Quando o vendedor presta atenção, mostra que são importantes e que está realmente interessado. Isso gera relacionamento, credibilidade e confiança. Para o cliente falar, é importante perguntar. Perguntas elaboradas revelam necessidades, desejos, medos, desafios, problemas e preocupações. O vendedor, quando apresenta soluções para essas revelações, está perto de vender.

Motivação final: pergunte e ouça para vender.

PodCast 110: ame seu cliente

Gancho: você sente amor pelo seu cliente?

Texto da dica: o amor a que me refiro aqui é uma forte afeição por outra pessoa, nascida de laços de relações sociais. William Shakespeare falou que *"o amor não se vê com os olhos, mas com o coração."* Amar verdadeiramente seu cliente é desejar e agir para entregar o melhor para ele. É manter dedicação para a estabilidade da relação, desenvolver a compreensão e o acompanhamento, é dar atenção e foco. Nas vendas, o cliente é sempre o elemento mais importante. Clientes satisfeitos são essenciais para o sucesso de um produto, de uma empresa, de uma marca e de um vendedor.

Motivação final: ame seu cliente. Venda mais. Venda melhor. Sucesso!

PodCast 82: valores dos clientes

Gancho: vendedor, você sabe o que são os valores dos clientes?

Texto da dica: valores são os maiores influenciadores dos clientes. São o que realmente importa para eles. São a força que impulsiona tudo o que os clientes fazem e como tomam as decisões. São bons exemplos de valores: boa saúde, amor, prestígio, diversão, poder, sucesso, aprendizagem, alegria, *status*, entre outros estados emocionais. Toda compra tem como objetivo aquilo que o cliente quer ter. Entretanto, o cliente decide com base no que ele quer ser.

Motivação final: vendedor, descobrir os valores dos clientes ajuda a entender como ele escolhe.

PodCast 84: linguagem do cliente

Gancho: você fala a linguagem do seu cliente?

Texto da dica: o vendedor precisa falar a linguagem do cliente para ter boa comunicação, para criar conexão, desenvolver a confiança e a credibilidade. Falando a linguagem do cliente, conseguimos apresentar as características e os benefícios do produto, do jeito que ele se sente mais confortável, acolhido, compreendido e valorizado. Para falar a linguagem do cliente, acompanhe a velocidade da fala use palavras parecidas e mantenha um tom de voz próximo ao tom dele. Outra coisa, cuidado com a dicção, pronuncie as palavras com calma e sem atropelo para ser entendido perfeitamente.

Motivação final: a comunicação é a ferramenta de maior importância de um vendedor.

PodCast 99: cliente nervoso

Gancho: você conhece o cliente nervoso?

Texto da dica: nervoso é aquele cliente que, no início da conversa, já está irritado. Ele tem um tom de voz alterado, agressivo, bruto, grosseiro e fica tentando dar ordens ao vendedor. Para atender bem, tenha muita calma. Deixe-o falar, desabafar, ouça com atenção. Nunca peça para ele ficar calmo, deixe-o falar, que ele vai se acalmando. Escute com atenção e se empenhe para resolver o problema. Um cliente assim, com as emoções exorbitadas, se o vendedor conseguir resolver o problema, dificilmente será esquecido.

Motivação final: atender bem o cliente nervoso é valiosa oportunidade para o vendedor ficar na sua memória.

PodCast 100: cliente falador

Gancho: você conhece o cliente falador?

Texto da dica: falador é aquele cliente que fala muito. Ele toma para ele o tempo que você usaria para atender cinco pessoas. Ele até realiza a compra, mas você não consegue atender nenhum outro cliente no dia. Para atender bem esse cliente, faça perguntas mais fechadas. Use caneta e papel para orientar o raciocínio e evitar a divagação. Cuidado para não ser grosseiro nas interrupções, porém tenha em mente o passar do tempo. Se for necessário, peça a ajuda de um colega para interromper e avisá-lo de algum compromisso.

CAPÍTULO 6: INVESTIGAÇÃO

Motivação final: vender é fundamental e o tempo é o mais valioso recurso para um vendedor vender mais.

PodCast 101: cliente aproveitador

Gancho: você conhece um cliente aproveitador?

Texto da dica: sim, existem clientes aproveitadores. São aqueles que gostam de criar encrenca. Duvidam da garantia, reclamam do atendimento, não reconhecem os diferenciais mostrados, contam vários casos de problemas com fornecedores do passado. E nunca têm culpa. Fazem tudo isso para obter mais descontos e vantagens. Para atender bem, redobre a educação, a seriedade, a objetividade e o foco. Use informações precisas e com referenciais claros. Mantenha à mão os manuais dos fabricantes e outras especificações técnicas relevantes.

Motivação final: sempre faça as propostas por escrito.

PodCast 103: cliente estrela

Gancho: você conhece o cliente estrela?

Texto da dica: estrela é aquele cliente que gosta de atrair as atenções só para si. Faz pedidos exagerados, deseja atendimento diferenciado, quer ser recebido pelo gerente, com café expresso, água mineral gaseificada e biscoitinhos. Ele não quer esperar nem um minuto e tenta demonstrar mais conhecimento e mais capacidade de compra do que realmente possui. Para atender bem tenha paciência, não tome como pessoal as críticas que venha a sofrer. Dê a atenção que ele deseja. Evite discutir, pelo contrário, faça elogios para desarmá-lo.

Motivação final: vendedor, brilha mais quem tem a capacidade de dar o brilho.

PodCast 102: cliente sabidão

Gancho: você conhece o "cliente sabidão"?

Texto da dica: *sabidão* é aquele cliente que pesquisa sobre o produto que está comprando. Muitas vezes tem mais informações que o próprio vendedor. Ele se considera grande especialista. Para atender bem seu cliente, tome muito cuidado para não entrar em uma competição de quem sabe mais. Valorize o conhecimento do cliente e a sua experiência. Traga o *sabidão* para ser seu parceiro na negociação. Valorize o que ele vai aprender com a experiência da compra e se coloque aberto para receber depois os seus *feedbacks*.

Motivação final: o vendedor deve ser o especialista do produto que vende, porém não precisa ficar provando isso em toda venda.

PodCast 115: cliente agressivo

Gancho: vendedor, o que você faz quando o cliente fica agressivo, começa a gritar e falar de forma bruta com você?

Texto da dica: quando você passar por uma situação constrangedora assim, tenha muita calma. Nunca grite como resposta e também não adianta pedir para ele se acalmar. Isso só vai irritá-lo ainda mais. Pelo contrário, abaixe o tom da sua voz e comece a falar mais devagar. Esforce-se para concordar o máximo que for possível, isso aproxima. Depois passe a apresentar, gradativamente, o seu ponto de vista. Nas vendas, é importante que o vendedor ajuste sua fala aos padrões dos clientes, falar como o cliente está falando. Todavia, o caso do cliente agressivo, é uma exceção.

Motivação final: mantenha a calma para vender mais e melhor.

PodCast 116: linguagem chula

Gancho: vendedor, o que você faz quando o cliente começa a falar de forma chula e a usar palavrões?

Texto da dica: nessa hora tenha calma e continue a tratá-lo com educação e grande respeito. Não ria, não repita, não faça caretas e não se ofenda, seja profissional. Lembre-se do motivo da reunião e se lembre da sua venda. Mantenha alto seu nível de dignidade e integridade moral. Preserve a consciência do seu próprio valor. No final será uma ótima oportunidade para desenvolver o respeito e a confiança com esse cliente. Suas chances de fechar essa e muitas outras vendas aumentarão enormemente.

Motivação final: confie no profissionalismo.

PodCast 117: cliente com problemas de fala

Gancho: vendedor, o que você faz quando atende um cliente com forte sotaque, ou com problemas de fala, ou que usa gírias em excesso, ou mesmo que comete muitos erros gramaticais?

Texto da dica: a primeira coisa a fazer é nunca imitar. Tenha atenção para nunca corrigir ou ironizar, isso pode causar irritação e pode ser considerada provocação. Em vez disso, tenha muita calma, pense no que vai falar e pronuncie as palavras com atenção e cuidado. Mantenha sua linguagem padrão. Foque no profissionalismo e se concentre na sua atividade e na venda.

Motivação final: seja profissional e valorize sua profissão.

CAPÍTULO 6: INVESTIGAÇÃO

PodCast 120: cafezinho com o cliente

Gancho: vendedor, você aceita o cafezinho que seu cliente oferece?

Texto da dica: venda é relacionamento. Um vendedor experiente entende isso e aproveita todas as oportunidades para desenvolver o relacionamento com seus clientes. Quando fazemos visitas, nossos clientes costumam nos convidar para um cafezinho, para visitar sua produção, seu estoque ou algo que ele tem orgulho na empresa. O vendedor deve aceitar esses convites porque é um momento para conhecer o ser humano, para falar de outros assuntos, para criar empatia e desenvolver o relacionamento. A venda será facilitada.

Motivação final: vendedor, tomar um cafezinho com o cliente, jogar conversa fora com ele, nunca é tempo perdido. É investimento de alto retorno.

PodCast 153: amizades com clientes

Gancho: você trabalha o relacionamento e constrói amizades com seus clientes?

Texto da dica: quando as condições são parecidas, o cliente sempre procura fazer os negócios com amigos. Estimamos que 50% das vendas são realizadas e as relações comerciais são mantidas por causa da amizade. Se você sai para vender e não sai para fazer amigos, está perdendo metade de seu mercado. O melhor é que você não precisa de técnicas de vendas sofisticadas ou planos estratégicos complexos para vender para seu amigo. Quando você vende para um amigo, apenas pede para ele comprar, que ele compra.

Motivação final: quando sair para vender, sempre saia também para fazer amigos.

PodCast 155: dificuldade em vender mais para os mesmos clientes

Gancho: você está com dificuldade de vender mais para seus clientes atuais?

Texto da dica: então, deve estar cometendo alguns destes cinco erros:

1. Você não construiu um relacionamento de amizade com seu cliente;
2. Você não revelou as necessidades com precisão e está inseguro com a solução que ofereceu;
3. Você provavelmente não fez bom acompanhamento pós-venda;
4. Seu cliente teve problemas e você não entrou em contato porque ficou inseguro;
5. Você não fez um treinamento de vendas de qualidade.

Motivação final: venda é relacionamento. A forma mais rápida de aumentar suas vendas é vender mais para os mesmos clientes.

PodCast 161: afeição

Gancho: vendedor, você sabe o que é afeição?

Texto da dica: afeição é um sentimento de carinho, ternura e atenção por algo ou por alguém. As pessoas se sentem atraídas e sentem afeição por gente simpática, educada, respeitosa e gentil. Você já sabe, venda é relacionamento. Na hora de vencer, saiba que os clientes preferem fazer negócios com vendedores acolhedores, conhecidos e de confiança, com vendedores amigos e afeiçoados. Tudo que você faz no ambiente da venda serve para demonstrar sua simpatia e credibilidade. Isso influencia muito a sua capacidade de conquistar novos clientes e concretizar suas vendas.

Motivação final: vendedor, seja simpático e acolhedor. Provoque a afeição.

PodCast 194: o psicólogo e o profissional de vendas

Gancho: o que os psicólogos e os profissionais de venda têm em comum?

Texto da dica: os dois precisam descobrir os problemas, as necessidades, as expectativas e os reais motivos do paciente ou do comprador. Para atingir esse objetivo, lançam mão de uma escuta atenta, de compreensão e empatia. Perguntas são ferramentas indispensáveis. À medida que o profissional e o respectivo cliente reforçam seu vínculo e seu relacionamento, a confiança cresce. É a partir desse momento que as reais necessidades começam a surgir e o cliente começa a aceitar as recomendações. Da mesma forma que o psicólogo trabalha para aliviar os problemas de seu paciente, o profissional de vendas faz o mesmo com as necessidades e expectativas de seu cliente.

Motivação final: para vender, foque nas soluções das reais necessidades dos clientes.

PodCast 57: promessas

Gancho: vendedor, você sempre cumpre suas promessas?

Texto da dica: na ansiedade de atender o cliente e não perder a venda, muitos vendedores prometem coisas que não sabem bem se poderão cumprir. Isso acontece com prazos de entrega, quantidades de estoque e até com a qualidade de produtos e serviços. Cuidado: isso destroça a credibilidade do vendedor. O cliente precisa acreditar e confiar no vendedor, que precisa construir uma imagem de profissional competente e sério.

Motivação final: vendedor, certifique-se do que está dizendo. Prometa apenas o que realmente puder cumprir. Cumpra sempre o que

CAPÍTULO 6: INVESTIGAÇÃO

prometeu e mantenha a palavra.

PodCast 199: a segunda reunião

Gancho: quais clientes merecem uma segunda reunião?

Texto da dica: vendedores ansiosos e empolgados em demasia são frequentemente tomados pelas emoções e por seu desejo de fechar mais uma venda. Decidem retornar várias vezes a clientes que só o farão perder tempo. É fundamental que o vendedor pergunte a si mesmo se existe realmente a necessidade de outra visita. Se o cliente não expressou uma real necessidade, se ele não abre seu orçamento, se não está disposto a lhe apresentar os outros influenciadores da decisão da compra, por que continuar a investir tempo com ele?

Motivação final: fazer esses tipos de perguntas poupará ao vendedor dores de cabeça, desperdício de dinheiro e tempo.

PodCast 59: segredos

Gancho: vendedor, você sabe guardar segredos?

Texto da dica: um vendedor, por causa do tipo de trabalho que realiza, descobre muitos segredos dos clientes. Coisas como crédito, relações trabalhistas, estoques, lançamentos. Coisas que o cliente não gostaria que se espalhassem. O vendedor nunca pode revelar isso. Se o cliente suspeitar que o vendedor é um tagarela, retirará sua credibilidade e o acesso à empresa e aos funcionários. Isso dificultará a chegada de informações e reduzirá sua potencialidade de venda. Portanto, cuidado com o que diz. Não espalhe informações, menos ainda boatos. Lembre-se do ditado: *Quem fala de alguém para mim, fala de mim para alguém.*

Motivação final: atenção a sua credibilidade.

PodCast 23: tirando um cliente do concorrente

Gancho: vou ensinar a tirar um cliente do seu concorrente.

Texto da dica: para isso, você deve usar a técnica de "apoio a uma objeção." Faça uma pesquisa e converse com o cliente. Descubra um ponto fraco do seu concorrente. Uma coisa que incomoda o cliente, uma objeção. Volte para sua empresa e se assegure de que essa objeção não ocorrerá quando o cliente comprar de você. Resolva a objeção. Quando retornar ao cliente, inicie apresentando essa solução, explique atributos de qualidade e, por último, seus diferenciais. Depois é só dizer o preço e convidá-lo para comprar.

Motivação final: vendedor, use o *"apoio a uma objeção"* para fechar mais vendas.

PodCast 134: a influência no comportamento do comprador

Gancho: você sabe o que influencia o comportamento do comprador?

Texto da dica: o comportamento do comprador é influenciado por três fatores. O primeiro é o fator cultural, definido pelo ambiente em que vive, sua classe social, seus costumes e tradições. O outro é o fator social, que são seus grupos de referência como famílias e amigos. O último é o fator pessoal: sua idade, estágio da vida, ocupação, situação econômica e personalidade. Entender esses fatores de seus clientes e a influência no seu comportamento traz informações valiosas e sugestões de como atender, satisfazer e realizar mais vendas.

Motivação final: para vender mais, perceba o que influencia seu cliente.

PodCast 368 (extra): seja interessante

Gancho: vendedor, você é interessante?

Texto da dica: tenho um grande amigo, o Adriano, que é proprietário da Turix, uma agência de viagens com o seguinte *slogan*: "Seja interessante, viaje!". Ele está completamente certo. Viajar torna-o interessante, principalmente para pessoas que também gostam de viagens. Também o torna interessante conhecer sobre futebol, vinhos, cervejas artesanais, praias, restaurantes e pratos exóticos. Venda é relacionamento. Também é importante ser interessante, ter o que falar na hora do cafezinho ou conversa de *quebra-gelo*.

Motivação final: vendedor, seja interessante, viaje. Visite a Turix Viagens!

PARTE 3: REVELAR NECESSIDADES

O importante é o que o cliente necessita. Saber revelar uma necessidade, um desejo ou uma dor do seu cliente é o segredo para ofertar com valor.

Perguntas são importantes e valiosas ferramentas dos vendedores. Uma pergunta poderosa é aquela que leva seu cliente a identificar e a revelar suas necessidades ou seus desejos. É a partir dessa identificação que o cliente começa a reconhecer possibilidades de soluções, entender as vantagens e melhorias na satisfação das necessidades com o produto à venda, gerando, assim, a motivação necessária para a compra.

CAPÍTULO 6: INVESTIGAÇÃO

A qualidade das perguntas que fazemos influencia diretamente a motivação e a velocidade de decisão para nosso cliente comprar. Chama o cliente para agir e buscar a solução. Para conseguir fazer perguntas poderosas, é necessário dedicar atenção ao cliente e ter mente aberta na hora da interação. Devemos nos distanciar de julgamentos ou interpretações precoces. Desenvolver a empatia e a compreensão aguçada no que se ouve é importante. Focar sempre na busca das necessidades para as soluções que nossos produtos podem satisfazer.

Uma pergunta é poderosa quando é clara, tem relevância e foco. Ela é facilmente compreendida, tem relação com o momento da pessoa e conexão alinhada com a solução que você quer oferecer. É importante que ela tenha também o poder de estimular, motivar e chamar a pessoa à ação.

Perguntas poderosas: no momento de investigação, após o aquecimento da relação, passamos a fazer perguntas poderosas, as quais fazem o cliente refletir sobre o que poderia ser melhor com seu produto. Elas também ajudam o vendedor a se aproximar das necessidades, como: "qual o maior desafio para o ano?", "O que vocês precisam mudar no momento?", "Qual novo e melhor caminho vocês estão traçando para o próximo mês?".

Perguntas poderosas específicas: para clarear mais, podemos fazer algumas perguntas poderosas específicas, ligadas à solução que queremos apresentar. Elas ajudam o vendedor a escolher como apresentará sua solução. "O que o encanta? Como a solução para essa necessidade pode ser irresistível? Qual sua necessidade mais urgente? O que está se opondo no momento ao caminho que você escolheu?".

Enquanto o cliente vai respondendo, o vendedor deve refletir se seu produto pode satisfazê-lo. Ele deve continuar perguntado até obter uma necessidade que pode ser atendida. Apenas nesse momento começa a falar de seu produto e sua solução. Isso fará com que o cliente fique encantado. Ele se sentirá acolhido, compreendido e perceberá que o vendedor está ali como um aliado, para ajudar. A troca, ou venda, acontecerá facilmente.

Pergunte mais. Venda mais.

PodCast 212: necessidades

Gancho: você sabe o que são necessidades?

Texto da dica: necessidade é aquilo que é inevitável, imprescindível, fundamental, que tem grande importância, que deve ser feito e cumprido por ação, imposição ou por obrigação. Para os seres humanos, necessidade é um estado interno de insatisfação causado pela falta de algum bem importante ao bem-estar. Pessoas têm necessidades relacionadas ao bom funcionamento do corpo, segurança, bem-estar social, com sua autoestima e autorrealização. As empresas têm necessidades ligadas ao desenvolvimento de negócios e mercados ou ligadas à economia de recursos como tempo, energia, mão de obra, matéria-prima ou dinheiro.

Motivação final: compreender claramente como e quais necessidades seus produtos satisfazem é o primeiro passo para melhorar as suas vendas. Sucesso!

PodCast 213: necessidades e desejos

Gancho: você entende a diferença entre necessidade e desejo?

Texto da dica: necessidade é tudo aquilo de que se precisa e que é indispensável para a vida. Seja a vida de uma pessoa física ou a vida de uma pessoa jurídica. Desejos são necessidades moldadas pela cultura, moda, ambiente, mídia e outros influenciadores. Para vender, podemos procurar tanto necessidades como desejos insatisfeitos nos clientes, e explicar de que forma nossos produtos ou serviços poderão atender. Mas, para verdadeiramente satisfazer, não basta só atender a um desejo, é preciso satisfazer a necessidade moldada nesse desejo.

Motivação final: venda por desejo e satisfaça a necessidade.

PodCast 83: necessidades e interesses

Gancho: vendedor, você sabe por que os clientes compram?

Texto da dica: os clientes não se importam tanto com os produtos ou serviços, estão focados apenas nas suas necessidades e nos seus interesses. Necessidades são meios para sair da situação em que estão. Interesses são formas de irem para a situação que gostariam de estar. Mesmo compradores de grandes empresas compram, sim, por necessidades organizacionais, porém sempre somadas a interesses ou necessidades e desejos pessoais.

Motivação final: vendedor, atenção às necessidades e aos interesses dos compradores. Sucesso!

PodCast 133: Maslow e vendas

Gancho: você já ouviu falar do psicólogo Abraham Maslow e sobre o que sua teoria tem a ver com vendas?

Texto da dica: Maslow foi um psicólogo do início do século XX, que estudou as necessidades humanas e as organizou em uma pirâmide de cinco níveis. Cada nível corresponde a um conjunto de necessidades e, segundo ele, existe uma hierarquia de urgência para serem satisfeitas. Na prática, um homem com fome está focado em satisfazer essa necessidade e, nesse momento, não tem interesse em saber sobre artes ou decoração de sua residência.

Motivação final: um vendedor deve conhecer a teoria de Maslow para descobrir qual o melhor momento em que seus clientes estão focados nas necessidades que seus produtos podem satisfazer.

PodCast 365: por que compramos?

Gancho: você sabe por que as pessoas compram?

Texto da dica: com base na teoria da Hierarquia de Necessidades Humanas de Abraham Maslow, podemos concluir que as pessoas compram por cinco motivos:

1. Precisam de algo para manter sua condição de vida;
2. Sentem medo de perder algo e querem proteger;
3. Querem fazer parte de grupos específicos de pessoas;
4. Buscam a admiração e o reconhecimento de outras pessoas;
5. Porque simplesmente desejam.

É interessante ainda destacar que existe uma ordem nesses motivos. Uma pessoa só começa a comprar pelo motivo número 3, quando sente que não precisa do 1 e do 2. Investigar esses motivos de compra no momento de vender é fundamental para mais fechamentos.

Motivação final: descubra o motivo para seu cliente comprar.

PodCast 149: momento de insatisfação

Gancho: você sabe como ser o primeiro a abordar o cliente no momento de insatisfação?

Texto da dica: ser o primeiro vendedor a abordar o cliente no momento da insatisfação é ter cinco vezes mais probabilidade de fechar a venda. São três as maneiras de ser o primeiro nesse momento: primeira – torne-se o vendedor preferido do comprador; segunda – seja indicado por alguém de confiança do comprador; terceira – crie o momento de insatisfação.

Para criar esse momento, ensine ao comprador como obter mais resultados com seu produto, mostre como sua solução pode ajudá-lo a superar seus concorrentes ou ainda informe como sua empresa é mais responsável socialmente, portanto uma parceira melhor.

Motivação final: crie o momento de insatisfação.

PodCast 24: geladeira para esquimó

Gancho: o que você pensa? Vendedor bom vende até geladeira para esquimó?

Texto da dica: estou nas vendas há mais de três décadas. Antigamente era comum ouvir "Que vendedor bom! Vende geladeira para esquimó".

Isso é um grande erro, principalmente nos tempos atuais. Vendedor bom não pode vender geladeira para esquimó. Esquimó não precisa de geladeira. Vendedor bom identifica as necessidades do cliente e apresenta ofertas e soluções que atendam essas necessidades. Vendedor bom é atento, é sensível, é focado no cliente para poder realmente satisfazer. É só satisfazendo que a boa imagem e a credibilidade do vendedor podem se propagar.

Motivação final: então, vendedor, já que você vai visitar o esquimó, não queira vender a geladeira, queira descobrir as reais necessidades de seu cliente. Talvez ele precise de um armário.

PodCast 277: o necessário para investigar

Gancho: você sabe o que é necessário para uma boa investigação de vendas?

Texto da dica: a etapa de investigação é importante para realizar a venda. Entender com detalhes "do quê" e "como" o comprador necessita, torna possível saber se seu produto ou serviço pode realmente ser uma solução. Para investigar bem, tenha: paciência para ouvir, concentração para não perder detalhes, atenção ao interagir, mente aberta para novas possibilidades, caneta e papel para se lembrar, ambiente adequado, direção e foco na pesquisa.

Motivação final: investigue bem. Cada pessoa só adquire o que na percepção dela pode ser uma solução e assim tem valor.

PodCast 303: qualificando oportunidades

Gancho: você tem qualificado suas oportunidades de venda?

Texto da dica: qualificar oportunidades é fundamental para apresentar ofertas mais ajustadas às demandas dos clientes. Não tem nada mais frustrante que fazer uma oferta de 10 para quem pretende comprar 1000,

CAPÍTULO 6: INVESTIGAÇÃO

como também para descobrir a urgência do cliente na adoção da solução. Para isso, o vendedor precisa ter coragem e perguntar para o cliente: "Sr. Cliente, frente a tantas prioridades que existem para o senhor e sua empresa, que posição minha solução ocupa na sua lista? Se o cliente responder que a prioridade é baixa, talvez seja melhor parar o processo e agendar nova data para reinício".

Motivação final: qualifique suas oportunidades. Seja assertivo nas suas oportunidades de venda.

PodCast 285: o que é importante qualificar?

Gancho: Você tem qualificado seus clientes antes de fazer propostas?

Texto da dica: Qualificar os clientes é importante para entregar soluções certeiras e para priorizar quem vai comprar antes e assim atender primeiro. Para qualificar os clientes, primeiro devemos verificar se eles fazem parte do perfil-alvo definido pela representação ideal de público comprador de cada um de nossos produtos e nossas soluções. Uma representação completa, com nome, idade, sonhos, desejos e medos. É fundamental também a qualificação quanto à urgência da compra, verificando: o nível de necessidade, o tempo disponível, o orçamento entre outros itens. Crie um termômetro representativo do nível de sua necessidade. Clientes mais quentes têm maiores urgências e fecham a compra mais rápido que clientes mais frios.

Motivação final: qualifique seus clientes. Entregue soluções mais certeiras e priorize os atendimentos.

PodCast 287: perguntas de qualificação

Gancho: você já construiu uma lista de perguntas de qualificação?

Texto da dica: qualificar cliente é importante para fazer propostas certeiras como é também para priorizar os atendimentos. Crie uma lista com perguntas que ajudam a definir o nível de compra dos clientes: não tem nada mais frustrante do que fazer uma oferta de 10 para um cliente que quer comprar 1000. Pergunte e descubra também sobre a urgência da compra, o orçamento disponível, o poder de decisão, os critérios de escolha, o nível de qualidade exigido, os concorrentes envolvidos, as expectativas de entrega e recebimento. Acrescente algumas perguntas de checagem de seu alvo.

Motivação final: prepare uma lista de perguntas qualificadoras previamente.

PodCast 278: perguntas abertas

Gancho: você sabe o que são perguntas abertas?

Texto da dica: perguntas abertas são perguntas que instigam quem responde a falar com as próprias palavras. Elas geram respostas completas, apresentando os conhecimentos e os sentimentos da pessoa. Elas não induzem as pessoas com respostas prontas, simplistas e básicas. São criadas para obter mais informações. Perguntas abertas começam com *"O quê?"*, "De que forma?", "De que maneira?", *"Como?"*. Utilizando perguntas abertas é que o vendedor consegue investigar o cliente e descobrir necessidades, medos, dores, sonhos, desejos, expectativas. Quando ele descobre e percebe que o produto pode ser uma solução, você consegue fazer uma proposta de real valor para o cliente.

Motivação final: tenha suas perguntas abertas preparadas para vender mais.

PodCast 279: a pergunta que não deve ser feita

Gancho: você sabe qual a pergunta que devemos evitar de fazer para nossos clientes?

Texto da dica: devemos evitar de fazer perguntas que começam com *"por quê?"*. Perguntas assim geralmente têm como resposta opiniões. As opiniões são manifestações de um ponto de vista que representa um estado de espírito, um pensamento e uma atitude em relação ao que está sendo analisado. Opiniões são manifestações de ideias, de crenças e do que se acredita a respeito. Nas vendas é sempre um erro falar de opiniões. O valioso é sempre se ater a fatos, dados, estatísticas, características e informações que podem ser comprovadas.

Motivação final: é assim que comprovamos nossa qualidade e desenvolvemos nossa credibilidade.

PodCast 280: perguntas reflexivas

Gancho: você tem usado perguntas reflexivas nas suas vendas?

Texto da dica: perguntas reflexivas são perguntas que provocam a reflexão para serem respondidas. São perguntas que abrem possibilidades nas respostas, mudam o foco de análises, testam viabilidades, preparam cenários e conseguem criar a imagem mental da utilização de produtos. Fazer perguntas reflexivas sobre a utilização de seu produto e, consequentemente obter os benefícios gerados, é valiosa ferramenta para levar seu cliente a considerar fortemente a compra.

Motivação final: leve seu cliente a imaginar usando seus produtos. Faça mais perguntas reflexivas.

CAPÍTULO 6: INVESTIGAÇÃO

Podcast 79: backtracking

Gancho: vendedor, você já ouviu falar de *backtracking*?

Texto da dica: *backtracking* pode ser entendido como sinônimo de parafrasear. Significa repetir e reafirmar os pontos principais do que seu cliente falou. O *backtracking* é útil nas vendas, porque provoca uma escuta mais ativa do vendedor. Isso leva a prestar real atenção no cliente, no que ele diz e no que ele não diz. Permite escutar as palavras ditas, e a informação que está por trás das palavras. Escutar com atenção constrói confiança e conexão. Você consegue interagir com maior eficiência e apresentar melhores soluções.

Motivação final: vendedor, exercite seu *backtracking*. Venda mais. Venda melhor. Sucesso!

Podcast 281: o que queremos revelar?

Gancho: você quer que seu cliente se interesse por seus produtos?

Texto da dica: então, você deve revelar para o cliente necessidades que seu produto tem para satisfazer. As pessoas só valorizam o que percebem que pode gerar valor para si próprio. O valor de um produto está na possibilidade de satisfazer as necessidades de um cliente. E não só necessidades, o valor também está em ajudar a atingir sonhos, atender expectativas, resolver problemas, eliminar dores, dissipar medos ou conquistar desejos. O vendedor precisa revelar as necessidades para si e também para o cliente se quer que seus produtos tenham valor.

Motivação final: é só mostrar como seu produto ajuda a satisfazer o cliente e a venda estará perto de ser fechada.

Podcast 282: descobrir o que angustia e o que queremos revelar

Gancho: você já conseguiu descobrir o que realmente angustia seu cliente?

Texto da dica: descobrir a grande angústia do seu cliente ajuda a elevar e aumentar as taxas de fechamento das vendas em pelo menos 50%. Muitos vendedores começam a fazer propostas e falar dos benefícios dos seus produtos a partir da primeira menção de um problema de seus clientes. São vendedores ansiosos, que fazem pouca pesquisa, que se apoiam em soluções para problemas superficiais e pequenos. Esses vendedores se igualam a tantos outros e ficam brigando no preço. Alguns vendedores são mais focados e determinados a descobrir a verdadeira angústia do cliente, investem mais tempos na pesquisa, mas conseguem entregar soluções mais valiosas. Eles fogem da briga de preço, porque seus produtos passam a ser vistos como únicos.

Motivação final: vendedor, descubra o que angustia seus clientes e venda mais.

Podcast 288: perguntas poderosas

Gancho: você sabe como revelar as reais necessidades dos clientes?

Texto da dica: para vender, precisamos revelar necessidades que nossos produtos têm a capacidade de atender e deixar os clientes completamente satisfeitos. A revelação de reais necessidades é o fator culminante para uma venda bem-feita. O vendedor precisa revelar essas necessidades para si e muitas vezes para o próprio cliente. Ele faz isso com a utilização de perguntas cuidadosamente escolhidas, as quais têm o poder de fazer o comprador pensar em suas necessidades e em como seria bom estar livre delas. Chamamos de *perguntas poderosas de vendas*. O vendedor precisa escolher, construir uma lista, testar e colecionar com total cuidado as perguntas poderosas que têm o real poder de revelar as necessidades dos clientes.

Motivação final: crie sua lista de perguntas poderosas para vender mais.

Podcast 65: personagens do processo de compra

Gancho: você conhece os personagens que o comprador interpreta quando está comprando?

Texto da dica: são cinco personagens clássicos: o iniciador, o especialista, o decisor, o comprador e o usuário. Entender bem esses personagens e perceber quanto o comprador está interpretando cada um é grande passo para atender com qualidade, negociar bem e realizar a venda. Inclusive em processos de venda b2b, empresa vendendo para empresa, esses personagens são interpretados por pessoas diferentes, cada uma com seu objetivo e seu foco.

Motivação final: aprenda a analisar cada comprador para vender mais.

Podcast 66: o iniciador

Gancho: entender bem o iniciador e os outros quatro personagens que o comprador interpreta é um grande passo para atender e fechar mais vendas.

Texto da dica: o iniciador é a pessoa que inicia o processo de compra. É o contato inicial do vendedor. Esse personagem, de maneira geral, deseja ser valorizado como alguém que descobriu uma novidade, alguém que busca, alguém que empreende, alguém que deseja melhorar, desenvolver e crescer.

Motivação final: ajude-o a se sentir assim.

Podcast 67: o especialista

Gancho: o *especialista* é o segundo personagem clássico que os compradores assumem no processo de compra.

Texto da dica: o especialista é aquele personagem que pesquisa, que descobre todas as informações e especificações, aquele que conhece muito o seu produto. Ele deseja mostrar o que sabe, quer que seu conhecimento seja valorizado. Muito cuidado para não entrar em uma competição sobre quem sabe mais com esse personagem, ele pode se ofender e quebrar o processo. Outra coisa: esteja com os contornos das objeções bem preparados quando esse personagem entrar em cena.

Motivação final: acompanhe os próximos *podcasts* para entender melhor o seu cliente.

Podcast 68: o decisor

Gancho: o *decisor* é o terceiro personagem clássico que os compradores assumem no processo de compra.

Texto da dica: o decisor é a pessoa que tem o poder real para tomar a decisão da compra. Algumas vezes é desafiador acessá-lo, porém é importante que o vendedor descubra o quanto antes quem é o decisor e como satisfazê-lo para realizar a venda. O decisor deseja segurança e entender os benefícios que terá com a compra.

Motivação final: vendedor, descubra o decisor para suas vendas.

Podcast 69: o comprador

Gancho: estamos falando dos cinco personagens clássicos que o comprador utiliza no processo de compra e o comprador é o quarto deles.

Texto da dica: o *comprador* é a pessoa que realiza a compra. Ele tem uma função operacional e seu objetivo é comprar sempre por menos. Deixe uma margem para a hora que ele estiver em ação. O comprador sempre vai querer espremer mais um pouco. Esse é seu objetivo. Se você não tiver deixado uma margem para ele, se não puder negociar mais um pouco quando ele entrar em ação, provavelmente perderá a venda.

Motivação final: cuidado! Não esqueça o comprador.

Podcast 70: o usuário

Gancho: esse *podcast* é para falar sobre o último, **o usuário**.

Texto da dica: o usuário é o personagem que às vezes não aparece no processo de compra, entretanto é fundamental, principalmente para o seu pós-venda. Satisfazer esse personagem é possibilitar as vendas futuras e a propagação de uma boa reputação do vendedor. Descubra quem usará seus produtos. Verifique se ele sabe como utilizar perfeitamente. Tenha a certeza de que ele está muito satisfeito. Faça com que queira comprar mais vezes de você.

Motivação final: satisfaça o usuário para manter e preparar uma boa imagem de seu produto, sua empresa e de você, vendedor.

Podcast 283: comprou o sinal de compra

Gancho: você já comprou um sinal de compra?

Texto da dica: um sinal de compra é uma necessidade informada pelo cliente. Também é uma armadilha comum que muitos vendedores ansiosos insistem em cair. Esses sinais são queixas que o cliente compartilha com o vendedor. São reclamações que o cliente declara, mas que ele não tem real interesse em investir tempo e dinheiro na sua solução. Adquirir um sinal de compra leva o vendedor a fazer uma oferta de solução não urgente. Além de atrapalhar a busca por necessidades mais importantes, isso faz o vendedor se mostrar como um "forçador" de venda e não como um parceiro de solucionador de problemas.

Motivação final: para não comprar sinais de compra, é fundamental manter o foco da pesquisa em necessidades importantes.

Podcast 284: as duas perguntas poderosas "como"

Gancho: você sabe como verificar se revelou a real necessidade?

Texto da dica: revelar a real necessidade do cliente é fundamental para oferecer a solução correta, para ter seu produto valorizado e fugir da briga de preço. Para se certificar se o problema revelado é o certo para ser solucionado, o vendedor pode fazer as duas perguntas *"como?"*. A primeira é: "como esse problema está prejudicando você?". Aqui o cliente deixa claro se a necessidade é realmente um problema grave. A segunda pergunta é "como esse prejuízo está o impactando?". Aqui o vendedor consegue perceber e deixar claro o montante prejudicado e, consequentemente, o tamanho do benefício com a solução.

Motivação final: faça as duas perguntas *"como"* e tenha certeza de que revelou o problema.

Podcast 183: testar a oportunidade de venda

Gancho: o que você faz quando um cliente que trabalha com seu concorrente há mais de dez anos liga reclamando do atual fornecedor?

CAPÍTULO 6: INVESTIGAÇÃO

Texto da dica: você deve agradecer pela ligação, acolher o problema e fazer uma pergunta importante: "agradeço muito o senhor ter me procurado, entendo e lamento sua frustração, mas como vocês já fazem negócios há tanto tempo, esse problema é realmente tão sério para considerar a troca de fornecedor? Ou poderá ser resolvido com uma reunião de alinhamento?"

Talvez você tenha ficado chocado com essa orientação. Talvez esteja pensando que estou dificultando a entrada de um cliente do concorrente. Mas a verdade é que os bons vendedores não vivem de esperanças. É importante testar a realidade de uma oportunidade de venda.

Motivação final: venda mais, testando as oportunidades.

Podcast 366 (extra): gol de venda

Gancho: você sabe o que é um gol de venda?

Texto da dica: um gol de venda é a mais importante busca de qualquer vendedor. Um gol de venda torna o vendedor mais interessante, facilita a negociação e deixa a venda perto de ser fechada. Para entender o que é um gol de venda, imagine que o mês do vendedor é como um campeonato de futebol. O vendedor será um campeão se conseguir atingir sua meta nesse período. Cada encontro com o cliente é como um jogo, onde o vendedor será vencedor e somará pontos para o campeonato se fechar a venda. Quem faz mais gols vence a partida, e quem encontrar mais gols de venda faz mais vendas. Gol de venda significa: grande oportunidade luminosa de venda.

Motivação final: essa grande oportunidade luminosa de vender é uma necessidade do seu cliente. Faça mais gols de venda!

CAPÍTULO 7: DEMONSTRAÇÃO

DEMONSTRE SUA SOLUÇÃO.

SEU PRODUTO É A SOLUÇÃO PARA QUAL NECESSIDADE?

CAPÍTULO 7: DEMONSTRAÇÃO

Ninguém compra um produto por ele mesmo. Os produtos são meios para que as necessidades ou os desejos sejam satisfeitos. Compramos os produtos pelos benefícios que nos trazem. Como seres humanos, temos necessidades e desejos naturais ou alterados pelos estímulos do ambiente onde estamos inseridos. A busca pela satisfação dessas necessidades ou desejos movimenta a ação e aquisição dos produtos.

Ninguém necessita de um carro. Necessitamos, sim, dos benefícios que um carro pode nos trazer. Para cada um de nós, esses benefícios podem ser diferentes. Alguns esperam satisfazer apenas as suas necessidades de deslocamento. Outros buscam no carro a satisfação das suas necessidades de segurança, porque um carro pode lhes trazer proteção da chuva, do frio ou de pessoas mal-intencionadas. Algumas pessoas podem querer adquirir um carro porque acreditam que conseguiriam fazer mais amigos e conquistar mais relacionamentos por causa dele. Para outras pessoas, carro é *status*. Existem as que usam o carro como um símbolo que representa uma conquista.

A proposta de valor deve começar explicando como o produto satisfaz a necessidade revelada na fase de investigação. Iniciar explicando os **benefícios das soluções do produto** é fundamental. Todavia, não é apenas pelo benefício das soluções da satisfação da necessidade ou do desejo que um produto é escolhido entre outras opções. Também é importante que esse produto tenha características e traga benefícios mínimos para considerar **sua qualidade como aceitável**. Essas características têm relação com sua durabilidade, os custos de manutenção e utilização, a possibilidade e o potencial de atender outras necessidades que tenhamos ou outras necessidades que pessoas ao nosso redor tenham. Dizemos que um produto tem qualidade quando ele atende correta e completamente nossas expectativas.

Como exemplo, imagine um homem de 35 anos que tem desejo de melhorar sua necessidade de *status* e sua autoestima e resolve se presentear com um carro novo. Imagine o vendedor oferecendo um lindo conversível vermelho, com garantia total de três anos e por 10% abaixo do valor que o cliente queria gastar. A princípio, pode imaginar que a venda seria facilmente fechada. O vendedor oferta o carro e, para sua e nossa surpresa, o cliente não se estimula. Isso aconteceu porque os requisitos mínimos de qualidade estabelecidos e esperados pelo homem não foram satisfeitos. O vendedor não sabia, porque não perguntou. O cliente queria um carro com banco traseiro, coisa que o conversível apresentado não tinha. O cliente queria um carro para toda a sua família. Ele tem mulher e dois filhos pequenos. O carro, apesar de ser ótima solução e necessidade específica, não tinha as caraterísticas mínimas de qualidade necessárias.

No mundo em que vivemos, os produtos estão cada vez mais próximos e semelhantes. As mesmas características estão presentes em vários produtos de vários fabricantes diferentes. Nessas condições, o cliente escolhe apenas com base no preço. Isso mesmo! Se dois produtos são iguais, o mais barato é comprado. O vendedor então precisa usar sua criatividade para identificar e apresentar diferenças entre os produtos. Podem ser acessórios ou algumas características não facilmente percebidos. Itens de diferenciação importantes são os serviços entregues com os produtos. Por exemplo, um embrulho mais destacado e caprichado, um atendimento encantador ou até um serviço de pós-venda mais próximo e cuidadoso com a satisfação do cliente.

Os **itens de diferenciação encantam os clientes** quando são apresentados por último. Depois do cliente se certificar de que o produto tem solução para sua necessidade e das características mínimas que seu padrão de qualidade exige, encanta-se por receber algo que não estava esperando. Uma coisa além, uma coisa inesperada.

Esse encantamento é sinal importante **para divulgarmos o preço do produto.** O preço em forma de pagamento é o que se quer em troca para fornecer a solução da necessidade do cliente com o padrão de qualidade que ele espera, com itens que o encantam e que ele nem estava esperando. O preço devemos dizer com confiança, clareza e segurança. Tudo isso com a convicção de que estamos entregando para o cliente algo de real valor, que realmente satisfará sua necessidade. Podemos ter essa convicção porque, antes de oferecer o produto, fizemos um levantamento das necessidades do cliente e, entre todos os nossos produtos e soluções, oferecemos aqueles que realmente levarão a satisfação ao comprador.

O preço, além de forma clara e inteligível, dizemos com as condições para a aquisição já completas. Isso se chama preço de oferta. Após esse preço, é preciso **convidar o cliente para a compra**, informando como ele pode efetivar. Muitas vendas se encerram sem que o vendedor convide o cliente para comprar. Muitas oportunidades e muitas vendas são perdidas assim. Então sempre que disser o preço, convide seu cliente para a compra.

Venda mais. Venda melhor. Sucesso!

CAPÍTULO 7: DEMONSTRAÇÃO

Podcast 289: demonstração

Gancho: você faz boas demonstrações e apresentação de venda?

Texto da dica: a fase da demonstração é o momento que todo vendedor adora, porque é a oportunidade de dar o seu *show*. Ele fala com toda a energia sobre seus produtos e suas soluções. Apresenta carisma, encantamento, confiança, alegria e empolgação. Mostra também seu conhecimento sobre o produto, seu profissionalismo e autoridade de quem estudou e se tornou um especialista. Mas por mais que um vendedor tenha habilidade de comunicação, o cliente só vai realmente se interessar se sua demonstração estiver orientada para as soluções das necessidades reveladas.

Motivação final: o cliente só valoriza aquilo que tem valor para ele.

Podcast 362: objetivo da demonstração

Gancho: você sabe qual é o principal objetivo da demonstração?

Texto da dica: o principal objetivo da demonstração é estimular a compra imediata. O vendedor precisa começar explicitando como o produto é uma solução para o cliente, o que atrai a atenção. A partir desse momento, deve passar segurança demonstrando sua qualidade. Permitir que o cliente experimente o produto é uma ótima dica. Mostrar os diferenciais é o próximo passo. O cliente precisa saber que seu produto é a melhor opção. Para encerrar uma ótima apresentação, o vendedor precisa deixar claro que comprar agora é uma oportunidade imperdível.

Motivação final: vendedor, esteja sempre preparado para fechar a venda imediatamente.

Podcast 293: a proposta de valor

Gancho: você consegue fazer propostas de real valor?

Texto da dica: uma proposta só terá real valor para o cliente se estiver ancorada na solução de suas necessidades. É exatamente assim que um vendedor deve começar seu discurso, dizendo como ele vai solucionar as necessidades. Em seguida, o vendedor deve explicar como sua qualidade pode ser comprovada. O cliente precisa sentir segurança. A partir daí, o vendedor passa a encantar falando sobre seus diferenciais em relação à concorrência e outras características do produto que o cliente não esperava receber. Depois do encantamento, é só dizer o preço e explicar ao cliente como fechar o pedido.

Motivação final: vendedor, construa suas propostas de real valor.

Podcast 294: a escala de valor

Gancho: existem muitas formas de fazer uma apresentação de vendas, mas você conhece o modelo "escala de valor"?

Texto da dica: o modelo "escala de valor" pode ser usado tanto para apresentações verbais como para apresentações por escrito. É um modelo de cinco etapas, em que o interesse e o encantamento do cliente vão crescendo como em uma escala. Comece sempre explicando as soluções do seu produto para as necessidades do cliente. Isso provoca o interesse e chama a atenção. Passe a falar e comprovar sua qualidade. Aqui você gerará segurança. Em seguida, apresente seus diferenciais e outros benefícios não percebidos pelo cliente. Isso gera encantamento. A partir desse momento, apresente o preço com as condições de pagamento. Nesse momento, você está deixando clara a troca.

Motivação final: termine sempre com um convite para a compra. Venda mais. Venda melhor.

Podcast 02: a primeira pergunta secreta

Gancho: a primeira pergunta secreta de um total de três que todo cliente faz mentalmente para checar se deve ou não comprar é: **"por que eu preciso disso?"**. O vendedor precisa estar preparado para ajudá-lo a responder e realizar a venda.

Texto da dica: o vendedor precisa ajudar o cliente a perceber que ele verdadeiramente necessita da solução que o vendedor está oferecendo, pois só adquirimos aquilo que tem valor na nossa percepção. Quando o cliente entende o valor da solução e os benefícios que receberá, a primeira checagem está feita.

Restam ainda mais duas perguntas secretas para o cliente decidir se comprará ou não.

Motivação final: conheça seu cliente para vender mais.

Podcast 03: a segunda pergunta secreta

Gancho: a segunda pergunta secreta que todo cliente faz para saber se precisa ou não comprar é: **"por que eu preciso disso de você?"**. Essa pergunta é feita mentalmente, porém o vendedor precisa ajudar o cliente a responder.

Texto da dica: o vendedor deve mostrar para o cliente seus diferenciais em relação à concorrência e por que ele é melhor que os outros. Isso é fundamental, principalmente para fugir da busca por preço. Quando dois produtos são iguais, sempre o mais barato é adquirido. Então, esteja preparado para explicar seus diferenciais.

Motivação final: conheça melhor seus produtos e os produtos da concorrência. Aprenda a se diferenciar.

CAPÍTULO 7: DEMONSTRAÇÃO

Podcast 04: a terceira pergunta secreta

Gancho: a terceira pergunta secreta que todo cliente faz é: "por que eu preciso comprar agora?".

Texto da dica: esse é o momento de o vendedor provar como o cliente se beneficia comprando no ato, e o que vai perder se deixar para mais tarde. Toda proposta tem como objetivo a compra imediata. O vendedor precisa ajudar seu cliente a responder a essa e outras duas perguntas anteriores para assim realizar a venda.

Motivação final: prepare-se para responder, em todas suas vendas, às três perguntas secretas que todo cliente faz no ato da compra.

Podcast 106: soluções de um produto

Gancho: você entende cada uma das suas soluções?

Texto da dica: todo produto ou serviço que existe foi criado para ser uma solução original de algum problema ou a satisfação de uma necessidade. Mas vão além dessa solução original. Podem ser soluções para outros problemas, necessidade, dores, desejos, sonhos ou outras aspirações, dos mesmos ou de novos e diferenciados clientes. Fazer uma lista de tudo que seu produto ou serviço resolve, tudo o que ele pode satisfazer, é atividade valiosa para um vendedor que busca ampliar seu mercado de atuação. Cada nova solução tem o potencial de indicar um novo mercado-alvo para um mesmo produto.

Motivação final: vendedor, enxergue as soluções de seus produtos. Venda mais e melhor!

Podcast 06: ofertas interessantes

Gancho: vendedor, antes de fazer a oferta, descubra do que seu cliente realmente necessita. Uma oferta interessante é aquela que chama a atenção do cliente. Ele percebe, de início, que vale a pena escutar com atenção.

Texto da dica: para criar uma oferta assim, o vendedor precisa, antes de começar a falar, descobrir quais são os desejos, sonhos e necessidades do seu cliente. Para isso, precisa fazer perguntas relacionadas a suas soluções, o que chamo de **perguntas poderosas**. É só conhecendo as necessidades do cliente que o vendedor pode ofertar uma solução realmente interessante.

Motivação final: faça ofertas interessantes. Venda mais. Venda melhor.

Podcast 07: ofertas encantadoras

Gancho: vendedor, encante deixando o melhor para o final.

Texto da dica: uma oferta encantadora é aquela que apresenta o inesperado e emociona o cliente. Uma oferta assim tem uma estrutura que deve ser respeitada para fazer efeito. Começa pela solução, que são as necessidades do cliente e, em seguida, o vendedor fala dos benefícios que seu produto tem e, genericamente, todos os concorrentes também têm. A partir daí, o vendedor fala dos benefícios esperados, comprovando a qualidade. Só no final, o vendedor fala do inesperado, seus diferenciais em relação aos concorrentes. É aqui que o cliente se encanta.

Motivação final: encante seu cliente para vender mais.

Podcast 296: *storytelling*

Gancho: vendedor, você já ouviu falar de *storytelling*?

Texto da dica: *storytelling* é uma forma de fazer apresentações contando uma história de outro cliente que tinha uma realidade parecida com o cliente atual, usou seu produto e ficou satisfeito. Contar histórias é muito poderoso, porque é uma forma de comunicação usada pelos seres humanos desde o tempo das cavernas. Inclusive, é a forma para atrair a atenção de crianças. Além disso, empresas faturam milhões contando histórias em filmes e séries nos cinemas. Quando contamos histórias, conseguimos passar a emoção presente na marca, comunicar nossos valores e transmitir a credibilidade e a qualidade de um profissional.

Motivação final: vendedor, colecione histórias de sucesso e conte para os clientes que você deseja impactar. Sempre termine com um convite para a compra.

Podcast 292: use palavras interessantes

Gancho: vendedor, você usa palavras interessantes nas suas apresentações?

Texto da dica: existem algumas palavras que são mais poderosas e ajudam na venda de qualquer produto, porque são como *flashes* que instigam a atenção, geram proximidade, autoridade e confiança. Um vendedor experiente usa isso para ajudar nas vendas. Algumas palavras que devem ser usadas repetidamente são: *resultado*, *porque*, *como*, *eliminar*, *evitar*, *redução*, *lucro*, *grátis*, *retorno*, *imagine*, *merece*, *vital*, *fácil*, *confiança*, *sucesso*, *conforto*, *impactar*. Mas a mais poderosa das palavras que deve sempre ser lembrada e repetida, por ser o mais doce e harmonioso som que podemos ouvir, é o nome do *cliente*.

Motivação final: repita o nome do cliente com um tom aveludado, sorrindo e olhando nos olhos. Você vai ver como é poderoso.

Podcast 358: metáforas

Gancho: vendedor, você usa metáforas?

Texto da dica: metáforas são formas de usar palavras, frases ou ideias para representar usos diferentes do óbvio. Na nossa linguagem do dia a dia há muitas metáforas como: *o mundo é uma ilha, esse apartamento é um ovo, essa venda será uma explosão.* Usar metáforas para apresentar um produto é uma ótima forma para fazer o comprador entender melhor, aumentar o interesse e se lembrar por mais tempo do que foi dito. Para criar uma metáfora, escolha um benefício do seu produto e traduza para o comprador usando uma palavra que originalmente representa uma coisa totalmente diferente.

Motivação final: use metáforas para grudar o interesse do comprador.

Podcast 295: a hora do preço

Gancho: vendedor, você tem vergonha de dizer o preço?

Texto da dica: tem? Pois não deveria. Venda é o convencimento da realização de uma troca, em que as duas partes ficam convencidas de terem feito bons negócios após sua efetivação. Se venda é uma troca e o vendedor trabalhou bem, pesquisou as necessidades do cliente e apresentou soluções que verdadeiramente satisfarão, merece receber em troca seu preço. Porque o vendedor também merece se satisfazer. Apenas vendedores que não apresentam soluções às necessidades específicas do seu cliente podem ter insegurança em dizer o preço. Vendedores que trabalham com dedicação, profissionalismo e seriedade não têm o que temer. Diga o preço com clareza, confiança, peito erguido e com a convicção de que você merece receber porque está realmente apresentando uma solução necessária e de valor.

Motivação final: sempre diga o preço de forma clara e com confiança.

Podcast 360: preço e valor

Gancho: você sabe a diferença entre preço e valor?

Texto da dica: preço é um número que representa uma quantidade de dinheiro e valor, outra coisa completamente diferente. Valor é o conjunto de todos os benefícios que o cliente obtém quando adquire um produto ou um serviço. O valor é relativo para cada comprador. Ele é percebido de forma diferente pelas pessoas, porque depende de suas necessidades e desejos e do quanto os benefícios do produto podem satisfazer ou até superar. A partir do momento em que o cliente dá mais valor para o bem, seu preço passa a ser menos importante. Quando dá muito valor, seu preço se torna uma pechincha.

Motivação final: saiba diferenciar o preço do real valor do produto para vender mais.

Podcast 361: percepção de valor

Gancho: você sabe o que fazer para aumentar o valor?

Texto da dica: valor é diferente de preço. Preço é um número que representa uma quantidade de dinheiro, valor é a importância de algo para alguém. O valor é percebido, não é atribuído. Podemos, sim, influenciar a percepção de valor quando apresentamos uma qualidade superior comprovada, temos casos de sucesso de clientes atendidos, uma boa reputação no mercado, nossa localização ou entrega é melhor, nossa propaganda é mais eficiente, temos diferenciais claros e somos raros ou exclusivos.

Motivação final: qual desses itens você pode melhorar para aumentar o seu valor?

Podcast 85: temas: sistemas representacionais

Gancho: você sabe o que são sistemas representacionais?

Texto da dica: sistemas representacionais é nome que damos pela forma como captamos informações ao nosso redor e as processamos internamente para a compreensão. É importante perceber qual é o sistema representacional preferido do cliente que estamos atendendo, assim a comunicação se torna mais assertiva.

São três os sistemas representacionais: o **visual**, usado pelas pessoas que compreendem o mundo por meio de imagens; o **auditivo**, escolhido por pessoas que preferem ouvir para entender; o **cinestésico**, usado pelas pessoas que gostam de sensações, como o toque por exemplo.

Motivação final: esteja preparado para comunicar por meio dos vários sistemas representacionais, dando a possibilidade para seu cliente ver, ouvir e tocar seus produtos.

Podcast 119: falar em público

Gancho: vendedor, você gosta de falar em público?

Texto da dica: falar em público é um grande desafio para alguns. Dizem até que é o maior medo de um ser humano. Porém, falar em público é um valioso instrumento de persuasão porque, além de ajudar a divulgar seus produtos para grupos de pessoas, projeta e destaca a imagem do profissional e eleva seu nível de autoridade e de credibilidade. Além disso, falar em público desenvolve o raciocínio lógico, a criatividade e a autoestima. Para desenvolver as habilidades de falar bem em público, a ferramenta mais eficaz é a prática. Sem autocrítica no começo. O importante é praticar. Não desperdice as oportunidades.

Motivação final: nunca desperdice uma oportunidade de falar em público.

Podcast 189: você compraria de você?

Gancho: vendedor, você compraria de você mesmo?
Texto da dica: o primeiro passo para aumentar sua simpatia e ajudar os outros a gostarem de você é se perguntar o básico: "você compraria de si mesmo?". Não podemos dar o que não temos. Se você não acredita e confia em si, será difícil que os clientes acreditem e confiem em você. É preciso aceitar a si próprio e conhecer seus pontos fortes e fracos. Vendedores de sucesso gostam de si mesmos e não têm dificuldades em reconhecer quando cometem um erro ou quando precisam de ajuda e apoio.
Motivação final: esse misto de autoconfiança e humildade torna-os autênticos e reais, passíveis de serem admirados. Acredite em você e venda mais.

Podcast 177: as três formas de encantar os clientes

Gancho: você conhece as três formas de encantar seus clientes?
Texto da dica: saber encantar os clientes é importante para fechar novas vendas, como também é para manter seus clientes atuais. Existem três formas de encantar seu cliente. Enviar presentes é a primeira forma, principalmente presentes inesperados. Isso surpreende, alegra e encanta. Reconhecer qualidades, destacar a pessoa, é outra forma de encantar, porque faz essa pessoa se sentir poderosa. Oferecer oportunidades exclusivas é a terceira maneira. Isso faz as pessoas se sentirem privilegiadas.
Motivação final: encante seus clientes com presentes, destaque pessoal ou com privilégios. Feche mais vendas.

Podcast 122: didática

Gancho: como está a sua didática?
Texto da dica: em um mundo onde obter informações é fácil, o valor não está mais nas informações, está no conhecimento. Para passar o conhecimento, é preciso ter didática. Didática é a forma eficaz de transmitir conhecimentos por meio de histórias, ferramentas, modelos, exercícios, técnicas e métodos. Didática é a arte de ensinar. O vendedor é um especialista de seus produtos e deve ser também um professor. Com ótima didática, ele consegue transmitir os conhecimentos importantes para que seus clientes escolham com segurança os produtos para a compra.
Motivação final: desenvolva sua didática para vender mais e melhor.

Podcast 63: sensações para vender

Gancho: vendedor, que sensações você tem quando compra um produto?

Texto da dica: você se lembra daquele cheirinho de carro novo? Ou do conforto de vestir pela primeira vez seu terno favorito? Ou da alegria de comer aquela pizza deliciosa? Todas essas são sensações que ajudam a venda. Comprar é uma decisão emocional. Quando conseguimos conectar o ato de comprar a sensações e experiências boas, estamos mais perto de fechar mais uma venda. Para isso, lembre-se do entusiasmo que sentiu quando comprou pela primeira vez um produto significativo. Reproduza essas experiências para construir excitamento e emoção quando seus clientes adquirem seus produtos. Isso aumenta a satisfação e torna seu produto inesquecível.

Motivação final: utilize as boas sensações para vender mais. Sucesso!

Podcast 291: fale como ouça

Gancho: o que um cliente que fala rápido pensa quando está conversando com um vendedor que fala devagar?

Texto da dica: ele pensa: "nossa, que vendedor lerdo! Estou perdendo meu tempo". E o que um cliente que fala devagar pensa quando está conversando com um vendedor que fala rápido? Ele pensa: "poxa! Esse cara está tentando me enrolar!". Pessoas gostam e se sentem mais confortáveis com iguais. Vendedor, modele sua fala ao jeito do cliente. Ajuste a velocidade, o tom de sua voz, a altura e o ritmo ao modo como o cliente está falando. Isso gera proximidade, conexão, confiança e melhora a comunicação.

Motivação final: fale sempre como está ouvindo.

Podcast 220: ultimação

Gancho: vendedor, você já pensou que tinha vendido, mas seu cliente não percebeu que tinha comprado?

Texto da dica: essa falta de compreensão entre cliente e vendedor é comum. Muitas vendas se perdem assim e, para evitar isso, o vendedor precisa ter claro o conceito de ultimação da sua venda. Ultimação significa concluir, finalizar, acabar, terminar uma ação. Ultimação nas vendas significa concluir a venda. Dependendo do que você vende, sua ultimação pode ser: assinar um contrato, um termo de compromisso, fazer um agendamento, enviar um *e-mail* de confirmação, fazer um pagamento ou simplesmente apertar as mãos. Enquanto a ultimação não acontece, é responsabilidade total do vendedor conduzir o cliente pelo processo de venda até o fechamento.

Motivação final: vendedor, não perca vendas certas. Fique atento à ultimação.

CAPÍTULO 8: CONCLUSÃO DA VENDA

A TRÍADE DA ÓTIMA NEGOCIAÇÃO:

NEGOCIAR É O MEIO DE RESOLVER NOSSAS DIFERENÇAS, DESENCONTROS E DISCORDÂNCIAS. NEGOCIAR É BUSCAR O CONSENSO PELO DIÁLOGO.

CAPÍTULO 8: CONCLUSÃO DA VENDA

Frequentemente me deparo com a imagem de um braço de ferro ilustrando o processo de negociação. Entretanto, em uma competição de braço de ferro, só tem um vencedor ou até mesmo nenhum vencedor. Uma negociação de vendas que gera apenas um vencedor é uma péssima negociação. Em uma negociação de vendas bem-feita, todas as partes precisam se sentir como vencedoras. A imagem de um braço de ferro não representa uma boa negociação de venda, que melhor seria representada por uma dupla comemorando um resultado conquistado em conjunto.

Nas vendas, a negociação deve ser realizada para se criar o consenso e construir o relacionamento. O grande sucesso das vendas está na repetição. Está em vender novamente para o mesmo cliente. Devemos sempre fazer uma negociação de construção, nunca buscando subjugar ou ganhar sozinho.

Para negociar bem, é preciso olhar para o outro e buscar compreensão. É fundamental que suas necessidades, possibilidades e expectativas sejam entendidas. Devemos também expressar nossos interesses e expectativas de forma honesta e sincera. Muitas negociações são resolvidas apenas na divulgação das intenções. Mas se o consenso não aparecer, o próximo passo é a busca pela flexibilidade respeitando os limites de cada um. *Rapport* ajuda em todos os momentos da negociação e é fundamental, além da empatia e da clareza nas informações. Devemos buscar oportunidades de construção de consenso, porém fugir de oportunismos que podem gerar mágoas e dissabores futuros é sensação de desonestidade.

Criatividade é sempre útil em uma negociação. Soluções podem ser construídas de infindáveis formas diferentes. Experiência também ajuda a negociar melhor. Ela nos torna mais hábeis e competentes. Também são fundamentais a preparação e a utilização de estratégias, táticas e técnicas de contorno de objeções.

A **Tríade da Ótima Negociação**: máquinas fotográficas e filmadoras são equipamentos que requerem grande estabilidade para a qualidade e resultado do trabalho. Muitas vezes elas se apoiam em superfícies irregulares, mesmo assim precisam se estabilizar. Por esse motivo, apoiam-se em tripés, que é a forma de obter a estabilidade em superfícies irregulares. Na negociação, a estabilidade, o sucesso e os resultados também estão apoiados em três pilares. Dei o nome de Tríade da Ótima Negociação:

- **Primeiro pilar:** a estratégia é a preparação prévia para um acontecimento. Estratégia é o plano, é o mapa, é o roteiro, é o processo que construímos antes de iniciar a ação. A estratégia depende da expectativa do que encontraremos, é construída com o que temos a nossa mão e o que conhecemos sobre nós mesmos.

- **Segundo pilar:** as táticas, que são o ajuste da estratégia no momento da ação, são preparadas, estudadas e treinadas previamente, mas só são escolhidas no momento da ação. O vendedor precisa estar atento e concentrado para escolher entre uma tática ou outra, com base na sua percepção do ambiente, do momento e dos sinais apresentados pela outra parte.

- **Terceiro pilar:** objeções são obstáculos inseridos pelo cliente para tentar a paralisação do processo da venda. As objeções são apresentadas pelos compradores e o vendedor deve estar preparado para contorná-las e assim evitar a paralisia do processo.

A negociação frequentemente se dá em ambiente e situações instáveis. Qualquer movimento mais brusco pode fazer desmoronar, perder tudo o que construímos até o momento e nos fazer perder a venda. Por esse motivo, é fundamental uma Tríade da Ótima Negociação construída com pilares fortes e sólidos.

PodCast 297: a negociação

Gancho: vendedor, você sabe o que é negociação?
Texto da dica: negociação é o meio pela qual as pessoas encontram o consenso e a mútua satisfação. É a forma de lidar com diferenças e a oposição de ideias e interesses. Negociar é buscar um acordo por meio de um diálogo. Em uma negociação de venda, nunca pode haver apenas um vencedor, as duas partes precisam ganhar. É apenas na negociação ganha-ganha que a relação permanece e as vendas futuras poderão ser realizadas. Para negociar bem, é fundamental ter clareza no seu objetivo e nos limites que devem ser respeitados. É importante manter uma linguagem amistosa e tranquila. Dedicação à busca do entendimento do ponto

de vista e dos interesses do outro é necessária. Finalmente, são valiosos acordos e tentativas de consenso.

Motivação final: vendedor, busque sempre o ganha-ganha nas vendas.

PodCast 298: a Tríade da Ótima Negociação

Gancho: você já ouviu falar da Tríade da Ótima Negociação?

Texto da dica: para manter um equilíbrio estável em um ambiente de alta instabilidade, como na fase de negociação, precisamos apoiar as ações em três pilares, em uma tríade. Uma negociação tranquila e estável também deve ser preparada e apoiada em sua tríade de três pilares: o primeiro é a estratégia, que é a preparação prévia de ações em busca de uma objetivo; o outro é a tática, que é o ajuste das ações para superação de desafios que aparecem no momento de negociar; o terceiro são os contornos preparados para as objeções que aparecerão.

Motivação final: vendedor, prepare com antecedência sua Tríade da Ótima Negociação de vendas.

Podcast 123: negociar muito bem

Gancho: você sabe quais são as cinco características das pessoas que negociam muito bem?

Texto da dica: elas buscam a conciliação, colocam-se na posição da outra parte, fundamentam suas afirmações fazendo referências e dando exemplos, mantêm-se respeitosas em todo o processo e são assertivas buscando sempre a solução. Vendedor, negociar é importante em várias áreas da vida ou dos negócios. Porém, nas vendas, sucesso e lucro frequentemente não estão em única negociação, mas na repetição das negociações com os mesmos clientes, negociar bem é ainda mais importante.

Motivação final: negocie para vender melhor. Sucesso!

Podcast 355: o maior segredo dos bons negociadores

Gancho: você sabe qual é o maior segredo dos ótimos negociadores?

Texto da dica: os ótimos negociadores são competentes em usar táticas e estratégias para criar reações emocionais no rival. Sob emoção, não é raro tomar decisões e lamentar. Para se precaver disso, é fundamental manter o controle emocional durante todo o processo de negociação. É imperativo conhecer as táticas empregadas e apenas entrar em negociação se estiver preparado. Na hora de negociar, sempre mantenha a calma, respire, reflita antes de aceitar ou negar, peça um pouco de tempo caso comece a sentir algum estresse ou pressão. Como última dica: muito cuidado quando a negociação já estiver no final e o oponente disser: "só mais uma coisinha" ou "apenas mais um pequeno detalhe".

Motivação final: entenda o segredo dos bons negociadores para melhorar suas vendas.

PARTE 1: ESTRATÉGIA DE NEGOCIAÇÃO
Como você se prepara antes de suas negociações?

A estratégia é o planejamento de ações e movimentos antes de iniciar o ato, em busca do sucesso. Tem o objetivo de conquista de melhores resultados. Nas negociações de vendas, a estratégia deve evitar a redução dos preços pelos vendedores e a satisfação e valorização das aquisições pelos compradores.

Uma ótima estratégia de negociação de venda deve ser construída com base em 5 elementos:

1. **Preço de oferta.** O preço de oferta é o preço que ofertamos algo. Nas vendas, é expresso pelo valor em reais do produto e pelas condições financeiras para aquisição: número de parcelas e valor de cada parcela, prazo de pagamento, data do pagamento etc. O preço de oferta é expresso em tabelas de preços, anúncios publicitários, vitrines ou etiquetas nos produtos. O cliente precisa compreender que, para a aquisição do produto, precisa oferecer esse montante em dinheiro. Para isso, o vendedor precisa valorizar seu produto no momento da demonstração, da solução e da sua proposta no processo de venda.

2. **Preço de reserva.** O preço de reserva é o mínimo que o vendedor pode aceitar para realizar a venda. Nesse preço os custos, os impostos, a margem de lucro mínima e a comissão do vendedor devem estar inseridos. É fundamental que esse preço seja um limite claro e definido para o vendedor antes de iniciar uma negociação de venda. Um vendedor jamais pode realizar um negócio aceitando um preço menor que seu preço de reserva. Jamais pode romper ou furar o preço de reserva. Se isso acontecer, represálias acontecerão.

3. **Reciprocidade do ZAP.** O ZAP significa Zona de Acordo Possível. O vendedor tem um preço de oferta e um preço de reserva, o preço mínimo. Então, tem uma região de flexibilidade, uma zona de ajuste reduzindo o preço. Chamamos isso de *margem de negociação*. O comprador também tem um preço objetivo e um valor limite que ainda aceita a negociação. No caso do comprador, um preço máximo. Ele também tem sua região de ajuste. O ZAP é uma faixa no preço, em que duas regiões de ajuste de preço coincidem. Como o vendedor tem por objetivo reduzir ao mínimo seu preço, precisa se manter proativo na negociação, liderando e ditando as condições. Para cada ajuste de preço que fizer, é necessária uma solicitação de reciprocidade. O vendedor deve então reduzir o preço quando necessário, sempre em pequenas variações, pequenos passos e pedindo algo em troca, isso é a reciprocidade do ZAP. Então, quando o vendedor tem uma margem, por exemplo de 20%, se necessário, deve reduzir uns 5%, pedindo algo em troca, como aumento de quantidade de compra, maior período de contrato, rapidez na tomada de decisão de compra. O comprador precisa entender que está conseguindo uma redução de preço por uma ação dele. Isso valoriza a conquista. Se o comprador receber descontos facilmente, ele não vai valorizar e vai pedir mais desconto. O que vem fácil não tem valor.

4. **MAANA (plano B).** *Maana* significa *melhor* alternativa ao não acordo. O vendedor tem de estar preparado caso a negociação de venda não se concretize. Como a venda é o convencimento para a realização de uma troca, as duas partes – o comprador e o vendedor – precisam ficar satisfeitas com o processo. Se isso não acontecer, a venda não deve ser feita. E o que fazer, então? Acionar o plano B. A *Maana* é como um plano B. Você sabe, quem não tem plano B tem plano único. Se nosso plano único for realizar a venda para o comprador que estamos negociando, a possibilidade de forçarmos uma venda em demasia pode acontecer. Isso deixaria o comprador insatisfeito e propagaria uma imagem do vendedor como agressivo ou chato. Outra coisa que pode acontecer é o vendedor reduzir muito seu preço, furando o preço de reserva. Isso deixaria o vendedor frustrado e insatisfeito. Então, para não deixar qualquer das partes insatisfeita, é necessária uma estratégia planejada e preparada de *Maana*. Essa estratégia pode ser pedir um tempo, marcando outra reunião para continuar, sugerir a troca do produto ou solicitar a inclusão de outro negociador no processo, contatando o superior.

5. **Aumentar o bolo.** Diferentemente do que a maioria das pessoas possa pensar, uma negociação é facilitada trazendo mais itens, negociando mais coisas. Então, o vendedor deve se preparar com a possibilidade de incluir acessórios, produtos mais sofisticados ou outros providos para serem vendidos em conjunto. Ele precisa estar preparado para aumentar o bolo em negociação. Esses itens precisam ser incluídos e ter margens de lucro mais elevadas para assim compensar uma possível e necessária redução de margem exagerada na negociação do produto principal.

Preparando esses cinco itens, o vendedor se sente empoderado com sua estratégia que gerará mais resultados, evitará a redução exagerada de preços e conquistará maior satisfação do cliente.

PodCast 299: a estratégia

Gancho: você prepara sua estratégia antes de negociar?
Texto da dica: a estratégia é a preparação de ações antes da negociação começar. É importante estabelecer uma estratégica no momento de uma negociação de vendas, não só para fechar a venda atual, mas para manter a satisfação, a confiança mútua e a relação ganha-ganha entre as partes. Estratégias são fundamentais para manter a clareza nos objetivos a serem atingidos, nos limites que serão respeitados, nas novas possibilidades que poderão surgir. O vendedor deve sempre entrar nas negociações com os cinco pontos da estratégia de negociação definidos e claros: o preço de oferta, o preço de reserva, a reciprocidade da zona de acordo, as ações de não acordo e os itens para aumentar o bolo de negociação.
Motivação final: vendedor, esteja sempre com sua estratégia preparada.

PodCast 10: preço de reserva

Gancho: você sabe o que é preço de reserva?
Texto da dica: preço de reserva é o valor mínimo que você pode chegar baixando seu preço para beneficiar o cliente e realizar a venda. Quando entra em uma negociação, ter clareza no seu preço de reserva é fundamental para manter a lucratividade. Vendedores que não têm isso claro são flexíveis, baixam o preço rápido demais, chegando até a vender com prejuízo.

CAPÍTULO 8: CONCLUSÃO DA VENDA

Então, vendedor, além de pensar na margem, mantenha o preço de reserva claro para você. Venda com lucro, traga recursos para sua empresa.

Motivação final: seja o motor que alavanca o resultado.

PodCast 300: o preço de oferta e o preço de reserva

Gancho: você sabe o que é preço de oferta e preço de reserva?

Texto da dica: o preço de oferta é o preço que o vendedor declarará no final da sua apresentação de venda. Preço de oferta é o preço de lista, é o preço cheio, é o preço de proposta, é o primeiro preço a ser apresentado. O preço de reserva é o preço mínimo que o vendedor tem autorização para fechar o pedido e realizar a venda. É um preço que deve estar claro para o vendedor e ajustado com a empresa. Esse preço nunca poderá ser rompido, é o mínimo permitido, o mínimo que interessa para vender, é o limite do vendedor. A diferença entre o preço de oferta e o preço de reserva é a margem que o vendedor tem para negociar. Também chamada de *ZAP de negociação*.

Motivação final: Vendedor, respeite seus limites.

PodCast 305: a reciprocidade do ZAP

Gancho: quando o cliente pede um desconto, você dá?

Texto da dica: negociar é comum por causa de nossa cultura. Clientes costumam pedir descontos e outras flexibilizações de condições para comprar. Se temos margens, podemos sim dar descontos, porém nunca sem pedir algo em troca. Ninguém valoriza o que se ganha fácil. Se você der descontos de forma rápida e fácil, o cliente não valorizará, pensará que você deu pouco e que pode dar mais, e ficará insistindo até ganhar o que quer ou desistir da compra. Para evitar isso, sempre peça algo em troca. Peça para ele aumentar a quantidade, peça para pagar mais rápido ou até fechar imediatamente.

Motivação final: faça seu cliente valorizar o que você está dando.

PodCast 11: menos descontos

Gancho: vou ensinar um segredo para fechar as vendas com valores melhores, oferecendo menos descontos.

Texto da dica: sim. Eu sei que dar descontos ajuda a vender. Mas os descontos destroem as margens de lucro, diminuem nossas comissões, desvalorizam nossos produtos e acostumam mal os clientes. Para sair desse vício de descontos, sempre que você flexibilizar o preço, peça algo em troca. Peça para o cliente aumentar a quantidade, reduzir o parcelamento ou aumentar a entrada. Faça isso, vendedor. O cliente só valoriza um desconto e fica satisfeito quando percebe que também existiu um esforço dele próprio.

Motivação final: dê menos descontos. Venda mais. Venda melhor.

PodCast 306: a melhor alternativa ao não-acordo

Gancho: o que fazer quando o cliente insiste em um valor menor que o mínimo que você pode chegar?

Texto da dica: se o cliente não quer pagar o mínimo que você aceita, a venda não poderá ser realizada. Você precisa estar preparado e saber o que fazer, precisa ter um plano B. Seu plano B pode ser pedir um tempo para revisar sua proposta e fazer nova oferta. Pode ser apresentar outro produto. Pode ser programar a entrega para o futuro ou pode ser simplesmente ganhar tempo. As negociações podem chegar a um aspecto de competição. Nesse caso, os ânimos precisam ser esfriados para continuar.

Motivação final: quem não tem plano B, tem plano único e acaba vendendo por menos do limite.

PodCast 307: aumentar o bolo

Gancho: você sabe o que ajuda na negociação?

Texto da dica: aumentar o bolo. Isso mesmo! Aumentar o bolo de negociação ou a quantidade de itens em negociação ajuda a fechar vendas. Então, quando a negociação estiver difícil, aumente a quantidade dos produtos, acrescente mais tempo no contrato, insira acessórios. Descontos em volumes maiores são mais atraentes. Outra coisa, esteja preparado, pois, para aumentar o bolo, esses itens devem ter margens maiores. Se você precisar dar descontos, as margens desses itens compensam.

Motivação final: esteja sempre preparado para a negociação.

PodCast 121: barganhar ou negociar

Gancho: você sabe qual é a diferença entre negociar e barganhar?

Texto da dica: negociar é buscar acordo por meio do diálogo. Um acordo em que as duas partes fiquem satisfeitas. Já barganhar é buscar vantagens apenas para si. É obter acordos prejudicando a outra parte e agindo de forma não ética. É aproveitar distrações, necessidades elevadas, urgências ou problemas pontuais. Barganhar é agir fraudulentamente, é adotar práticas enganosas, é burlar.

CAPÍTULO 8: CONCLUSÃO DA VENDA

Motivação final: um vendedor profissional sabe que o sucesso e o lucro não estão em apenas uma venda, estão nas vendas sucessivas e constantes. Por isso, negocie com ética, buscando sempre a satisfação de todas as partes.

PARTE 2: TÁTICA DE NEGOCIAÇÃO

O jogo de cintura na negociação. As táticas são os ajustes da estratégia no momento da negociação. É nesse momento que o talento do vendedor é revelado.

Além da estratégia, o vendedor deve se preparar previamente com táticas para negociar melhor. Táticas são variações da estratégia, movimentos realizados pelo vendedor para avançar no processo. São falas, propostas e proposição oportunamente sugeridos durante o processo. O vendedor precisa estar concentrado em todo o processo de venda durante o processo de negociação. Quando o fechamento da venda está próximo, a atenção precisa ser amplificada. A sensibilidade, a experiência e a intuição devem estar aguçadas. A coragem, o arrojo e a rapidez de raciocínio devem ser acionados. Nesse momento o vendedor mostra o seu talento, sua preparação com táticas escolhidas e estudadas para os resultados na negociação.

Seguem algumas táticas que merecem estar prontas para utilização oportuna:

- **Ancorar alto:** essa tática é a mais frequentemente usada por vendedores profissionais ou amadores. Ancorar alto significa ajustar o preço de oferta para um valor mais alto. E não só o preço, podemos ancorar alto a quantidade, o prazo e a velocidade de compra. Assim, o vendedor consegue uma margem maior de negociação e promove um pensamento no comprador de maior dimensão em relação ao preço, por exemplo. Com uma margem maior, o vendedor consegue uma ampliação na sua região de ajuste de preço. Com isso, pode atender às demandas de ajuste de preço do comprador. Quando o comprador ancora o preço do produto em uma dimensão mais alta, pode levá-lo a atender mais facilmente expectativas de qualidade e dar maior segurança na aquisição do produto. Ancorar Alto é tática poderosa, porém arriscada. Existe a possibilidade de ampliação de barreiras com o comprador ou até de saída do comprador da negociação no caso do Ancorar Alto ser usado de forma exagerada.

- **Limite orçamentário:** essa tática deve ser usada quando o vendedor percebe que o comprador já tomou a decisão da compra, porém insiste na negociação apenas com o objetivo de reduzir ainda mais o preço para melhorar seu resultado. Quando o vendedor perceber isso pelas ações, falas ou pela linguagem corporal do comprador, deve parar o ajuste de preço e dizer que o limite orçamentário foi atingido. Não é mais possível, por parte do vendedor, continuar com a redução de preços. Assim, o vendedor convida o comprador ao fechamento da venda.

- **Salame:** essa tática pode ser usada quando a negociação se apresenta muito complexa ou quando o comprador solicita detalhes para garantir sua segurança. Nesse caso, o vendedor que propor o fatiamento dos itens em negociação, negociar parte a parte, fechar a venda também parte a parte e assim caminhar em direção da totalização da venda.

- **Ultimato:** o Ultimato, como o Ancorar Alto, é tática poderosa, mas que também apresenta risco. Nessa tática, o vendedor apresenta um ultimato ao comprador. Diz que as condições ofertadas até o momento são seu limite e que elas se mantêm por pouquíssimo e definido tempo. Com essa tática, o vendedor promove o movimento do comprador, a tomada de decisão. O risco está na possibilidade de o comprador tomar uma decisão contrária à compra. Essa tática é um tudo ou nada no processo de negociação. Tem muito poder, porém o vendedor deve usar com sabedoria.

Táticas são fundamentais para atingir os resultados esperados. O processo de venda é dinâmico e é influenciado pelos participantes, suas experiências, sentimentos e pensamentos. Como é também pelo ambiente, trazendo mais informações que podem tirar o foco ou acrescentar desafios pelo produto. Pode estar sendo mais ou menos desejado em função de sua dualidade, preço e valor, que sempre é relativo. Por esse motivo, um vendedor sem táticas se torna um refém dessas influências. Um vendedor com táticas preparadas e com seus sensores calibrados se mantém proativo no processo, direciona as ações e promove decisões mais favoráveis.

CAPÍTULO 8: CONCLUSÃO DA VENDA

PodCast 308: as táticas da negociação

Gancho: você sabe qual é a diferença entre estratégia e tática?

Texto da dica: estratégia é o planejamento prévio de ações para atingir um objetivo definido. Tática é o ajuste das ações frente à observação das evidências para atingir um objetivo definido. Em outras palavras, tática é o jogo de cintura do vendedor no momento em que está negociando. Mas isso não quer dizer improvisação. Para ter sucesso na negociação, é preciso estar preparado com as táticas para as evidências mais comuns. As táticas de Ancorar Alto, Limite Orçamentário, Ultimato e Salame são algumas que todo vendedor deve conhecer e saber usar, ajudam a fechar vendas.

Motivação final: atenção às táticas de fechamento.

PodCast 309: Ancorar Alto

Gancho: você já usou a tática do Ancorar Alto?

Texto da dica: a tática do Ancorar Alto é a mais usada das táticas no momento de venda. Consiste em elevar a percepção de algo antes da proposta de fechamento de venda. Por exemplo, no caso da venda de um apartamento de 500 mil, pode-se usar a tática de falar de negócios fechados no valor de 2, 3 ou 5 milhões. Ancora a percepção do comprador em negócios na ordem de milhões de reais. Quando é apresentada a proposta de 500 mil, ela parece ser mais baixa e fácil de ser aceita. Ancorar Alto é uma tática tão frequente que é até intuitiva de ser usada no preço. Mas ela também funciona para quantidade de produtos, tempo de entrega, condição de pagamento, tempo de contrato e outras condições de oferta.

Motivação final: ouse ancorar alto. Venda mais. Venda melhor. Sucesso!

PodCast 310: o Ultimato

Gancho: você conhece a tática do Ultimato?

Texto da dica: a tática do Ultimato é útil para ajudar a fechar venda e necessária para ser usada com aqueles clientes que têm dificuldade em tomar decisão. O bom vendedor precisa ter consciência do tempo que uma venda consome. Precisa monitorar suas vendas e saber quando o cliente ultrapassou esse tempo. Nesse caso, ele dá o ultimato, deixando claro até quando a proposta tem validade. Isso provoca o cliente a dar uma resposta. E, se mesmo assim o vendedor não decidir, precisa ter coragem e perguntar: "O que o impede de comprar?".

Motivação final: monitorar o processo de venda permite valorizar o tempo e fechar mais vendas.

PodCast 311: Salame

Gancho: salame. Como comer salame?

Texto da dica: salame é um delicioso alimento que se come fatiado e também é o nome de uma valiosa tática de vendas. Sabe aquele cliente inseguro, indeciso ou muito cuidadoso com os detalhes. Esse é ótimo cliente para a tática do Salame. Fatie sua venda propondo parte a parte, fechando, assinando e, imediatamente, passando para a próxima ponte. A tática do Salame dá segurança, simplifica e mostra para o cliente um vendedor cuidadoso e sensível a detalhes.

Motivação final: vendedor, na tática do Salame, você gastará mais tempo, entretanto passará uma enorme segurança.

PodCast 312: limite orçamentário

Gancho: qual é o seu limite orçamentário?

Texto da dica: o limite orçamentário de um vendedor é o preço de reserva ou o preço mínimo que o vendedor pode fechar a venda. Algumas vezes, esse preço de reserva precisa ser reajustado para um novo e mais alto limite. Isso acontece quando o vendedor percebe, pelos sinais, que o cliente já comprou o produto. Para que baixar o preço até 800 se o cliente já comprou em 900. É valioso para a empresa e para o vendedor fechar vendas com margens maiores. Para isso, após sinais de fechamento de compra, se o vendedor pedir mais descontos, é só dizer: "Trabalhamos com orçamento justo. Esse é meu limite orçamentário, é um ótimo preço".

Motivação final: experimente. Venda melhor. Venda mais.

PodCast 19: ferir e curar

Gancho: quero ensinar um gatilho que você deve usar quando seu cliente diz que precisa da autorização de outra pessoa, como, por exemplo, de um sócio, do chefe, da esposa ou do marido.

Texto da dica: quando o cliente disser que precisa conversar com alguém, você diz que entende, mas conta uma história triste de um cliente que pagou mais caro por ter adiado o fechamento. Isso é o ferir. Aí você cura, dizendo que para evitar isso é só fechar a venda, porém que espera alguns dias pela confirmação para dar a sequência e, se ele quiser desistir, você devolve o dinheiro, lógico.

Motivação final: use o **ferir** e **curar**, você verá como é poderosa essa tática.

PodCast 313: as táticas de quem compra

Gancho: você conhece as táticas dos compradores?

Texto da dica: conhecer as táticas de quem compra é valioso para dar segurança, tranquilidade e serenidade para o vendedor, para ajudá-lo a se manter no controle e agir corretamente em direção ao fechamento das vendas, sem ser influenciado por ações que buscam a redução de preços ou flexibilização de condições. Algumas táticas de quem compra são: o gentil e o mau, cortina de fumaça, desvalorização da oferta, desvalorização pessoal, leilão, ficar calado, falso amigo e ameaça.

Motivação final: estude as táticas de quem compra. Saiba que os compradores também se preparam.

PodCast 98: cliente caladão

Gancho: você conhece o cliente caladão?

Texto da dica: "caladão" é aquele cliente que é difícil de saber exatamente *o que* e *como* ele quer as coisas. Ele não dá muitas informações, responde a suas perguntas economizando palavras, costuma ficar em silêncio nas ligações telefônicas e demora para responder seus e-mails. Para atender bem esse cliente, não cobre em demasia as respostas, varie as formas de abordagem e sempre faça perguntas abertas para estimular a fala. O mais importante é ficar calmo e confiante na sua solução. Esse silêncio pode ser apenas uma tática de negociação para você acreditar que ele não está tão interessado.

Motivação final: aprenda a conhecer seus clientes para vender mais e melhor. Sucesso!

PodCast 95: cliente "ai, que dúvida!"

Gancho: vendedor, você já atendeu o "ai, que dúvida!"?

Texto da dica: vendedor, venda é relacionamento, porém existem alguns clientes típicos que desafiam o relacionamento. "Ai, que dúvida!" é aquele cliente que tem dificuldade em decidir. Ele costuma ligar para a mulher, para o marido, para um amigo ou até para a mãe pedindo ajuda, posterga a decisão ao máximo. Para atender bem esse cliente, é importante ser paciente. Apresente com cuidado suas soluções, as características de qualidade e seus diferenciais. Mas, quando o tempo de atendimento estiver se prolongando, pergunte a ele: "O que está impedindo a compra?". Contorne a objeção apresentada. Se mesmo assim ele não se decidir, dê um ultimato. Estabeleça uma data limite para manter a proposta.

Motivação final: estude para usar sempre a tática certa, no momento certo, com o cliente certo.

PodCast 142: Marston e o DISC

Gancho: você já ouviu falar de DISC e do psicólogo William Moulton Marston?

Texto da dica: Marston foi um psicólogo americano e inventor do início do século XX. Ele inventou o detector de mentiras, criou a personagem "Mulher Maravilha" e publicou o livro *"As emoções das pessoas normais"*. Obra que se tornou a base dos instrumentos de análise comportamental DISC. Nessa análise comportamental, as pessoas se dividem em Dominantes, Influentes, Estáveis e Conformistas. Por essa análise, podemos entender o comportamento de pessoas e como atender a hora de vender com mais qualidade e eficiência.

Motivação final: descubra como vender para cada um dos perfis comportamentais.

PodCast 143: Perfil Dominante

Gancho: você já atendeu clientes firmes, competitivos, decididos, abrasivos e até um pouco agressivos?

Texto da dica: pela teoria comportamental DISC, esses clientes podem ter um perfil dominante. Os Dominantes são pessoas que compram porque precisam ou simplesmente porque querem. Eles compram imediatamente. Geralmente antes mesmo que você termine sua apresentação, os dominantes querem ser atendidos sempre por ótimos vendedores, que causam uma ótima primeira boa impressão. Não gostam de perder tempo. Costumam comprar apenas o que realmente querem, compram o melhor e frequentemente o mais caro.

Motivação final: estude os perfis comportamentais com base na teoria DISC, para entender seu cliente e atender melhor.

PodCast 351: venda para Dominantes

Gancho: você sabe como vender para clientes competitivos e diretos, que querem sempre ganhar e são muitas vezes até agressivos?

Texto da dica: a primeira coisa a saber é que esse comportamento não é pessoal. Não é por sua causa que esse cliente se comporta assim. Esse é o seu comportamento usual. O professor Marston estudou os comportamentos observáveis e classificou de Dominante a pessoa que se comporta assim. Para vender para um Dominante, não fale muito, vá direto ao que interessa. Esse cliente busca resultados e respostas práticas, ele detesta perder tempo. Esteja bem preparado com todas as informações importantes à mão e não se incomode se for desafiado. Os Dominantes costumam

CAPÍTULO 8: CONCLUSÃO DA VENDA

intimidar os vendedores. Faça perguntas voltadas para as expectativas de resultados com seu produto, como: "qual o resultado esperado" ou "quais os pontos mais importantes que devem ser alcançados?".

Motivação final: para vender mais, aprenda a entender seu cliente.

PodCast 144: Perfil Influente

Gancho: você já atendeu clientes extrovertidos, que falam bastante, apreciam muito ser elogiados e querem sempre estar em destaque?

Texto da dica: pela teoria Comportamental DISC, esse cliente pode ter um perfil Influente. Os Influentes são pessoas que compram porque viram uma novidade e querem possuir. Eles compram espontaneamente ou quando é fácil. Preferem ser atendidos por vendedores divertidos e positivos. Adoram construir amizades. Costumam comprar coisas novas e atraentes. Gostam muito de comprar e frequentemente buscam liquidações. Elogie as decisões e ações desses clientes para ajudar na venda.

Motivação final: entenda os perfis comportamentais para entender seu cliente e atender melhor.

PodCast 352: venda para Influentes

Gancho: você sabe como vender para clientes extrovertidos, comunicativos, otimistas, que contam piadas e adoram um elogio?

Texto da dica: o professor Marston estudou os comportamentos observáveis e classificou as pessoas que se comportam assim de Influentes, que são aquelas motivadas pelo reconhecimento e pelo *status*. Invista um tempo maior no relacionamento, porém não exagere, saiba a hora de voltar aos negócios. Esses clientes costumam tomar decisões de forma impulsiva, decidem pela compra e, às vezes, voltam atrás da mesma forma. Ajude esses clientes a avaliar os aspectos negativos e positivos para tomar a decisão certa. Faça perguntas voltadas ao seu sucesso como: "De que forma essa decisão vai ajudar na sua posição na empresa ou como posso ajudá-lo a ter mais sucesso?".

Motivação final: entenda melhor seu cliente.

PodCast 145: Perfil Estável

Gancho: você já atendeu clientes que o ouvem com muita atenção, falam pouco, são acolhedores, mas demoram muito para decidir?

Texto da dica: pela teoria Comportamental DISC, esses clientes podem ter um perfil Estável. Os Estáveis são pessoas que compram porque necessitam ou porque acharam no produto uma funcionalidade importante. Eles preferem refletir e pensar bastante antes de uma decisão de compra. Gostam de ser atendidos por vendedores que passam confiança e credibilidade. Não gostam de vendedores insistentes e ansiosos. Costumam comprar coisas para outras pessoas ou coisas de que realmente necessitem. Buscam preços razoáveis e nada excêntrico.

Motivação final: use a escassez para acelerar a decisão de compra desses clientes. Estude os perfis comportamentais para entender seu cliente e atender melhor.

PodCast 353: venda para Estáveis

Gancho: você sabe como vender para clientes muito educados e gentis, mas com dificuldade em decidir e tomar a decisão da compra?

Texto da dica: provavelmente esses clientes têm o comportamento denominado de Estável. O professor Marston, no seu livro "*As emoções das pessoas normais*", estudou os comportamentos observáveis e classificou pessoas que se comportam assim como Estáveis. Os Estáveis são cordiais e gentis, esforçam-se para entender, dão atenção e até ajudam o vendedor. Esses clientes são leais e essa lealdade frequentemente é um enorme desafio para novas vendas, principalmente quando o vendedor está entrando e tentando a sua primeira venda. Diminua o ritmo com esse cliente. Invista na criação de um relacionamento antes de falar do seu produto. Fale sobre casos de sucesso com outros clientes e de parcerias sólidas. Passe segurança. Mostre que isso é importante também para você, fazendo perguntas como: "o que é um ótimo serviço para você" ou "o que você gosta no meu produto?".

Motivação final: observe o comportamento do seu cliente para vender mais e melhor.

PodCast 146: perfil Conformista

Gancho: você já atendeu clientes que analisam os detalhes ponto a ponto, que se importam com a qualidade do material apresentado e com horário, que ficam procurando erros ortográficos ou de tabulação?

Texto da dica: pela teoria comportamental DISC, esses clientes podem ter um perfil Conformista. Os Conformistas são pessoas que compram porque o produto oferece funcionalidades importantes. Eles gostam de pensar muito e ter certeza de que fazem a escolha certa. Preferem ser atendidos por vencedores íntegros, que sempre cumprem o que prometem e que fazem ótimo acompanhamento pós-venda. Eles compram itens práticos e de qualidade acima da média, eficientes e duradouros. Itens que agregam valor.

Motivação final: prepare-se bem antes de fazer as reuniões com esses clientes. Estude os perfis comportamentais para entender seu cliente e atender melhor.

PodCast 354: venda para Conformistas

Gancho: você sabe como vender para clientes analíticos, que gostam de montanhas de dados e estatísticas?

Texto da dica: pessoas que se comportam assim tiveram seus comportamentos estudados pelo professor e psicólogo americano Marston e foram denominados de Conformistas. Vendedor, muito cuidado para não inventar dados para esses clientes. Você pode ser pego e não conseguir explicar os números, perdendo assim toda a sua credibilidade. Saiba que esse cliente fará muitas perguntas. Ele vai querer saber sobre o produto, sobre a empresa e até sobre você. Esteja preparado para responder, não se ofenda com a pesquisa. Fazer muitas perguntas representa parte do seu jeito de tomar decisões. Para esse comprador, é importante mitigar o risco, ele gosta de garantias. A qualidade é outro fator importante na tomada de decisão. Faça algumas perguntas como: "que critérios você considera para tomar a decisão" ou "quais garantias está buscando?".

Motivação final: venda mais. Venda melhor.

PodCast 356: a coragem de largar tudo

Gancho: vendedor, você tem a coragem de largar tudo em uma negociação?

Texto da dica: se não pode largar tudo, você não consegue negociar bem. Um vendedor não pode se apegar em demasia ao resultado da negociação. Isso é importante para manter o controle das emoções e não ser pego pela estratégia da escassez. Pessoas querem mais o que não têm. Basta retirar a proposta da mesa que ela se torna ainda mais desejada. Clientes fazem isso com frequência quando dizem: "Adorei sua proposta, mas no seu concorrente está 25% mais em conta".

Motivação final: cuidado! Salvar a venda apenas dando mais descontos não traz bons resultados.

PodCast 357: quando o comprador usa a escassez

Gancho: o que fazer quando o cliente pergunta: "o preço do seu concorrente é 25% menor. Você consegue chegar?" ou "Está difícil para mim. Dá para melhorar um pouco o preço para eu fechar?".

Texto da dica: essas são afirmações típicas de compradores que usam a tática da escassez. A intenção é fazer o vendedor pensar que, se não melhorar o preço, perde a possibilidade de venda. Para lidar com essas táticas, mostre empatia, porém inverta a escassez e a responsabilidade da decisão para o cliente. No primeiro caso, diga: "Agradeço por abrir o preço do meu concorrente, mas me diga o que faz o senhor ainda considerar meu produto se ele é mais caro?". No segundo caso, fale: "Realmente o momento tem sido difícil para muitos clientes. Acredito então que devemos adiar a decisão da compra mais para frente".

Motivação final: lembre-se de que, para negociar bem, um vendedor precisa ter coragem de largar tudo.

PARTE 3: OBJEÇÕES
Quais objeções seus produtos recebem? Como você as contorna?

Frequentemente me deparo com vendedores com temor das objeções que seus produtos recebem. Objeções são obstáculos que o comprador apresenta para paralisar a negociação e obter maiores concessões para continuar. São afirmações como: "está caro", "a entrega vai demorar em demasia", "não tem as especificações exatas que eu queria" etc. Contudo, as objeções são bons indicadores.

As objeções indicam que a negociação está próxima do final. O comprador está realmente interessado em comprar e apresenta as objeções para postergar e obter maiores concessões. Ele faz isso porque, antes de decidir pela compra, tem o poder de decisão para si. Quando ele tomou a decisão, esse poder se extingue. Como todo ser humano atua para manter seu poder, o comprador também faz isso apresentando objeções. Se as objeções estão sendo apresentadas, o comprador está considerando fortemente a compra. E o que fazer quando uma objeção é apresentada?

Antes de dizer o que fazer, é importante dizer o que não fazer. O vendedor não deve ignorar, quebrar ou destruir as objeções. Como a objeção é uma afirmação apresentada pelo comprador, se o vendedor ignorar, quebrar ou destruir, ele estará desvalorizando ou destruindo falas do comprador. Isso desvaloriza o comprador, o que provoca uma reação oposta e contra o vendedor e o processo de venda. Ninguém gosta de ser desvalorizado. O comprador reagirá e valorizará ainda mais sua objeção, insistindo nela e fazendo crescer. Isso dificultará a conclusão da negociação.

A melhor forma de atuar quando uma objeção é apresentada é usar a técnica do **CCC - Concordar, Conduzir, Concluir:**

- **Concordar:** quando a objeção é apresentada, precisamos acolher. Fazemos isso concordando com ela e concordando com qualquer coisa que o comprador apresentou. Parece estranho, contudo, é isso mesmo, precisamos concordar com a fala do comprador. Se não for possível concordar com toda a fala, concordamos com uma parte. Se não é possível concordar com parte, concordamos com a ideia. Se não é possível concordar com a ideia, fazemos uma generalização. Nunca podemos mentir, mas sempre podemos acolher concordando. Por exemplo: se o comprador disser que o produto está caro, você sabe que não está caro, está barato, mesmo assim precisa concordar como o comprador. Não precisa concordar com a exata fala, concorde com a ideia, pode estar caro, sim, para ele. Preço é uma questão de percepção, cada pessoa percebe diferente. Então acolha, concorde com a ideia, diga: "Realmente, na atual situação econômica da sociedade, toda aquisição é um desafio." Quando o vendedor diz isso, o comprador se sente compreendido, acolhido, e a objeção diminui, perde a importância.

- **Conduzir:** após concordar, o vendedor deve conduzir a conversa e a atenção do comprador para assuntos que favoreçam o vendedor e a efetivação da compra. Se o comprador apresentou uma objeção ligada ao preço, após concordar, o vendedor deve conduzir a conversa para falar da qualidade, da velocidade de entrega ou de especificações especiais. Essa condução tem por objetivo levar o comprador a pensar em um contraponto da objeção apresentada. Isso é necessário para ele tirar o foco da objeção e perceber outros benefícios.

- **Concluir:** após a condução, o vendedor precisa concluir o assunto e buscar o fechamento da venda. Ele pode fazer essa conclusão flexibilizando as condições relacionadas à objeção apresentada. Se o comprador apresentar uma objeção relacionada ao preço no momento de concluir e, se o vendedor tiver margem, oferecerá uma redução de preço ou outra flexibilização. Se não tiver mais margem, oferecerá condições especiais e dedicação redobradas nas próximas negociações, ou poderá estabelecer um compromisso pessoal com o cliente, garantindo sua satisfação e um contato posterior à entrega.

Então, para as três objeções apresentadas, a técnica do CCC seria:

Objeção: está caro!
Técnica do CCC: (Concordar) realmente, pelos altos custos das tarifas bancárias atuais, todos os negócios que fazemos são sempre grandes desafios. **(Conduzir)** Esse produto que você escolheu é o melhor do mercado. Sua satisfação e resultados obtidos na utilização serão rapidamente percebidos. **(Concluir)** Vamos fazer o seguinte para garantir seus resultados: para o senhor, faço o parcelamento dessa sua compra diretamente do fornecedor, sem cobrança de juros.

Objeção: a entrega vai demorar em demasia.
Técnica do CCC: (Concordar) realmente, na sociedade em que vivemos hoje, tempo é o recurso mais escasso que temos. Sempre precisamos de tudo com rapidez. **(Conduzir)** Esse produto que você escolheu tem alta tecnologia e um processo de qualidade criterioso. O senhor ficará satisfeito com a aquisição. **(Concluir)** Vamos fazer o seguinte: vou pegar sua assinatura nesse pedido agora, saio daqui e vou direto para a empresa. Vou falar diretamente com o departamento de expedição, apresentar seu pedido e colocá-lo nas mãos do responsável. O senhor ganhará pelo menos dois dias com isso.

Objeção: não tem nas especificações exatas que eu queria.
Técnica do CCC: (Concordar) é verdade. Quando a gente sonha com um produto, quer realizar exatamente como nosso desejo. **(Conduzir)** Mas esse produto que você escolheu, além de muito bonito, também é o mais vendido e está em promoção. **(Concluir)** Vamos fazer o seguinte: você leva esse produto por esse preço bem mais baixo, assim já vai aproveitando. Vou anotar seu telefone e, assim que o produto nas especificações que você quer chegar, ligo.

Usar a técnica do CCC permite ao vendedor uma condução suave quando a objeção é apresentada. Ele contorna o obstáculo e caminha em direção à conclusão da venda. O vendedor, que ainda deseja melhores resultados, deve listar as objeções que costuma receber e já preparar pelo menos dois discursos de CCC. Assim estará sempre preparado.

CAPÍTULO 8: CONCLUSÃO DA VENDA

PodCast 40: objeções são bons sinais

Gancho: vendedor, você tem medo de objeções?

Texto da dica: é comum encontrar vendedores iniciantes com medo e fugindo das objeções. Objeções são obstáculos que o cliente apresenta para paralisar o processo de compra. São coisas do tipo "está caro", "queria de outra cor" ou "vai demorar a entrega". No entanto, o fato da objeção surgir é exatamente o principal motivo pelo qual o vendedor deve gostar. Se o cliente está tentando paralisar o processo, é porque ele está considerando comprar. As objeções são fortes sinais de que as vendas estão perto de acontecerem. Elas são muito boas.

Motivação final: vendedor, fique atento às objeções e aprenda a contorná-las.

PodCast 314: objeções

Gancho: você sabe o que são objeções?

Texto da dica: objeções são obstáculos que o cliente apresenta para paralisar o processo e evitar o fechamento da venda. São falas como: "está caro", "queria em outra cor", "a entrega demora mais que pensei", "não tenho dinheiro agora". As objeções são temidas por alguns vendedores, que acreditam que a venda está perdida quando aparecem. Na verdade, objeções são bons sinais de que o cliente está querendo comprar. Um cliente só apresenta uma objeção quando deseja bloquear algo que sonha que está perto de acontecer.

Motivação final: quando a objeção aparecer, é só contornar para fechar a venda.

PodCast 41: técnica do CCC

Gancho: vendedor, para contornar qualquer objeção, use a técnica do CCC: concordar, conduzir, concluir.

Texto da dica: quando a objeção for apresentada, comece concordando com ela. Nunca discorde, por mais que possa ser estranho. Concordar mostra acolhimento e entendimento. Depois, conduza a conversa para outro olhar. Um olhar benéfico para o vendedor. Para terminar, conclua a venda com uma oferta de fechamento. O fato de o vendedor ter concordado e conduzido antes de apresentar a oferta faz aumentar a possibilidade de conclusão e fechamento da venda.

Motivação final: vendedor, a técnica do CCC serve para toda objeção.

PodCast 166: a técnica do CCC II

Gancho: vendedor, você sabe como contornar qualquer objeção?

Texto da dica: para contornar qualquer objeção, use a técnica do CCC: concordar, conduzir e concluir. Comece concordando com a objeção. Por mais incorreta que ela possa parecer, é preciso concordar. Não é concordar com a fala exata, é preciso concordar com o fato de o cliente ter o direito de pensar assim. Quando você concorda, acolhe, diminui resistências e aproxima. Depois de concordar, conduza para argumentos que faça o cliente olhar por outra perspectiva, uma perspectiva favorável ao vendedor. Isso tira o foco da objeção e abre possibilidades. Por último, conclua a fala, flexibilizando e fechando o assunto e a venda.

Motivação final: vendedor, use a técnica do CCC em todas as objeções.

PodCast 316: a técnica do CCC III

Gancho: quer saber como contornar qualquer objeção?

Texto da dica: para contornar qualquer objeção, é só usar a técnica do CCC: concordar, conduzir e concluir. Quando a objeção aparecer, sempre concorde com ela. Isso gera acolhimento, mostra compreensão e empatia. Não é necessário concordar com a fala exata, apenas com o fato de alguém ter o direito de pensar dessa forma. O próximo passo é conduzir o cliente para um novo olhar a respeito da objeção. Se o cliente falou de preço, faça-o olhar para a qualidade. Isso abre novas possibilidades e reduz a objeção. Finalmente, o vendedor deve concluir o assunto e a venda. Faz isso flexibilizando, se tiver margem, ou estabelecendo um compromisso pessoal com o cliente.

Motivação final: desenvolva a técnica do CCC, contorne suas objeções.

PodCast 165: contornando objeções

Gancho: vendedor, você sabe como lidar com as objeções?

Texto da dica: quando uma objeção é apresentada pelo cliente, não podemos ignorar, bloquear, furar, passar por cima ou quebrar. Isso atrapalha a venda. Objeções são falas, preocupações, dúvidas e argumentos dos clientes. Se quebrar uma objeção, estamos quebrando as falas ou os argumentos dos nossos clientes. Estamos desvalorizando o que eles estão falando, consequentemente, desvalorizando os clientes. Objeções são obstáculos que o cliente apresenta para evitar de tomar a decisão da compra. Elas aparecem quando o cliente está pensando em decidir. Para lidar bem com as objeções, o certo é contornar.

Motivação final: contorne qualquer objeção.

PodCast 315: mapeie suas objeções

Gancho: você está preparado para as objeções?

Texto da dica: objeções são bons sinais de compra. Um cliente só tenta bloquear uma venda ao perceber que está perto de acontecer. As objeções aparecem no momento em que precisam ser contornadas para dar continuidade ao processo. As objeções se repetem nos vários processos de venda. O bom vendedor deve estar preparado para a aparição das objeções, por isso deve mapear as objeções. Isso significa redigir uma lista com elas e preparar seus contornos com antecedência.

Motivação final: quando as objeções aparecerem, é só contornar para continuar o processo e fechar a venda.

PodCast 42: colecione objeções

Gancho: vendedor, que objeções você recebe?

Texto da dica: objeções são sinais de que o fechamento da venda está próximo. Para contorná-las, usamos a técnica do CCC. Mas a preparação é fundamental. Do mesmo modo que os jogadores de futebol ensaiam as jogadas ou os dançarinos ensaiam seus passos, os vendedores também devem estar preparados e ensaiar suas formas de contornar as objeções. Faça uma lista de todas as objeções que recebe. Escreva a forma de contornar cada uma delas com a técnica do CCC. Sempre que surgir uma nova objeção, acrescente na sua lista.

Motivação final: vendedor, esteja sempre preparado para ganhar o jogo e dar seu *show*.

PodCast 164: objeções o incomodam?

Gancho: você se incomoda quando o cliente apresenta objeções?

Texto da dica: incomoda? Não deveria. Objeções são obstáculos que o cliente apresenta para evitar de tomar a decisão da compra. São resistências à tomada de decisão. Elas fazem parte do processo de venda, porque as pessoas são resistentes a novas ideias, resistem à mudança de padrões e do *status quo*, porque naturalmente resistem a comprar. Finalmente, objeções aparecem porque as pessoas resistem à ideia de perder o poder. Enquanto a pessoa não decidiu, ela tem o poder da escolha. Ao decidir, perdeu o poder.

Motivação final: vendedor, a objeção só aparece quando a pessoa está considerando decidir pela compra.

PodCast 167: sofrimento com objeções

Gancho: vendedor, você sofre por causa das objeções?

Texto da dica: não precisa. As objeções são obstáculos que o cliente apresenta para evitar de tomar a decisão da compra. Indicam que o cliente está perto de decidir. Fazem parte do processo de venda. Não importa o quanto seu produto é espetacular, ou quanto seu serviço é brilhante e necessário para o cliente, as objeções aparecem. Elas são naturais. Não precisa sofrer, basta pegar caneta e papel, fazer uma lista com todas as objeções e contornar uma a uma. Use a técnica do CCC apresentada nos *PodCast*s 41 e 166.

Motivação final: vendedor, colecione suas objeções e use a técnica do CCC em todas elas.

PodCast 168: não leve objeções para o lado pessoal

Gancho: vendedor, você já pensou que a objeção foi uma ofensa pessoal?

Texto da dica: se sim, não deveria. Objeções são ocorrências naturais do processo de venda e no raciocínio dos compradores. Longe de ser um ataque pessoal ao vendedor, na verdade, as objeções são só o pensamento do cliente em voz alta. Ele está considerando a compra, a utilização do seu produto ou do seu serviço e como será afetado. Ele está avaliando os prós e os contras, para tomar a decisão e está bem perto de efetivar a compra. Não fique na defensiva, ansioso ou impaciente. É tudo normal e como deve ser, basta ter calma e contornar.

Motivação final: vendedor, use a técnica do CCC sempre que uma objeção aparecer.

PodCast 169: objeções não reveladas

Gancho: você procura por objeções não reveladas?

Texto da dica: objeções indicam que o cliente está perto de decidir pela compra. No entanto, existem alguns clientes que, por receio, vergonha, insegurança ou medo, evitam revelar suas objeções. As objeções muitas vezes derivam da falta de compreensão acerca do produto ou do serviço do vendedor. Se o cliente não falar, ele pode não entender plenamente os argumentos e o produto, ficará inseguro e não realizará a compra. É preciso fazê-lo falar usando perguntas apropriadas ao cliente, ao seu momento do processo de venda e ao seu nível de relacionamento com ele. Se for necessário, pergunte: "O que o impede de realizar a compra?".

Motivação final: quando a objeção for apresentada, é só contornar para fechar a venda.

PodCast 170: objeções frequentes

Gancho: você já se deparou com objeções frequentes?

Texto da dica: objeções frequentes são objeções que aparecem em várias negociações de vendas diferentes. As objeções frequentes sinalizam características ou benefícios esperados pelos clientes, mas não enxergados ou não percebidos. Quando elas aparecerem, volte para a empresa e revise as características do seu produto. Revise também todos os benefícios gerados para os clientes e a forma que você apresenta tudo isso nos seus processos de venda. Pode ser que o produto já ofereça o que o cliente quer, basta você ajustar apenas a forma de apresentar.

Motivação final: se você não identificar a característica esperada no seu produto e não conseguir evitar o aparecimento da objeção, não se estresse. É só continuar a contornar com o CCC.

PodCast 319: objeções frequentes II

Gancho: você sabe o que são objeções frequentes?

Texto da dica: objeções frequentes são aquelas objeções que aparecem repetidamente em vários processos de vendas diferentes. As objeções frequentes indicam que existe alguma característica esperada no seu produto que os clientes não estão percebendo. Por exemplo: se em vários processos de vendas diferentes "está caro!" é uma objeção frequente, isso pode indicar que o preço de oferta de seu produto pode mesmo estar caro para seus clientes. Se isso estiver acontecendo com você, existem três caminhos: o primeiro é reduzir o preço se tiver margem; o segundo é buscar outro mercado-alvo; o terceiro é continuar a contornar essa objeção com a técnica do CCC sempre que ela aparecer.

Motivação final: contorne as objeções frequentes e venda mais.

PodCast 171: objeções permanentes

Gancho: você já se deparou com objeções permanentes?

Texto da dica: objeções permanentes são aquelas que aparecem e retornam na mesma negociação. Voltam mesmo após serem contornadas. As objeções permanentes sinalizam que pode haver outra objeção mais forte e oculta por trás. Uma objeção que o cliente está inseguro de revelar. Pode ser que ele esteja com medo, vergonha ou sem jeito. Muitas vezes as objeções permanentes escondem objeções ligadas a assuntos pessoais. Quando você perceber que a objeção retorna à mesma negociação, fique calmo e pergunte para o cliente: "Ok, entendi, mas fora isso, você compraria?".

Motivação final: o cliente vai revelar a real objeção, você contorna com a técnica do CCC e fecha a venda.

PodCast 320: objeções permanentes II

Gancho: sabe o que são objeções permanentes?

Texto da dica: objeções permanentes são objeções que retornam em uma mesma negociação de vendas, mesmo após serem contornadas com a técnica do CCC. Quando uma objeção retorna, indica que deve haver outra objeção mais forte e oculta por trás dela que o cliente não está querendo dizer. Possivelmente uma objeção de caráter pessoal. Quando uma objeção aparecer novamente, em vez de contornar, pergunte: "Ok, mas fora isso, você compraria o produto?". Após essa pergunta, o cliente vai declarar a verdadeira objeção. Aí é só contornar com a técnica do CCC para continuar o processo e fechar mais uma venda.

Motivação final: venda mais. Venda melhor. Sucesso!

PodCast 172: objeções e contra-objeções

Gancho: você sabe o que são contra-objeções?

Texto da dica: contra-objeções são contra-argumentos de objeções previamente estudadas para apresentar aos clientes. O objetivo das contra-objeções é conduzir o cliente a olhar as objeções por uma perspectiva diferente e mais atraente ao vendedor e ao fechamento da venda. Quando o cliente apresenta uma objeção ligada ao preço, a contra-objeção pode ser a qualidade. Quando ele fala de pouca quantidade, a contra-objeção pode ser preciosidade. Quando ele fala de demora, a contra-objeção pode ser cuidado.

Motivação final: ter as contra-objeções preparadas e escolhidas é fator importante para contornar bem as objeções no momento da venda.

PodCast 173: objeções para argumentar

Gancho: você usa objeções para orientar o seu discurso de venda?

Texto da dica: objeções são indicações dos clientes de fatores importantes, preocupações, dúvidas, medos ou de falta de compreensão sobre algo dos seus produtos. Quando elas aparecem, devem ser contornadas. No entanto, é argumento valioso falar das objeções e contorná-las antes do cliente apresentar. Isso mostra que você está alinhado e sensível às possíveis preocupações do cliente. Mostra ainda honestidade, transparência e verdade. Quando você fala de prováveis objeções antes dos clientes, você reduz muito os obstáculos para fechar suas vendas.

Motivação final: tenha coragem e, no próximo discurso de venda, fale de possíveis objeções antes do cliente.

PodCast 318: objeções para argumentar II

CAPÍTULO 8: CONCLUSÃO DA VENDA

Gancho: você sabia que objeções contornadas são excelentes argumentos de venda?

Texto da dica: objeções são obstáculos que o cliente apresenta para paralisar o processo de venda. São como obstáculos reais ou imaginários apresentados. Um vendedor experiente, que conhece as objeções que serão apresentadas, declara-as e contorna-as com a técnica do CCC antes do cliente. Isso faz o cliente sentir que o vendedor está sensível às inseguranças, dúvidas e receios. Um vendedor que age assim mostra profundo conhecimento, transparência e empatia para o cliente. Sua credibilidade se eleva e o interesse do cliente pelo produto também aumenta.

Motivação final: experimente, vendedor. Quando for argumentar sobre os benefícios do seu produto, inclua as objeções e os contornos com a técnica do CCC.

PodCast 174: objeções para abordar

Gancho: você sabe que pode usar objeções para abordar clientes?

Texto da dica: objeções são obstáculos que o cliente apresenta para evitar decidir pela compra de um produto. Entretanto, você pode usar objeções para fazer uma abordagem, para iniciar a conversa com seu cliente. Para isso, pense na objeção mais frequente nos seus processos de venda. Prepare o seu contorno previamente. Quando estiver na frente do seu cliente, revele a objeção dizendo: "Imagino que o senhor possa estar pensando que meu produto é...". Aí você fala da objeção e já faz, em seguida, o contorno apropriado. Isso chama a atenção e mostra que você entende e é sensível às expectativas do cliente.

Motivação final: experimente! Use objeções para abordar.

PodCast 198: revelar objeções

Gancho: vendedor, você busca por objeções ou é daqueles que torce para elas não aparecerem?

Texto da dica: revelar objeções é importante para compreender o que pode impedir o fechamento da venda. Muitos vendedores têm medo das objeções, mas a verdade é que, quando elas aparecerem, é só contorná-las. Se não as revelarmos, ficamos bloqueados. Vendedores de sucesso provocam a revelação das objeções na fase da investigação. Algumas objeções típicas estão ligadas ao desafio de mudar de fornecedor, a crença de que é melhor fazer internamente ao receio de estourar o orçamento ou as dúvidas quanto à qualidade.

Motivação final: revele rápido as objeções, contorne e caminhe para o fechamento da sua venda.

PodCast 317: objeções para abordar

Gancho: você sabia que é possível usar objeções para abordar clientes?

Texto da dica: objeções são obstáculos que os clientes declaram para evitar a continuidade do processo de vendas. Geralmente elas aparecem na fase de conclusão próxima ao fechamento da venda. No entanto, um vendedor experiente pode usá-la no início do processo de vendas, no momento da abordagem. Para isso, pense na objeção típica que você ouve de clientes parecidos com o cliente que será abordado. Inicie uma fala declarando a objeção e continue com a técnica de contorno CCC. A objeção vai chamar a atenção do cliente porque é um pensamento típico. O contorno criará conexão e dará segurança.

Motivação final: experimente!

PARTE 4: FECHAMENTO

Pronto para fechar a venda?
Vendedores existem para fechar vendas e são medidos pelos números desses fechamentos que realizam.

Sr. Amilcar é um vendedor esforçado, dedicado e persistente. Conhece bem as fases e o processo da venda. Ele prospecta muito bem. Identifica o público-alvo claramente, ativa e cuida de seus veículos de prospecção e sempre bate as metas trazendo os cadastros de clientes solicitados. Faz abordagens acolhedoras. O cliente verdadeiramente se abre. Suas necessidades e desejos são levantados com precisão e empatia. A proposta de valor de Sr. Amilcar é encantadora e surpreendente. O cliente se apaixona. Negocia bem. Usa suas estratégias e suas táticas com frequência. Tem todas as objeções listadas e contorna-as com perfeição. A única coisa que Sr. Amilcar não consegue fazer é fechar a venda. Ele perde o cliente neste momento. Sr. Amilcar é um péssimo vendedor.

Diferentemente do senso comum que muitos podem ter, uma venda não é fechada pelo cliente, é fechada pelo vendedor. Por isso é fundamental atenção, sensibilidade e foco nas oportunidades. O vendedor precisa lançar mão de indicadores, alavancas, gatilhos e motivadores de vendas e táticas de fechamento. O cliente percebe essas indicações e avança no processo de vendas seguindo o vendedor.

Mas não se iluda. Não existe uma hora definida e definitiva para fechar a venda. Como também não existe um método infalível para isso acontecer.

CAPÍTULO 8: CONCLUSÃO DA VENDA

A venda é o convencimento da realização de uma troca, em que as partes precisam ficar satisfeitas. Então, as decisões dos dois são importantes e respeitadas. O vendedor conduz o comprador, indica o momento, lança mão de tática, porém o cliente pode ou não seguir.

É importante que a venda esteja em condições de ser fechada. O vendedor precisa estar preparado e ter todas as condições de ultimação disponíveis. Nem sei quantas vezes já observei vendedores perdendo vendas por não estarem preparados suficientemente. Já vi vendedores perdendo vendas por não terem a máquina de recebimento em cartão disponível, o contrato preparado para a assinatura, informações sobe a quantidade de itens no estoque ou por não terem uma simples caneta. É interessante que o vendedor prepare uma lista com os itens necessários para a ultimação e, sempre que sair para vender, cheque sua lista e verifique se está realmente completa.

Quando uma venda não é fechada, ela é perdida, porém o contato não pode se perder. A venda pode ser retomada em um futuro próximo com o mesmo cliente. Talvez as condições estipuladas para a troca não tenham sido atendidas no momento, contudo podem ser atendidas no futuro. O vendedor deve, então, manter o contato do cliente e um bom relacionamento. Um novo dia nascerá e uma nova venda aparecerá.

PodCast 321: o fechamento da venda

Gancho: quem fecha a venda, o cliente ou o vendedor?
Texto da dica: é o vendedor que deve fechar a venda. É sua obrigação estar o tempo todo atento e oferecer oportunidades que indiquem ao cliente o fechamento da venda. O fechamento é o momento culminante do processo de venda. O vendedor existe para vender e é medido pelo número de fechamento de vendas que realiza. Não existe uma regra ou uma fórmula que determine a melhor hora para encerrar uma venda. Isso depende do ritmo e da necessidade do cliente. É importante que o vendedor tenha ao seu dispor um leque de táticas e gatilhos para motivar o cliente a fechar mais uma venda.
Motivação final: vendedor, feche suas vendas.

PodCast 322: pedir o fechamento

Gancho: Você sabia que mais da metade das negociações de vendas terminam sem que o vendedor tente o fechamento?

Texto da dica: parece incrível, entretanto o vendedor geralmente fica esperando o cliente comprar. Muitas vendas são perdidas assim. A tendência é o cliente evitar a compra, por mais que tenha gostado dos produtos e das condições. Ele não quer perder o poder de escolha. Enquanto o cliente não escolheu, é com ele que está o poder da escolha. Quando ele escolhe, perdeu o poder, por isso evita escolher. É papel do vendedor convidar, pedir o fechamento da venda e fazer isso de várias formas diferentes para que o cliente se sinta convencido e aceite o fechamento. A maioria das vendas são fechadas só após cinco tentativas do vendedor.

Motivação final: vendedor, esteja preparado para pedir.

PodCast 29: convite ao fechamento

Gancho: você sabe qual é a ação mais importante de tudo que o vendedor faz? Convidar o cliente a comprar.

Texto da dica: parece óbvio, não é? Mas 50% de todas as negociações param sem que haja um convite para a conclusão. Um convite do vendedor para o cliente fechar a venda.

Vendedor, use táticas como "fechamento direto", "convite", "escolha do cliente", "fechamento diretivo", "devolução da questão", "ferir e curar" ou até "o que o impede?". Nunca deixe de convidar o cliente para fechar a venda. Insista, tente, tenha coragem, nunca perca a oportunidade.

Motivação final: convide mais vezes seu cliente para a compra. Venda mais.

PodCast 137: busque o fechamento da venda

Gancho: quando você está vendendo, busca o fechamento?

Texto da dica: parece óbvio, porém mais da metade das vendas fracassam simplesmente porque o vendedor não tentou fechar a venda. Quem fecha uma venda é o vendedor, não o comprador. O vendedor deve convidar o cliente para a compra seguidamente. Brian Tracy, um renomado consultor internacional de vendas, diz que pelo menos cinco vezes em cada venda você deve tentar fechar a venda. Então, sempre que terminar uma proposta, imediatamente diga como comprar. Quando você for flexível nas condições de pagamento ou na entrega, convide para a compra em seguida. Quando contornar cada objeção, tente fechar a venda novamente. No final da negociação, tente o fechamento de duas ou três formas diferentes.

Motivação final: busque o fechamento ao menos cinco vezes em cada venda.

PodCast 267: clientes referências

Gancho: você sabe o que são clientes referências?

CAPÍTULO 8: CONCLUSÃO DA VENDA

Texto da dica: clientes referências são empresas de notório reconhecimento na região em que você vende. São empresas reconhecidas pela qualidade de seus produtos, pela quantidade de produção, pelos trabalhadores motivados, pelo tempo de existência, pelo tamanho de suas instalações. São empresas que se destacam. Fechar uma venda com empresas desse tipo ajuda no fechamento de outras vendas futuras. Muitos dos seus clientes se sentem inspirados pelo exemplo. Quando você diz que tem esse cliente de referência, passa segurança e credibilidade.

Motivação final: então, para a conquista de alguns clientes referências, vale a pena uma redução da margem ou da comissão.

PodCast 323: a prontidão para o fechamento

Gancho: você está pronto para fechar suas vendas?

Texto da dica: um vendedor, quando começa a fazer a demonstração dos seus produtos, precisa estar pronto para fechar a venda. Isso parece óbvio, mas é comum ver vendedores que recebem o aceite dos clientes e só aí vão pensar no contrato, na forma de recebimento, no troco do caixa, no estoque, no prazo de entrega. Quando o vendedor não consegue confirmar o que foi fechado, sua credibilidade arrebenta e essa e outras vendas são perdidas. Mesmo que ele consiga confirmar o combinado, demora para responder, muitas objeções podem ser criadas e a venda fica em sério risco de não ser realizada. Para isso não acontecer, um vendedor só pode iniciar a fase de demonstração se estiver pronto para o fechamento da venda. Se não estiver, é melhor deixar o cliente na expectativa e marcar outra reunião para a demonstração.

Motivação final: não desperdice vendas. Venda mais. Venda melhor. Sucesso!

PodCast 141: sinais de compra

Gancho: você conhece os sinais de compra?

Texto da dica: quando o cliente está pronto para comprar, ele dá alguns sinais de receptividade que um vendedor experiente consegue identificar e assim fazer o fechamento da venda. Alguns sinais são: expressões faciais positivas, acenos afirmativos com a cabeça, perguntas já considerando que é dono do produto, linguagem corporal amistosa, reconhecimento do valor do produto, linguagem de transição de resistência para aceitação, objeções reais ou imaginárias. Quando o cliente apresentar esses sinais, é hora de aplicar as táticas de fechamento da venda.

Motivação final: estude táticas de fechamento de venda, tenha as táticas prontas para o momento que identificar os sinais de compra de seu cliente.

PodCast 324: os sinais de compra II

Gancho: você consegue identificar os sinais do cliente para fechar a venda?

Texto da dica: é comum o cliente indicar que quer fechar a venda por meio de sinais. O vendedor precisa estar atento aos sinais de compra e oferecer oportunidade que permita esse fechamento. Alguns sinais de compra frequentes são: expressões faciais positivas, movimentos afirmativos com a cabeça, perguntas já considerando que é dono do produto, linguagem corporal amistosa, reconhecimento do valor do produto, mudança de fala, de resistência para aceitação, objeções reais ou imaginárias, silêncio. Quando você perceber algum desses sinais, tente uma das táticas de fechamento de venda.

Motivação final: identifique os sinais de compra de seus clientes e venda mais.

PodCast 325: a tática do fechamento direto

Gancho: você conhece a tática do fechamento direto de vendas?

Texto da dica: é uma tática que muitos vendedores têm insegurança em usar, entretanto é extremamente eficiente. Quando você perceber um sinal de compra do cliente, simplesmente incide o processo de fechamento da venda sem pedir qualquer autorização. Por exemplo: se o fechamento da sua venda se der no caixa, comece a andar nessa direção para ver se o cliente o acompanha. Se o fechamento de venda se der com um contrato, comece a preencher para ver se o cliente permite. Se o cliente o acompanhar ao caixa ou permitir que você preencha o contrato, a venda está fechada. Se ele não permitir, é só perguntar o que está impedindo. Nesse caso, ele vai apresentar uma objeção. Aí é só contornar com a técnica do CCC e fechar mais uma venda.

Motivação final: use a tática do fechamento direto.

PodCast 326: a tática do fechamento diretivo

Gancho: você conhece a tática do fechamento diretivo?

Texto da dica: para quem acha a tática do fechamento direto muito direta, a tática do fechamento diretivo é ideal. Nessa tática, quando o vendedor identifica algum sinal de compra, faz algumas perguntas de checagem e confirmação, como: "Até aqui está tudo confortável e bem compreendido?", "Ficou alguma dúvida?", "Existe algo que você gostaria que eu explicasse novamente?". Se o cliente responder *não* a essas perguntas, a venda está fechada. Então, é só partir para o fechamento direto.

Motivação final: o fechamento diretivo é uma tática ótima de evoluir suavemente para fechar suas vendas.

PodCast 327: A tática da escolha do cliente

Gancho: você conhece a tática de fechamento da escolha do cliente?

Texto da dica: nessa tática, o vendedor dá ao cliente uma escolha cuja qualquer possibilidade indique o fechamento da venda. Por exemplo, ele diz para o cliente: "O senhor vai levar o modelo azul ou o vermelho?", "O senhor gostaria de receber no dia 10 ou no dia 15?" ou "O senhor prefere pagar com cartão de crédito ou de débito?". Se o cliente disser que prefere cartão de crédito, a venda está fechada. Se disser cartão de débito, também. Vendedor, crie para seu cliente uma escolha em que as duas possibilidades indicam o fechamento da venda.

Motivação final: use a tática da escolha do cliente.

PodCast 328: a tática do ponto insignificante

Gancho: você conhece a tática do fechamento de venda do ponto insignificante?

Texto da dica: ponto insignificante é ótima tática de fechamento de vendas e ainda pouco usada pelos vendedores. Pense em uma ação insignificante para você, no momento da entrega do seu produto. Pode ser: ligar para o cliente quando o produto estiver saindo da empresa, embrulhar o produto pessoalmente ou até fazer uma visita assim que o produto estiver iniciando o uso. Pergunte para o cliente se ele deseja essa ação do vendedor. Se o cliente disser que faz questão, é só fazer o agendamento. Se ele concordou, a venda está fechada. Se disser que não faz questão ou não precisa fazer o agendamento, a venda está fechada da mesma maneira.

Motivação final: experimente! Crie uma ação insignificante para fechar suas vendas com mais facilidade.

PodCast 329: a tática do convite

Gancho: você conhece a tática do fechamento de vendas por convite?

Texto da dica: A tática do convite é para quem inicia na carreira de vendas ou na empresa e ainda está inseguro com a qualidade, mercado ou com os produtos que vende. A tática do convite é muito suave, transmite humildade e é fácil de ser usada, mas eu particularmente evito, porque o cliente pode recusar e dizer não. Nessa tática, o vendedor convida o cliente a comprar o produto. Ele diz ao cliente: "Que tal experimentar nosso produto este mês?". Se o cliente aceitar o convite, a venda está fechada.

Motivação final: no início, se estiver inseguro, use o convite.

PodCast 330: a tática do resumo de benefícios

Gancho: você já usou a tática do resumo de benefícios para fechar vendas?

Texto da dica: resumo de benefícios é uma tática em que a demonstração do seu produto é praticamente repetida para fechar a venda. Entretanto, é repetida no final do processo, no momento em que o vendedor sabe melhor o que o cliente valcrizou, o que encantou e quais foram as objeções. É uma repetição com mais valor para o cliente. Então, faça um resumo do que foi dito com foco nos benefícios para o cliente. Inclua os contornos e as conclusões de cada objeção apresentada. Informe como fechar a venda e começar a receber sua solução.

Motivação final: preste atenção no que o cliente está valorizando, use o resumo de benefícios.

PodCast 331: a tática da devolução da questão

Gancho: você já reparou que muitas vezes o cliente faz algumas perguntas como se já estivesse fechada a venda? Algumas perguntas como: "Quando recebo o produto? Qual o dia do pagamento? Como é o treinamento para o uso?".

Texto da dica: a pior coisa que o vendedor pode fazer é responder a uma questão dessas. A resposta pode ser provocadora de uma objeção, se não for o que o cliente esperava. O correto é sempre devolver a questão para o cliente. Então, quando o cliente perguntar "Quando recebo o produto?", o vendedor deve devolver perguntando "Quando você gostaria de receber?".

Motivação final: a resposta do cliente é um fechamento claro de venda. Experimente!

PodCast 332: a tática de prós e contras

Gancho: comprar seu produto tem mais prós ou contras?

Texto da dica: com certeza, deve ter mais prós do que contras. Os contras de comprar um produto têm relação com o aprendizado para uso, os desafios de instalação ou o preço pago por ele. Os prós são vários benefícios que o cliente receberá sendo o proprietário do seu produto. Então, para fechar sua venda, faça uma lista com seu cliente dos prós e contras. Mostre para ele que seu produto apresenta mais prós.

Motivação final: apresente e deixe claro que vale a pena adquirir seu produto.

PodCast 333: a tática do o que te impede

Gancho: você conhece a tática de fechamento de vendas "O que te impede?".

CAPÍTULO 8: CONCLUSÃO DA VENDA

Texto da dica: "o que te impede?" é, talvez, a mais poderosa tática de fechamento de vendas. Nessa tática, quando o cliente pedir um tempo ou tiver recusado outra tática de fechamento, o vendedor deve perguntar para o cliente: "o que te impede de fechar a venda?". Quando o cliente disser o que impede, o vendedor perceberá que a única coisa que impede alguém de fechar uma venda é uma objeção. Com a objeção apresentada, é só o vendedor contornar com a técnica do CCC e fechar mais uma venda.

Motivação final: experimente! Pergunte "o que te impede?".

PodCast 334: a tática do ferir e curar

Gancho: sabe quando o cliente diz para você que não vai fechar agora porque precisa falar com o chefe, com a esposa ou precisa pensar um pouco? Sabe aquele momento quando você percebe que o cliente tenta postergar a decisão?

Texto da dica: esse é um excelente momento para usar a tática do *ferir* e *curar*. Comece ferindo o cliente contando uma história de alguém que pediu a mesma coisa para você no passado e se deu mal por causa disso, pois acabou pagando mais caro ou ficando sem o produto. Em seguida, diga como você pode ajudar o cliente a evitar esse dissabor. Você pode, por exemplo, segurar o pedido, dilatar o prazo de pagamento ou trocar o item. Isso é a cura.

Motivação final: esse contraste de ferimento e cura ajuda a fechar a venda.

PodCast 335: motivadores de fechamento

Gancho: você sabe o que motiva e ajuda seu cliente a fechar a venda?

Texto da dica: é importante que um vendedor dê segurança e gere uma expectativa de alta satisfação para motivar o cliente a fechar a venda. O vendedor motiva o cliente quando diz que muita gente está comprando e que todos estão satisfeitos. Motiva também quando coloca o cliente em situação de urgência e usa a escassez. O cliente também se motiva quando é oferecido algo antes de tentar o fechamento e o vendedor explica o aprendizado com a experiência de uso do produto. Existem alguns clientes ainda detalhistas que se motivam quando o vendedor fragmenta o processo de compra fechando as vendas item a item.

Motivação final: aprenda a motivar seu cliente para fechar mais vendas.

PodCast 12: gatilho de fechamento de venda

Gancho: você sabe o que é gatilho de fechamento de venda? Você sabe que quem fecha a venda é o vendedor e não o comprador?

Texto da dica: o gatilho de fechamento é uma fala, uma ação, um gesto, uma provocação ou um acontecimento que o vendedor realiza para fechar a venda. Os vendedores que querem vender muito precisam conhecer vários e variados gatilhos para fechar mais vendas.

Motivação final: use essa estratégia para vender mais.

PodCast 13: escolha do cliente

Gancho: existem vários gatilhos de fechamento de vendas, que são ações ou falas que o vendedor apresenta para provocar o cliente e fechar a venda. Vou ajudá-lo a fugir da pergunta **"Vamos fechar?"**. Vou ensinar sobre um gatilho eficaz que é **"a escolha do cliente"**.

Texto da dica: para fechar a venda, o vendedor apresenta duas opções para o cliente, sendo que as duas definem o fechamento da venda. Por exemplo, na hora do fechamento, o vendedor pergunta: "o senhor prefere pagar com cartão de crédito ou de débito?". Qualquer uma das escolhas define uma venda fechada.

Motivação final: use essa técnica para fechar a venda.

PodCast 14: devolução da questão

Gancho: um gatilho de fechamento poderoso é **"a devolução da questão"**.

Texto da dica: você já percebeu que algumas vezes, depois que fez a oferta e falou do seu preço, o cliente faz perguntas já considerando que comprou. Ele pergunta coisas sobre a entrega, sobre o uso, sobre a qualidade, sobre a satisfação de clientes.

Esses tipos de pergunta você nunca deve responder, deve devolver a questão. Então, quando o cliente perguntar: "quando entrega?", você deve devolver a questão perguntando: **"quando o senhor quer receber?"**.

Motivação final: experimente! Devolva essas questões e feche mais vendas.

PodCast 15: fechamento direto

Gancho: esse é mais um *PodCast* sobre gatilhos de fechamento de venda, especificamente sobre o **"fechamento direto"**.

Texto da dica: sabe aquele momento da venda quando o cliente fica em silêncio olhando para você ou para o produto. Geralmente esse momento acontece quando você acabou de fazer a oferta ou quando contornou uma objeção. Nesse momento seu cliente está procurando outra objeção, outro motivo para não comprar, está em silêncio porque não está achando o produto desejado. Esse é o momento ideal para aplicar o fechamento direto. Você simplesmente começa a preencher o contrato ou embrulhar o produto. O cliente verá o que você está fazendo e, se ele não interromper, a venda está fechada.

Motivação final: vendedor, quando o cliente ficar em silêncio, tente o fechamento direto. Você vai se impressionar.

PodCast 16: gatilho da prestação de serviços

Gancho: uma ação que também é um poderoso gatilho de fechamento de venda é a "**prestação de serviços**".

Texto da dica: nós somos seres vivendo em sociedade. Nessa convivência algumas leis são impostas e praticadas instintivamente. Uma delas é a lei da reciprocidade. Quando alguém faz algo para nós, sentimos uma vontade enorme em retribuir. Então, vendedor, para motivar seu cliente e fechar a venda, faça algo para ele, faça um favor, preste um serviço. Você perceberá como seu cliente vai retribuir. Os vendedores de sapato sabem disso, por esse motivo ficam trazendo um monte de caixas.

Motivação final: use esse poderoso gatilho e feche mais vendas.

PodCast 20: gatilho da garantia de qualidade

Gancho: a "**garantia de qualidade**" é um gatilho poderoso, talvez o mais poderoso.

Texto da dica: alguns vendedores vão fugir desse gatilho. Mas se você acredita realmente no seu produto, na sua empresa, principalmente em você e no seu trabalho, use que dá muito resultado. Garanta que seu cliente fique satisfeito com a compra. Garanta a qualidade, o uso, o resultado ou você devolve o investimento de volta.

Motivação final: garantia de satisfação ou o dinheiro de volta. Poderoso gatilho de fechamento de venda.

PodCast 17: gatilho presentes

Gancho: quando o cliente recebe um mimo, ele também fica motivado a retribuir.

Texto da dica: outra forma de ativar a lei da reciprocidade é oferecer pequenos presentes. Coisas como brindes, canetas, chaveiros ou até mesmo um cafezinho. Então, vendedor, guarde aqueles brindes para dar ao cliente no momento do fechamento e perceba como dá resultado.

Motivação final: venda mais, venda melhor.

PodCast 21: gatilho da venda filhote

Gancho: você sabe qual a maneira mais fácil de vender um filhotinho?

É deixar com a criança por um dia para ver se ela gosta.

Texto da dica: essa é ótima forma de fechar vendas. Oferecendo *test drive*. Permitindo a entrada por sete dias. Deixando seu cliente usar seu produto por um mês ou convidando para degustações. Todas essas propostas são formas de fazer fechamentos de vendas. Permita ao cliente testar seu produto por algum tempo para saborear e perceber as vantagens em usá-lo. Isso aumenta a possibilidade de compra porque diminui as objeções e promove o desejo.

Motivação final: vendedor, se sua empresa permitir, ofereça os fechamentos de filhotes.

PodCast 160: prova social

Gancho: você já ouviu falar de prova social na hora de vender?

Texto da dica: as pessoas tendem a fazer algo que as outras também estão fazendo. Esse é o conceito de prova social, também conhecido como efeito manada. Na hora de vender, use depoimentos de clientes satisfeitos, histórias de sucesso, estatísticas e testemunhos de compra e de uso. Quando for vender para um grupo de pessoas, uma única venda tem o poder de alavancar outras na sequência. A prova social, além de atrair pessoas para a venda, melhora o nível de confiança e a credibilidade de um produto ou de um profissional.

Motivação final: vendedor, use a prova social.

PodCast 336: deixar o cliente vencer

Gancho: você já deixou seu cliente vencer uma negociação?

Texto da dica: deixar o cliente vencer a negociação é um excelente motivador de fechamento de venda. Para isso, tenha claro seus limites e resista um pouco em ceder às solicitações do cliente. Mantenha-se um pouco duro e resistente na negociação. Quando perceber o desejo do cliente aumentar e ele começar a desafiar e a condicionar a compra e a satisfação de suas solicitações, declare-o como vencedor, dê os parabéns e forneça o contrato para assinatura e fechamento da venda. Cuidado! Depois de dizer que ele venceu, é importante que a venda seja imediatamente fechada. Não permita que tente continuar no jogo tentando vencer novamente.

Motivação final: aprenda a motivar seu cliente para fechar mais vendas.

PodCast 18: "o que te impede?"

Gancho: tenha coragem e pergunte para seu cliente o que o impede de realizar a compra. Ele vai responder apresentando uma objeção. Sabendo a objeção, é só contornar para fechar mais uma venda.

Texto da dica: um ótimo gatilho de fechamento de vendas que você deve usar quando o cliente está enrolando para realizar a compra, está demorando demais ou o cliente já usou mais tempo que a média dos clientes é fazer a seguinte pergunta: "O que te impede?".

Motivação final: identifique as objeções de seus clientes para realizar mais vendas.

PodCast 132: fatores higiênicos e motivacionais

Gancho: você sabe o que são fatores higiênicos e motivacionais nas vendas?

Texto da dica: o psicólogo americano Herzberg desenvolveu a teoria dos dois fatores que podem influenciar positiva ou negativamente as decisões. De acordo com ele, existem os fatores higiênicos, aqueles que quando estão presentes não motivam, porém, na sua ausência, desmotivam a compra. Os fatores motivacionais, esses sim, quando presentes, ajudam na decisão da compra. Os vendedores devem fazer o possível para evitar a ausência dos fatores higiênicos como garantia dos produtos ou atendimento de qualidade, por exemplo. E ainda devem fornecer mais fatores motivacionais que motivem a compra, como acessórios adicionais ou promoções.

Motivação final: cuide dos fatores higiênicos como dos motivacionais. Feche mais vendas.

PodCast 135: processos psicológicos na decisão de compra

Gancho: você sabe que uma compra é influenciada por processos psicológicos?

Texto da dica: existem quatro processos psicológicos que influenciam o cliente no momento da compra. O primeiro é o motivacional: "qual o motivo da compra?". O segundo é a percepção: "quando o comprador selecionou, organizou e interpretou as informações relativas ao seu produto?". O terceiro é a aprendizagem: "o que o cliente sabe e conhece de seu produto e como pode se satisfazer com ele?". O último é a memória: "quais são as experiências que ele tem? Experiências boas ou ruins?".

Motivação final: entender esses processos psicológicos e influenciar positivamente pode ajudar nas suas vendas.

PodCast 148: momentos de compra dos clientes

Gancho: você sabe identificar os momentos de compra dos clientes dos concorrentes?

Texto da dica: são três os momentos de compra dos clientes. O primeiro momento é o *"status quo"*, em que o comprador está satisfeito com o atual fornecedor. O segundo é o **insatisfeito**, quando ele percebe que o atual fornecedor não satisfaz suas necessidades, mas ainda não está procurando alternativas. **Procurando** alternativas é o terceiro momento, quando o comprador já sabe que o atual fornecedor não atende as suas necessidades e começa a buscar alternativas.

Motivação final: o momento de compra de um cliente tem forte influência no preço que o comprador aceita pagar e na probabilidade de o vendedor fazer a venda. Se o vendedor abordar o cliente no momento insatisfeito, ele tem cinco vezes mais possibilidade de fechar a venda.

PodCast 104: o melhor momento para vender novamente

Gancho: você sabe qual o melhor momento para vender novamente para o mesmo cliente?

Texto da dica: o melhor momento de fazer uma nova venda é quando você acabou de fechar uma venda. Os clientes que acabam de comprar estão no momento mais receptivo para os produtos e serviços que você vende. Eles acabaram de compreender que você tem, sim, soluções interessantes para eles e as objeções apresentadas foram contornadas, portanto está com altíssima credibilidade. Esse é um momento perfeito para oferecer uma versão mais completa, acessórios interessantes ou uma assinatura mensal. É um ótimo momento também para você pedir indicações.

Motivação final: vendedor, aproveite a oportunidade de vender novamente.

60 GATILHOS DE FECHAMENTO DE VENDA

Gatilhos de fechamento de venda são também chamados de motivadores de fechamento. Que gatilhos você costuma usar para motivar os seus fechamentos?

A tomada de decisão para a realização de uma compra é emocional. Se não fosse assim, não compraríamos produtos que atrapalham nossa saúde, como cigarros, bebidas refrigerantes, veículos que nos colocam estatisticamente em altos riscos como, motocicletas, ou um segundo par de sapatos enquanto temos outro com possibilidade de uso.

CAPÍTULO 8: CONCLUSÃO DA VENDA

Então, sendo a compra uma decisão emocional, podemos usar maneiras de ativar e motivar as emoções dos nossos clientes para ajudar no fechamento das vendas. Isso é feito usando os motivadores ou gatilhos de fechamento de venda.

Esses gatilhos podem ser usados de maneira isolada, porém é a união deles que faz aumentar a força e o poder para levar ao fechamento de mais vendas. O vendedor deve escolher gatilhos durante seu processo de vendas sempre com cuidado, atenção no produto, no momento, no cliente ou no interesse revelado.

Segue uma lista de 60 gatilhos colecionados durante minha trajetória profissional.

1. **Ambiente:** o ambiente deve ser propício ao fechamento da venda. Deve conter evidências físicas que contribuam com a condução da emoção ideal para o fechamento. Essa emoção pode ser de segurança, no caso da venda de um plano de vida e previdência ou de comunidade, e família, no caso de venda de vagas em uma instituição de ensino. Então, para preparar um ambiente ideal para o fechamento de suas vendas, comece se perguntando qual emoção seria interessante estimular no seu cliente.

2. **Antecipação:** venda é uma ação realizada em um processo lógico e estruturado. Neste livro, apresentamos as fases do processo da venda. Nesse processo, a oferta tradicionalmente acontece no final da demonstração. Entretanto, o processo de vendas não precisa ser engessado e rigido o tempo todo. Podemos experimentar ofertar nosso produto em outros momentos, no início, junto à abordagem, por exemplo. Podemos abordar nosso cliente dizendo: "eu sei exatamente o que você está procurando e você vai levar para casa por menos de 99 reais". Isso, além de provocar um mistério, dá ao cliente segurança em saber quais os valores dos produtos que serão ofertados. Há alguns anos, o sucesso das lojas de 1,99 ocorreu com a utilização desse gatilho de antecipação.

3. **Aprendizado:** muita gente faz escolhas e tem preferências com base no que aprendera com a experiência. São aquelas pessoas que gostam de explicações sobre a receita nos restaurantes, as mesmas pessoas que desejam entender os detalhes mecânicos dos carros que estão comprando. Essas pessoas valorizam muito o aprendizado. Para elas,

dizer que a utilização do produto que comprarão pode trazer grandes experiências de aprendizados e entendimentos, ajuda no fechamento da venda. Experimente! Será instrutivo para você, vendedor.

4. **Associações:** alguns produtos podem ser mais aceitos quando vendidos junto a outros. Quando você compra um, imediatamente pensa no outro ou o vendedor ajuda a pensar. Você pode imaginar, por exemplo, uma loja de sapatos sociais masculinos. No momento em que você fecha a compra de um par de sapatos, é o momento ideal para você também fechar a compra de meias. Então, um fabricante de meias poderia se associar a vendedores de sapatos para vender mais.

5. **Atrair a atenção:** as pessoas são julgadas pela sua aparência. Dizem que, em apenas 7 segundos, esse julgamento é realizado. Não ser visto e não captar a atenção das pessoas pode dificultar seu sucesso, porque você nem é considerado como uma opção. Busque sempre a atenção das pessoas e nunca seja invisível na multidão. Faça isso sempre em harmonia com o produto que vende e com o público que deseja atender. Ajuda muito quando você é notado com um certo ar de mistério.

6. **Autoridade:** pessoas respeitam, seguem, dão maior credibilidade para autoridades. Colocar-se em uma posição de autoridade com ações prévias ou ações em tempo real ajuda a desenvolver uma sensação de segurança e fechar mais vendas. É por esse motivo que alguns profissionais colocam diplomas nas paredes do escritório e deixam revistas com suas entrevistas nas salas de recepção. Da mesma forma, vendedores devem também utilizar as mídias sociais e equipamentos como microfones e palcos.

7. **Avançar o processo:** como já disse algumas vezes neste livro, venda é um processo. É papel do vendedor ajudar o comprador a caminhar pelo processo mostrando os benefícios, dando segurança e contornando possíveis objeções apresentadas. O comprador muitas vezes tende a dificultar o prosseguimento do processo, apresentando objeções. O vendedor deve ter a compreensão de que, com o processo executado, a venda está fechada. Se o comprador apresentar a objeção, o vendedor deve contorná-la com a técnica do CCC. Mas se ela não for apresentada, o processo deve continuar e a venda deve ser fechada. Por esse motivo, é fundamental que o vendedor aja para avançar sempre no processo de venda.

CAPÍTULO 8: CONCLUSÃO DA VENDA

8. **Bom humor:** conte piadas. Um processo de venda é um relacionamento entre pessoas. Gostamos de nos relacionar com pessoas felizes, bem-humoradas e alegres. Gostamos de estar próximos dessas pessoas. Quando um vendedor busca fazer uma venda, ele está levando o melhor para seu cliente. Levar alegria e algumas risadas é parte desse melhor.

9. **Benefício chave:** um produto é comprado pela solução que ele traz e pelos benefícios que entrega junto à solução. Todo ramo de atividade tem alguns benefícios que são especiais, tem maiores destaques para os consumidores, são benefícios-chave. Como exemplo, podemos destacar a potência na compra de um carro popular ou o ambiente na escolha de um restaurante. Não se compra um carro popular só pensando na potência, como não se escolhe um restaurante só pensando no ambiente. Um carro popular é comprado pela relação custo-benefício, mas a potência é um benefício com grande relevância na escolha, um benefício-chave. Da mesma forma que escolhemos um restaurante pela comida, porém o ambiente também é um dos benefícios-chave. Pesquise e descubra quais são os benefícios-chave para seus clientes. Invista e melhore esses benefícios em relação aos seus concorrentes. Muitas compras acontecerão por meio do destaque desse benefício.

10. **Bonificação:** para motivar a compra, ofereça um bônus para os primeiros. Ofereça algo de valor, algo ligado ao seu produto, mas que seja um bônus para quem fechar primeiro. Isso ajuda no fechamento da venda, acelera o comprador.

11. **Canais de comunicação:** os seres humanos percebem o ambiente por três canais de comunicação: o visual, o auditivo e o cinestésico. Pessoas têm geralmente um canal ou outro mais prioritário para a comunicação. Então, para uma melhor compreensão e maior possibilidade no fechamento da venda, é importante que o vendedor faça uma comunicação mais ampla.

    a. O canal visual: o que o cliente prefere ver. Atenção às evidências físicas do seu escritório, com suas roupas, com suas amostras ou com seus materiais de apoio, tipo panfletos. Muito cuidado com o que escreve.

    b. O canal auditivo: o que o cliente prefere ouvir. Tenha uma fala semelhante à fala de seu cliente com relação à velocidade, ao estilo, ao tom e à altura da voz. Use *slogans*, metáforas e listas. Principalmente, fale como está ouvindo.

    c. O canal cinestésico: o que o cliente prefere tocar e sentir. Alguns clientes gostam muito de tocar, experimentar e sentir. Dê oportunidades para seus clientes. Ofereça modelos, degustações e deixe-os tocar para decidirem.

12. **Carisma:** busque compreender seus clientes e entender o que mais gostam. Exponha os comportamentos que gostam e se identificam. Sorrir e olhar nos olhos não custa dinheiro e ajuda nas vendas.

13. **Celebridade:** os seres humanos vivendo em sociedade valorizam as celebridades de seus grupos. Atribuem a elas maior credibilidade e respeito, sensações que ajudam nas vendas. Para aumentar seu reconhecimento social, realize ações para se tornar uma celebridade, como presidir grupos, organizar trabalhos solidários e dar entrevistas. Desenvolva um foco de atuação, atue por uma bandeira e por uma causa.

14. **Competição:** a competição é uma grande motivadora dos seres humanos. Nós costumamos competir uns com os outros desde crianças ou muito jovens. Colocar os clientes em competição para adquirir nossos produtos ajuda a vender. Para isso, quando você tem apenas um ou dois itens para vender, atenda três ou quatro clientes ao mesmo tempo. Isso provocará competição entre os clientes, beneficiando o vencedor e fechando facilmente a venda.

15. **Comprometimento e consistência:** mostre para seu cliente que a aquisição do seu produto é a decisão natural com base nas informações apresentadas e levantadas. Se seu cliente diz que quer um produto barato, com qualidade, alta durabilidade e maior rendimento, mostre que o certo é comprar seu produto, porque ele tem qualidade garantida e rende mais. Assim, vai durar mais e o cliente comprará menos vezes, torna-se o mais barato no tempo.

16. **Comunidade:** gostamos de fazer parte de grupos e comunidades. Esses grupos, quando têm destaque social por meio da promoção de eventos e atividades coletivas, deixa-nos ainda mais motivados em participar. Um vendedor pode usar isso para promover suas vendas, criando grupos e comunidades de pessoas que utilizam os produtos que vendem. Assim, outras pessoas vão querer entrar para essas comunidades, comprando os produtos para fazer parte.

CAPÍTULO 8: CONCLUSÃO DA VENDA

17. **Contraste:** antes de falar dos benefícios de quem usa os seus produtos, fale dos malefícios de quem não os usa. Mostre exemplos de clientes antes e após a utilização de sua solução. Conte histórias de pessoas que sofriam antes e deixaram de sofrer após a utilização.

18. **Contribuição:** crie e apresente contribuições a outras pessoas com a compra de seus produtos. Reverta parte do seu lucro para ONG's, crianças carentes ou outras atividades sociais. Construa parcerias com instituições sociais para produzirem parte de seus produtos. Trabalho com material reciclado e trabalho de pessoas presas ou refugiados. Mostre para seu cliente que, com a compra, os benefícios, além de serem próprios, se expandem para o social.

19. **Controle:** muitas pessoas precisam e se motivam quando estão no controle. Para atender essas pessoas, ofereça seu produto com a possibilidade de ajuste da satisfação até a entrega. Mostre que o cliente pode agir e contribuir para a sua completa satisfação. Mostre que ele pode controlar seus resultados.

20. *Countdown* **ou contagem regressiva:** uma contagem regressiva é uma sequência de contagem decrescente para indicar o tempo restante antes que um evento esteja programado para ocorrer. Informe seu cliente que o tempo passa e que a decisão de compra não tomada gerará prejuízos e diminuirá os benefícios. Apresente o relógio com a contagem reversa do tempo.

21. **Crença:** na hora de vender seu produto, fale a verdade, fale com o coração. Acredite no que você vende e nos reais benefícios que leva para seus clientes. Fale com paixão. Isso ajuda no fechamento da venda. A paixão é contagiante e motivadora. Um vendedor que fala com paixão do que está vendendo passa credibilidade e segurança.

22. **Desprendimento:** no momento de vender, passe a mensagem de que o fechamento do negócio gerará mais benefícios para o comprador que ficará com o produto do que para o vendedor que ficará com o dinheiro. Mostre que a realização do negócio é mais importante para os compradores do que para você, vendedor.

23. **Destaque social ou reconhecimento:** dê destaque e valorize as pessoas que aderiram à compra do seu produto perante o grupo em que ela está inserida. Quando estiver fazendo uma oferta para várias pessoas, destaque as primeiras pessoas a comprar. Isso vai ajudar a motivar as outras a comprar também.

24. **Deixar o cliente vencer:** quando o cliente insiste em um pedido de alguma flexibilidade de sua parte na negociação, crie inicialmente algumas dificuldades para aceitar. Mostre para o cliente alguma resistência e desafios. No final, diga que ele venceu e você aceitará as condições solicitadas. Conclua imediatamente a negociação, assine o contrato ou realize as suas atividades de ultimação de venda. Não perca tempo e não deixe o cliente querer vencer mais.

25. **Emoção:** como nos comerciais na TV, ative a emoção do seu cliente quando realiza a oferta. Conte histórias tristes ou faça piadas. Conte com a emoção para ajudá-lo a vender.

26. **Ensaio Mental:** faça as pessoas se imaginarem utilizando seus serviços. Se você vende treinamento, faça a pessoa se imaginar participando das atividades. Pergunte como ela se comportaria, que tipo de atividade realizaria, que tipo de pergunta faria, como se sentiria usando. Nosso cérebro não diferencia muito o que imaginamos do que realmente realizamos. Quando pedimos para o cliente fazer esse ensaio mental, imaginando-se utilizando nossos produtos, estará mais perto da decisão de compra.

27. **Escassez:** a escassez é o gatilho de venda mais usado, e ainda funciona. Para isso, devemos informar para o cliente que o que estamos oferecendo não é farto, mas sim é um item escasso. Logo acabará e o cliente pode ficar sem se não decidir e realizar rapidamente a compra.

28. **Especificidade:** quanto mais específica for sua solução, mais interessados seus clientes estarão. Pessoas gostam de se sentir reconhecidas e valorizadas. Quando oferecemos produtos e serviços diretamente focados às necessidades pessoais de nossos clientes, isso ajuda muito na velocidade e no interesse pela compra. Escolha nichos para se comunicar diretamente com eles.

29. **Evento:** evento é um acontecimento, uma ocasião, uma data especial. Faça sua oferta por meio de um evento especial, crie mais engajamento e conexão entre seus clientes. Entretanto, esses eventos devem ser escassos. Eventos frequentes perdem o destaque e o interesse.

30. **Envolva seu cliente na sua apresentação:** atraia o seu cliente como um parceiro na apresentação de sua oferta. Peça o auxílio dele. Peça para ele ajudá-lo passando os *slides* ou ajudando a montar seu equipamento. Isso traz o cliente para seu time, para sua equipe.

CAPÍTULO 8: CONCLUSÃO DA VENDA

Se for possível, permita que o cliente conduza toda sua apresentação. Quanto mais ele age sozinho, mais se sente parte ou até dono da ideia e do negócio.

31. **Fale menos que o necessário:** quando você busca impressionar as pessoas, falar muito é contraproducente. Se falar muito, parecerá comum e menos controle terá. É importante ser vago, deixando aspectos para a imaginação da outra pessoa completar. Quem fala pouco parece mais poderoso e intimida as pessoas com sua discrição.

32. **Foco:** faça sempre uma venda de cada vez. Concentre suas forças. Tenha foco. Nunca ataque múltiplos alvos ao mesmo tempo. A intensidade sempre vence a dispersão.

33. **Garantia:** vivemos em um mundo em que há possibilidade de troca se a qualidade não for atendida, é obrigação por lei. Mesmo assim, os clientes precisam sentir segurança para adquirir os produtos e serviços. Oferecer garantia, não só de qualidade, mas também de satisfação ou o dinheiro de volta, é gatilho poderosíssimo para fechar mais vendas. Para isso, muita atenção no levantamento de necessidades. Busque com muito cuidado e critério o que seu cliente realmente necessita. Assim poderá oferecer garantia de satisfação com segurança e tranquilidade também para você, vendedor.

34. **Grupo:** somos seres que vivem em sociedade e em grupos. Motivamo-nos a realizar coisas quando percebemos que existem outras pessoas já realizando, e mais que isso, elas se mostram satisfeitas em realizar. Então, dizer e provar que muitos clientes estão comprando seus produtos ajudam a vender ainda mais.

35. **História:** desde criança estamos acostumados a ouvir histórias. As histórias fazem o aprendizado ser mais lúdico, mais claro e interessante. Com as histórias, sentimentos, emoções e valores podem ser comunicados. Para consultores, professores, médicos ou advogados, contar histórias ajuda a desenvolver a credibilidade e passar confiança. Para as marcas, contar histórias ajuda a passar a emoção de sua utilização. Isso ajuda a atrair consumidores do público-alvo. Conte histórias, vendedor. Isso ajuda a vender.

36. **Inimigo em comum:** eleja um inimigo em comum entre você e seus clientes. Um inimigo contra o qual seu produto pode ser a arma para derrotar. Um inimigo que você e seu cliente, usando como arma seu

produto, com trabalho, empenho e dedicação, lutarão para vencer. Exemplos de inimigos em comum podem ser a falta de produtividade, o desperdício de tempo, a crise etc.

37. **Intimidade:** divida assuntos íntimos com seu cliente para aumentar a proximidade, seu nível de confiabilidade e sua credibilidade. Esses assuntos fazem enxergá-lo como um ser humano igual.

38. **Linguagem corporal e postura:** você já leu aquele famoso livro *"O corpo fala"*. É isso mesmo, o corpo com seus gestos, posturas, modos e comportamentos comunica mensagens com o cliente. Essas mensagens podem ser opostas ao que está sendo dito e dificultar a venda. Use a linguagem corporal condizente com suas soluções e mantenha atenção à linguagem corporal de seus clientes:

    a. Braços cruzados: denotam contrariedade, discordância e resistência;
    b. Braços abertos sobre a mesa: indecisão e neutralidade;
    c. Olhos bem abertos: recepção disposição para se deixar convencer;
    d. Postura inclinada na direção de quem fala: atenção e interesse;
    e. Brincar com a caneta ou outro objeto: falta de concentração e desinteresse;
    f. Olhar direto nos olhos: receptividade e afirmação;
    g. Mão no queixo: reflexão.

39. **Lógica e raciocínio sequencial:** com a utilização de lógica e raciocínio sequencial, mostre que a aquisição do seu produto é natural com base nas decisões que vêm sendo tomadas pelos clientes. Por exemplo, para um cliente que já comprou uma viagem com os filhos para Orlando e já contratou a diária do hotel, é lógico oferecer e dizer que ele deve adquirir os ingressos para o parque da *Disney*. Então, para o produto que você vende, quais são as decisões que seu cliente tomou antes e que tornam lógica uma decisão de comprar seu produto?

40. **Mistério:** o mistério é grande motivador de ações e movimentos. Apresente alguns benefícios adicionais sem dizer como serão entregues. Diga que o cliente só vai perceber com a utilização do produto. Esse mistério ajuda o fechamento da venda e a aquisição do produto.

CAPÍTULO 8: CONCLUSÃO DA VENDA

41. **Movimento de grupo:** mostrar que muitos estão comprando e como estão comprando. Apresente os passos da compra e como as pessoas avançam cada passo. Mostre pessoas utilizando seus produtos e seu nível de satisfação.

42. **Músicas:** as músicas têm o poder de mexer com nossas emoções. Escolha a música certa para a emoção certa que ajuda na sua venda. Encontre oportunidade de tocar a música no momento certo. Feche mais vendas.

43. **Múltiplos veículos:** utilize veículos variados para a comunicação, mídias sociais, *folder*, *e-mail*, rádio, TV etc. Isso ajuda seu cliente a ser tocado por você de formas diferentes. Isso dá a impressão de grandeza e maior presença. Ajuda na sensação de segurança.

44. **Nome do cliente:** repita o nome do cliente várias vezes. Nosso nome é a palavra que mais ouvimos nas nossas vidas. Essa palavra chama nossa atenção, coloca-nos em destaque e mostra que a comunicação está direcionada a nós. Quando repetimos o nome dos nossos clientes, mostramos para eles sua importância no momento e o quanto estamos focados em oferecer soluções direcionadas e personalizadas para eles.

45. **Oportunidade:** mostrar um benefício oportuno que só acontecerá para quem fechar as vendas em determinado momento. Outros clientes que não respeitaram o momento certo não receberão o mesmo benefício. Isso acelera a tomada de decisão de fechamento.

46. **Polêmica:** usar afirmações e fazer ofertas opostas ao senso comum, porém verdadeiras para chamar a atenção. Por exemplo, dizem que quanto mais caro o produto maior sua qualidade. Entretanto, meu produto é o mais barato e de maior qualidade, conforme os testemunhos dos usuários. Pode comprar que você também perceberá.

47. **Porque:** da mesma forma que o nome do cliente é uma palavra que deve ser repetida para ajudar a vender, a palavra *"porque"* também deve ser usada repetidamente. Depois da palavra "porque", vem sempre uma justificativa. Quando você justifica mais, aumenta suas chances de convencimento. Então, se usar mais o porquê, terá mais convencimentos e maiores chances de fechar suas vendas.

48. **Prova:** para comprar, o cliente quer segurança de satisfação. Oferecer provas tangíveis de seus benefícios e resultados alcançados pelos

seus outros clientes são provas importantíssimas. Prepare-se previamente com essas provas e mostre no momento de fechamento. Isso aumentará em muito sua credibilidade e a possibilidade da venda.

49. **Quebra de padrão:** pessoas tendem a acompanhar e a se acostumar com padrões. Por exemplo, é padrão em um restaurante escolher a sobremesa após o jantar. Imagine se precisasse escolher a sobremesa antes, no momento em que ainda está com fome. Isso pode ajudar a vender mais sobremesas. O ideal é fazer experimentos, perceber os padrões, buscar alternativas de quebra de padrões para chamar a atenção e fechar mais vendas.

50. **Prova social:** apresentar testemunhos de pessoas satisfeitas ajuda no fechamento das vendas. Têm altíssimo valor testemunhos escritos com relatos de sua solução e da satisfação dos clientes. Quando conseguimos esses testemunhos gravados em vídeo, sua credibilidade aumenta ainda mais. Agora, quando conseguimos um testemunho ao vivo, feito por um cliente no momento em que estamos fechando outras vendas, seu valor é espetacular. Em adição a esse gatilho de fechamento, pesquisas mostram que 95% dos clientes satisfeitos estão dispostos a dar testemunhos.

51. **Realização:** do mesmo modo que pessoas se motivam quando percebem que aprenderão algo com a compra de algum produto, também se motivam quando fazem parte da realização de algo maior. Então, mostre para seus clientes que adquirindo seu produto farão parte da realização de algo maior. É assim que os corretores de imóveis motivam a compra de terrenos em condomínios distantes de centros urbanizados, mas com grandes potenciais de desenvolvimento.

52. **Reciprocidade:** algumas forças nos mantêm juntos e vivendo em sociedade. Uma delas é a força da reciprocidade. Quando alguém nos dá algo, sentimos grande vontade de retribuir. Essa vontade vem da força da reciprocidade. Então, no momento do fechamento, ofereça algo para seu cliente e siga para concluir a venda. Isso motivará seu cliente a retribuir e comprar.

53. **Relacionamento:** gostamos de pessoas próximas a nós. Gostamos de ter amigos, ter família, pertencer a grupos. Damos sempre preferência para quem conhecemos, em relação a desconhecidos. Então, aproxime-se de seus clientes, converse com eles, seja próximo, amigo e carinhoso antes de fazer a sua oferta.

CAPÍTULO 8: CONCLUSÃO DA VENDA

54. **Reputação:** a reputação de um vendedor é tão importante quanto a visitação na aquisição de um imóvel ou ao *test drive* na compra de um carro novo. Então, cuide da sua reputação. Tenha especial dedicação à qualidade do seu atendimento e na resolução de problemas e insatisfações. Um cliente dificilmente se esquece do vendedor que não entregou o que prometeu. Ele sempre se lembra do outro que trouxe no próprio carro o produto quando já tinha acabado. Prazos e agendamentos devem ser rigorosamente cumpridos.

55. **Reputação elevada:** todos gostamos de destaque e reconhecimento. Use isso e eleve a reputação do seu cliente. Diga que é uma honra fazer negócios com pessoas como o cliente, que para você será grande oportunidade. Fale que se dedicará para satisfazer. Deixe um canal de comunicação aberto com ele, passando seu número de telefone pessoal. Diga que poucos têm esse número. Só os especiais.

56. **Seja enfático:** prepare-se antes da ação. Trabalhe o desenvolvimento de sua autoconfiança e motivação. Se você está inseguro quanto à determinada ação, não o faça. Dúvidas e hesitações prejudicam sua execução e consequentemente seu resultado. Entre em ação sempre com fé, coragem, motivação e chame assim a atenção. Todos admiram o corajoso e audacioso, ninguém honra os medrosos.

57. **Seleção:** gostamos de ser escolhidos e ser valorizados nos grupos. Informe ao cliente que seus produtos não são para todos, são apenas para alguns escolhidos. Faça uma seleção para descobrir quem terá o privilégio de comprar. Isso aumenta o desejo pelo seu produto e reduz a importância do preço.

58. **Simplicidade:** mostre que seus produtos são fáceis de usar, que o resultado pode ser obtido de maneira fácil e simples. Apresente a simplicidade de uso de seus produtos.

59. **Surpresa:** surpreenda seu cliente. Entregue mais do que o esperado. Encante. Mostre que foi uma decisão acertada procurá-lo e a seu produto.

60. ***Test drive:*** uma forma forte de agir para o cliente fechar uma venda é oferecer degustações, *test drives*, experiências antes da efetivação da compra. Isso gera segurança no cliente e motivação para a aquisição.

Algumas vezes, o cliente experimenta uma sensação tão impressionante para ele que não consegue mais ficar sem seu produto ou serviço. A venda é fechada sem qualquer esforço do vendedor.

Extra:

61. **Urgência:** apresentar urgência para a tomada de decisão ou perda de possibilidade de fornecimento. Diga que sua agenda está quase no limite, que suas vagas estão esgotando, que a produção quase não tem mais espaço. Faça o cliente decidir ou correr o risco de ficar sem.

CAPÍTULO 9: PÓS-VENDA

O GRANDE SEGREDO DOS VENDEDORES DE SUCESSO NAS VENDAS É A ETAPA DE PÓS-VENDA.

O QUE VOCÊ FAZ PARA SEU CLIENTE COMPRAR NOVAMENTE?

CAPÍTULO 9: PÓS-VENDA

Fechar uma venda não é o término de uma relação ou de uma negociação. Fechar uma venda é a indicação de que alguém decidiu realizar uma troca com você. Além disso, decidiu lhe dar o que você queria em troca de seus produtos ou serviços. Isso não é o término, indica o início de uma relação.

Vendedores de sucesso dedicam grande parte de sua rotina cuidando da etapa de pós-venda. É nessa etapa que nos certificamos que a troca realizada no processo de venda gerará realmente benefícios para ambas as partes. Só assim a imagem do vendedor como profissional de qualidade e credibilidade pode ser difundida no mercado.

A atividade de pós-venda não é nova. Ela já era prevista desde o nascimento do *marketing*, em meados do século XX. Desde essa época já não bastava atender um cliente. Devido à grande concorrência gerada no pós-guerra, era necessário também satisfazer o cliente para captar mais oportunidades de novas vendas. Nessa época era comum a afirmação de que um cliente satisfeito expressava sua satisfação para meia dúzia de amigos, mas um insatisfeito, para duas dezenas de conhecidos.

Na segunda década do século XXI, a necessidade de satisfazer o cliente aumentou ainda mais. Nesses dias, com a comunicação se difundindo com tanta velocidade e com o advento das mídias sociais, um cliente insatisfeito fala de sua insatisfação nas páginas sociais para milhares de pessoas. E essas pessoas, que estão ávidas por assuntos de visibilidade para as próprias páginas, replicam para seus seguidores que, por sua vez, podem continuar replicando, tornando o alcance de uma exponencialmente crescente e atingindo proporções enormes. Um cliente satisfeito, mesmo nos dias atuais, continua falando de sua satisfação para sua meia dúzia de amigos. E isso é valioso, porque pode trazer verdadeiros novos clientes.

Portanto, além de vender, é fundamental satisfazer e garantir essa satisfação. É na etapa do pós-venda que essa satisfação é garantida. Para essa garantia, de forma racional e estratégica, precisamos dividir a ação de pós-venda em dois momentos. O momento de **"pós-venda até a entrega"**, em que o cliente deve sentir segurança, e o de **"pós-venda após a entrega"**, em que o vendedor deve se manter na memória do cliente.

Tenha sucesso. Dedique-se fortemente ao pós-venda.

PodCast 337: o pós-venda

Gancho: você sabe qual é o maior segredo dos vendedores de sucesso nas vendas?

Texto da dica: o segredo é um ótimo pós-venda. O pós-venda é o acompanhamento feito pelo vendedor após a venda ser realizada, para se certificar de que o cliente ficará completamente satisfeito com a compra. É importante que o cliente fique satisfeito por três motivos: o primeiro é para que o cliente repita a compra quando precisar novamente; o segundo é para que o cliente fale bem do vendedor e do procuto e indique para seus conhecidos; o terceiro é para que a satisfação do cliente seja tão grande que se torne um caso de sucesso para ajudar nos outros fechamentos de vendas.

Motivação final: vendedor, dedique-se ao pós-venda.

PodCast 338: ações até a entrega

Gancho: o que o vendedor deve fazer no intervalo entre o fechamento da venda e a entrega completa da solução para o cliente?

Texto da dica: esse é o momento da segurança. No intervalo de tempo entre o fechamento da venda e a entrega, algumas dúvidas podem surgir, alguns arrependimentos podem aparecer e a venda fechada pode correr riscos. Nessa hora o vendedor deve passar segurança para o cliente evidenciando que o produto está sendo preparado, que tudo está sob controle, que o planejamento está acontecendo. O cliente precisa sentir a segurança de que receberá o que comprou, saber que o vendedor não se esqueceu dele.

Motivação final: o cliente precisa acreditar que o vendedor queira mais que o fechamento, queira a sua satisfação.

PodCast 339: a importância de checar a entrega

Gancho: vendedor, você checa o que seu cliente vai receber?

Texto da dica: checar e ter certeza de que o cliente receberá o que comprou é fundamental para um vendedor realizar um pós-venda de qualidade. Quando um cliente recebe algo diferente do que esperava, é o vendedor que receberá a primeira reclamação. O cliente se sentirá frustrado. Poderá inclusive questionar o profissionalismo e até a honestidade do vendedor. Isso atrapalha a relação comercial, prejudica ou até anula futuras vendas.

Motivação final: mantenha controle do que e como foi comprado pelo cliente. Antes da entrega, certifique-se se tudo está correto. É mais fácil, rápido e barato resolver internamente qualquer problema do que resolver com o cliente.

CAPÍTULO 9: PÓS-VENDA

PodCast 340: empenho em solucionar insatisfações

Gancho: vendedor, onde você estava no dia do 7 a 1 entre Alemanha e Brasil? E o que você almoçou na última quarta-feira?

Texto da dica: é mais fácil se lembrar de acontecimentos quando existe emoção envolvida. Lembramos do 7 a 1, porque ficamos frustrados. Lembramos das torres de Nova York porque ficamos horrorizados. Lembramos da morte do Ayrton Senna porque ficamos tristes. Não lembramos do almoço da última quarta porque não houve emoção. O cliente, quando percebe algo de errado no produto que comprou, fica no mínimo frustrado, talvez nervoso ou até com muita raiva. Suas emoções ficam em evidência. Se ele procurar o vendedor para resolver e não encontrar, nunca mais esquecerá de que foi deixado na mão.

Motivação final: mas se o vendedor se empenha e resolve o problema, será sempre lembrado como um solucionador, alguém de confiança, um grande parceiro.

PodCast 344: os eventos da empresa

Gancho: você convida seus clientes para os eventos de sua empresa?

Texto da dica: é comum empresas organizarem eventos para seus colaboradores. Empresas costumam comemorar datas importantes como aniversários de fundação, festas tradicionais ou do final de ano. Empresas comemoram também quando superam metas, conquistam novos mercados, lançam produtos ou inauguram novas sedes e filiais. Empresas costumam também organizar eventos para presentear algum colaborador ou para anunciar novos planos e metas. Esses eventos são valiosas oportunidades para convidar clientes. Assim, terão a oportunidade de conhecer a empresa de perto. Ele vai se aproximar das pessoas, entender os valores da empresa e seu clima organizacional. Isso desenvolve a relação com os clientes e a credibilidade da empresa e do vendedor cresce fortemente.

Motivação final: experimente! Convide seus clientes para os eventos na sua empresa.

PodCast 363: reforço positivo

Gancho: você já ouviu falar de reforço positivo do cliente?

Texto da dica: a maioria das pessoas busca a aprovação de suas decisões com base na opinião de pessoas ao redor. Para algumas pessoas, o peso da avaliação de terceiros é tão grande que um comentário negativo ou a falta de um elogio pode causar enorme frustração. Nas vendas, essa frustração pode representar um cliente infeliz, tentando desfazer a compra.

Para evitar isso, não se esqueça de elogiar a tomada da decisão de compra do cliente após o fechamento. Sempre se lembre de dar um reforço positivo quando o cliente se prepara para se despedir e deixar sua loja.

Motivação final: elogie sempre uma decisão de compra.

PodCast 150: quando pedir indicações

Gancho: você sabe quando pedir indicações aos clientes?
Texto da dica: aproveite estas três valiosas oportunidades:

1. Ao fechar uma venda: após ter concluído uma venda, peça para seu cliente indicar seus contatos. Esse é o momento em que o cliente está no auge da satisfação com seu produto.
2. Ao perder uma venda: impressione o cliente com seu profissionalismo, humildade e simpatia. Agradeça a oportunidade, peça um *feedback* e uma indicação. Alguns clientes se sentem culpados por não comprar e oferecem indicações em troca.
3. Antes da venda: torne-se o vendedor preferido do cliente e peça indicações, mesmo quando ele não estiver comprando.

Motivação final: aumente suas vendas com indicações valiosas.

PodCast 341: certificar-se de que o cliente sabe usar

Gancho: você checa se seu cliente tem usado todas as funcionalidades do seu produto?
Texto da dica: brasileiro não costuma ler manual. Então, é comum pessoas não usarem todas as funcionalidades de um produto comprado. Isso reduz a satisfação. Um cliente que poderia estar encantado com seu produto, não está, simplesmente porque desconhece funcionalidades. E o vendedor perde alguém divulgando seu produto para os amigos, atraindo mais consumidores e querendo comprar novamente. Vendedor, invista um tempo para visitar seu cliente quando o produto já foi entregue. Veja se está sendo usado corretamente. Certifique-se de que tudo está correto. Ensine seu cliente a usar todas suas funcionalidades.

Motivação final: encante ainda mais o seu cliente.

PodCast 25: não fuja dos problemas

Gancho: vendedor, o que faz quando o produto que vendeu dá problema de entrega ou de qualidade? Você é daqueles que desaparece porque o problema não é seu?

Texto da dica: se você age assim, saiba que está perdendo grande oportunidade de vender ainda mais. Quando um cliente tem problema, suas emoções ficam em evidência. As pessoas costumam ficar nervosas com os problemas e, com emoção, a memória é ativada. É por esse motivo que nos lembramos com clareza de acontecimentos emocionantes do nosso passado. Então, quando seu cliente tiver um problema, mesmo que não seja seu, deve se comprometer e ajudar. Assim, ele sempre vai se lembrar de você como um parceiro e alguém com quem pode contar.

Motivação final: encare os problemas. Ajude sempre seu cliente. VENDA MAIS!

PodCast 129: satisfação

Gancho: com certeza, você quer que seu cliente se sinta satisfeito com seus produtos. Mas você sabe o que é satisfação?

Texto da dica: satisfação é o sentimento de prazer ou de decepção que resulta da comparação entre o desempenho percebido no uso de um produto ou serviço adquirido, em relação às expectativas que o comprador tinha no momento da compra. Se o desempenho não atingir as expectativas, o sentimento será de insatisfação. Se alcançar, será de satisfação. E, ainda, se superar, será de encantamento.

Motivação final: para encantar seu cliente, guarde alguns benefícios para serem revelados apenas no uso dos produtos que você vendeu.

PodCast 130: expectativas

Gancho: você sabe como os clientes formam as expectativas pelos produtos que você vende?

Texto da dica: eles formam suas expectativas pelas experiências de compras anteriores, pelas recomendações de conhecidos, pelas informações dadas, pelas promessas dos vendedores e pelas informações que têm dos concorrentes. Se as expectativas forem baixas, a venda será difícil de ser realizada. Se forem altas, o cliente poderá ficar insatisfeito após a compra. Para vender, é importante elevar as expectativas dos clientes e fazer um excelente pós-venda, ficando suficientemente próximo do cliente. Assim garantimos que ele receba corretamente o que comprou, que ele saiba usar e que nos comunique rapidamente caso ocorra algum problema.

Motivação final: eleve e garanta as expectativas.

PodCast 138: comemore cada venda

Gancho: vendedor, você comemora cada venda?

Texto da dica: comemorar é importante para reforçar e frisar a conquista. Cada venda que você faz é passo valioso em direção a sua meta. Quando comemora, está se autocomunicando com sua evolução. Não comemorar pode cegar seu avanço e diminuir sua motivação. Se não comemorar as pequenas vitórias, nunca terá a oportunidade de comemorar as grandes. Não é necessário algo sofisticado na comemoração. Basta criar um gesto que ilustra a conquista com garra e energia, uma batida de palmas, uma pose para foto imaginária ou uma dancinha. Algo que dê satisfação e alegria.

Motivação final: comemore suas vendas. Valorize o momento.

PodCast 342: ações após a entrega

Gancho: vendedor, o que nunca quer de um cliente que comprou de você?

Texto da dica: nunca quer que ele se esqueça de você, que se mantenha na lembrança do seu cliente para, quando precisar novamente, procurar e comprar de você. Assim que terminar a venda, pense em que momento o cliente vai precisar do produto novamente. Agende um contato para esse momento para fazer nova venda. Não basta ligar apenas nesse momento. O cliente já pode ter se esquecido de você. Faça algumas ligações intermediárias. Pergunte ao cliente, descubra como ele está, como estão os negócios e se mantenha na lembrança.

Motivação final: atenção! Fuja da tentação de vender nessas ligações intermediárias. Não é o momento da necessidade.

PodCast 346: pequenos brindes

Gancho: vendedor, sua empresa entrega pequenos brindes para atrair clientes?

Texto da dica: brindes são valiosos mimos para ajudar a encantar clientes e motivar o fechamento de vendas. Esses brindes também são importantes ferramentas para fazer seu cliente antigo se lembrar de você. Reserve alguns itens desses brindes, envie para seu cliente antigo com um pequeno bilhete dizendo algo como: "Envio este pequeno mimo porque me lembrei de você!" Outra ação valiosa é convidar seus clientes para comemorações na sua empresa.

Motivação final: seu cliente vai se sentir valorizado.

PodCast 364: trocas e devoluções

Gancho: você evita ao máximo trocas e devoluções de produtos?

Texto da dica: muitos profissionais do comércio e de vendas veem a troca ou a devolução de produtos como algo negativo. Eles acreditam que

CAPÍTULO 9: PÓS-VENDA

isso deve ser evitado a qualquer custo, então criam estratégias para dificultar o cliente. Isso já está ultrapassado. Troca e devoluções são excelentes oportunidades para estreitar o relacionamento com o cliente, deixá-lo satisfeito e agradecido. Isso desenvolve a credibilidade da empresa e do profissional e colabora na construção de uma imagem de alta confiança.

Motivação final: a chance de o cliente voltar e propagar essa satisfação para seus conhecidos é enorme.

PodCast 343: os *hobbies*

Gancho: você conhece os *hobbies* do seu cliente?

Texto da dica: alguns vendedores têm dificuldades de ligar para os clientes. Têm dificuldade em saber o que dizer em uma ligação de não-venda, apenas para se manterem na lembrança do cliente. Você tem essa dificuldade? Uma dica valiosa é descobrir os *hobbies* do cliente e, sempre que souber que algo relativo aconteceu, ligar para o cliente para comentar. Se é o verdadeiro *hobby* do cliente, ele está ansioso para comentar o acontecido. Vai adorar e valorizar sua ligação.

Motivação final: descobrir os *hobbies* é valiosa forma de se aproximar dos clientes.

PodCast 345: datas importantes para o cliente

Gancho: vendedor, você sabe quais são as datas importantes para seu cliente?

Texto da dica: algumas pessoas valorizam muito a data que iniciaram seus negócios. Outros reforçam a data que escolheram o atual foco de atuação. Existem ainda os que comemoram a data em que vieram para a cidade onde estão. Saber quais são as datas que o cliente valoriza e fazer um contato mostrando que se lembrou e dando os parabéns é ótima oportunidade para o vendedor mostrar que estima e respeita o cliente, que honra sua história e que esse cliente é único para o vendedor.

Motivação final: um vendedor que faz isso dificilmente será esquecido pelo cliente.

PodCast 154: vender mais para os mesmos clientes

Gancho: quer melhorar rapidamente suas vendas?

Texto da dica: então, venda mais para seus clientes. São enormes as vantagens de ampliar as vendas para seus clientes já conquistados. Eles já o conhecem e confiam em você. Eles valorizam e respeitam sua qualidade, seus diferenciais, seus serviços de entrega e seu suporte pós-venda.

Além disso, têm o crédito pré-aprovado. Outra coisa importante e valiosa, peça indicações.

Motivação final: então, para vender mais: venda itens novos, produtos mais sofisticados, acessórios, mais unidades e soluções adicionais.

PodCast 193: vender mais para seus clientes

Gancho: quer aumentar as vendas nos seus atuais clientes?

Texto da dica: então, aprenda mais sobre eles. Assuma o compromisso de aprender mais sobre seus clientes para criar mais afinidade e relacionamento. Defina uma meta de entrevistar seus clientes atuais para saber sobre a vida deles, seus sonhos, seus desafios e seus planos. Essas informações podem surpreendê-lo, trazendo mais oportunidades de negócios e necessidades a serem satisfeitas. Elas ajudarão a melhorar o relacionamento e aumentar sua credibilidade. Em posse dos novos conhecimentos, aja para melhorar e desenvolver as vendas.

Motivação final: o crescimento se dá pelo conhecimento. Venda mais. Venda melhor. Sucesso!

CAPÍTULO 10:
O VENDEDOR

CAPÍTULO 10: O VENDEDOR

PodCast 26: você é vendedor?

Gancho: vou começar perguntando: "você é vendedor?". Vou perguntar de outra forma: "você realmente não é vendedor?".

Texto da dica: você já percebeu, né? Somos vendedores, não importa nossa profissão. A todo momento, relacionando-nos com as pessoas, nossas capacidades de comunicação, influência e persuasão estão sendo testadas. O tempo todo estamos tentando convencer alguém de alguma coisa. Seremos pessoas de menor ou maior sucesso em nossas carreiras em função da nossa capacidade de convencer e de vender nossas ideias, projetos ou planos. Nosso sucesso depende das nossas vendas.

Motivação final: aprenda a vender. Aprenda a vender cada vez melhor, para ter mais SUCESSO.

PodCast 197: vendedores são essenciais

Gancho: você é essencial, vendedor.

Texto da dica: vendedores são essenciais para que o mundo avance. Com milhões de inventores, artistas, escritores, profissionais de serviços, empresas de diversos setores, alguém precisa fazer com que o produto chegue ao cliente. Não importa se o produto é um sofisticado aparelho que salva muitas vidas ou simples como tijolos de barro, sem vendas não tem valor, porque não tem a oportunidade de exercer as soluções para as quais foi criado.

Motivação final: com vendas, que eles se tornam relevantes para uma sociedade e evoluem para atender mais e melhor. É como diz o publicitário americano Red Motley, na década de 60; "Nada acontece até que alguém faça uma venda".

PodCast 86: a pessoa mais importante

Gancho: você sabe quem é a pessoa mais importante para um vendedor?

Texto da dica: a pessoa mais importante para um vendedor é ele mesmo. E a sua maior prioridade deve ser cuidar de si. Quanto mais você se valorizar, mais será valorizado pelos outros e mais credibilidade e confiança transmitirá. O sucesso não é só medido pela quantidade de produtos vendidos, também é importante a qualidade da vida que você leva ao vendê-lo. Para isso, a preparação é essencial. É importante conhecer bem seus produtos, como também conhecer suas forças e fraquezas pessoais.

Motivação final: trabalhe constantemente para se desenvolver, colocando-se no topo da lista. Sucesso!

PodCast 51: planeje seu trabalho e trabalhe no seu plano

Gancho: planeje seu trabalho e trabalhe no seu plano.

Texto da dica: esse era um antigo lema dos anos 1960, dos vendedores de carros de Detroit, nos Estados Unidos. É um lema válido até hoje. Mostra que a atividade de vendas não é um acontecimento acidental que depende da sorte ou de habilidades natas. É uma atividade séria, que requer estudo, planejamento, disciplina e controle de você mesmo e do que faz. Outra coisa, se você controla, sempre melhora. Então, para vender mais, melhore seu plano seguidamente. Valorize o que está dando certo e corrija o que não está. Monitore constantemente seus números.

Motivação final: lembra-se do lema? Planeje seu trabalho e trabalhe no seu plano.

PodCast 52: balanço diário

Gancho: quer uma dica poderosíssima para melhorar suas vendas?

Texto da dica: fazer um balanço é aconselhado pelos maiores e melhores especialistas em vendas do mundo. Ao final de cada dia, separe alguns minutos para relembrar e avaliar suas ações. Pense nas vendas que realizou e nas vendas que perdeu. Relembre o que fez de bom e analise os motivos das perdas, imagine o que poderá fazer na próxima vez para isso não acontecer mais.

Motivação final: vendedor, desenvolva o hábito de fazer esse balanço diário. Valerá a pena!

PodCast 27: você é otimista?

Gancho: você é otimista? Os vendedores que obtêm os melhores clientes e as melhores comissões têm uma coisa em comum: são otimistas.

Texto da dica: uma pessoa otimista não pensa no fracasso. Ela só pensa na vitória, em conseguir o que quer, em atingir suas metas e realizar seus desejos. Vendedores otimistas chegam mais motivados às visitas e abordam mais clientes. Eles só apostam no sucesso. Quando recebem um revés, não se desesperam, tentam de novo. Eles repetem as visitas com maior frequência, fecham mais vendas e ganham mais. Suas conquistas reforçam suas crenças na persistência e a repetição leva ao hábito. O hábito do **otimismo**.

Motivação final: vendedor, trabalhe com otimismo. Venda mais. Venda melhor. Sucesso!

PodCast 37: ROI

Gancho: vendedor, você sabe o que é ROI?

CAPÍTULO 10: O VENDEDOR

Texto da dica: ROI é uma sigla que significa o Retorno Obtido com o Investimento. Os vendedores, além de professores e especialistas nos produtos, também precisam ser consultores financeiros. Para vender, é fundamental que o vendedor demonstre para o cliente *como*, *quando* e *quanto* receberá de retorno com o investimento feito na compra do seu produto, o ROI que seu produto gera. Os clientes se interessam mais quando percebem rapidamente de que forma ganharão com uma compra.

Motivação final: vendedor, trabalhe o ROI dos seus produtos. Venda mais. Venda melhor. Sucesso!

PodCast 56: atingir seus objetivos

Gancho: quer atingir seus objetivos?
Texto da dica: então, dê atenção a essas três coisas: técnica, planejamento e disciplina. Comece melhorando suas técnicas. Faça cursos, leia livros, participe de palestras e congressos, observe os profissionais mais experientes e aprenda com eles. Depois, planeje suas ações. Visualize e faça planos para seu dia e para cada um dos contatos com clientes. Estabeleça metas, analise seus resultados, melhore seus planos gradativamente. Tenha disciplina. Cumpra o que planejou. Não perca seu tempo. Seja persistente para desenvolver suas habilidades e atingir os resultados desejados.

Motivação final: com técnica, planejamento e disciplina, você venderá MAIS e venderá MELHOR. Sucesso!

PodCast 45: ser vendedor é o máximo!

Gancho: você gosta de ser vendedor?
Texto da dica: eu sou vendedor há mais de 3 décadas. Ser vendedor é assumir o desafio, é preciso coragem e querer fazer a diferença. Ser vendedor é ter a oportunidade de uma profissão maravilhosa. São muitos contatos todos os dias, muitas pessoas ajudadas com suas necessidades e soluções entregues. Empresas não vivem sem vendas. Quando elas estão mal, o vendedor é o profissional fundamental e indispensável. Quando estão bem, o vendedor é o rei, foi ele quem trouxe os negócios para isso. Um vendedor gosta de pessoas, de negócios e de dinheiro. Adora a liberdade, ama crescer e é apaixonado por realizar.

Motivação final: ser vendedor é ótimo. É o máximo!

PodCast 47: esse negócio é seu

Gancho: vendedor, para quem você trabalha?
Texto da dica: não importa se você trabalha em uma indústria, loja ou

prestadora de serviços. Não importa se vende produtos, serviços, ideias, planos ou conhecimento. Não importa se trabalha interno, externo, próximo ou distante. Nem importa se seu supervisor está ao seu lado o tempo todo ou se nunca o viu. A verdade é que todo vendedor trabalha para a mesma pessoa: para ele mesmo. O vendedor faz o próprio ganho. O vendedor paga o próprio salário.

Motivação final: vendedor, valorize e cuide bem do seu tempo, dos seus clientes, do seu conhecimento. Esse é o seu negócio.

PodCast 48: quanto você poderia estar vendendo?

Gancho: vendedor, lembra-se dos seus primeiros dias nesse trabalho?
Texto da dica: você se sentia um pouco solitário e inseguro. Não falava muito. Usava seu tempo livre para estudar sobre a empresa e seus produtos. Analisava os vendedores mais experientes para aprender alguma coisa. Atendia os clientes com todo o foco e atenção. Sempre pedia que indicassem outros clientes porque precisava aumentar sua carteira. Ninguém pedia para fazer essas coisas, você se antecipava sempre, era muito motivado. Hoje domina sua atividade, desperdiça tempo, vive reclamando com o time dos mexeriqueiros das vendas. Imagine-se com sua experiência atual e com aquela motivação do passado. Quanto poderia estar vendendo, hein?
Motivação final: vendedor, trabalhe novamente com a motivação do início.

PodCast 50: aceite e pague pela ajuda

Gancho: vendedor, você é autossuficiente nas vendas ou aceita ajuda?
Texto da dica: nesses mais de 30 anos nas vendas, posso dizer, com toda certeza: ninguém é tão bom para dispensar ajuda. Os vendedores precisam de ajuda nas indicações. Hoje, 85% das vendas que realizamos são impulsionadas pelo boca a boca. Para recebermos mais indicações, além de pedir, precisamos agradecer e pagar por elas. Pode ser pagamento em dinheiro, de parte de sua comissão, ou pode ser pagamento com dicas, com amizade, com elogios, com reconhecimento ou com outras indicações.
Motivação final: vendedor, invista tempo e dinheiro para retribuir suas indicações. Mantenha um fluxo contínuo de ajuda.

PodCast 60: equilíbrio de humor

Gancho: vendedor, você costuma ter altos e baixos no seu humor?
Texto da dica: cuidado com variações bruscas de humor ou com personalidades inconstantes. O cliente tem outras preocupações e surpresas no seu dia, o humor do vendedor não pode ser uma delas. Isso gera dúvi-

das e inseguranças. Quando vendemos, assumimos papel de um personagem que precisa ser profissional, confiável e ter credibilidade para ter sucesso. Uma personalidade estável, serena e agradável é fundamental. Antes de uma visita, respire fundo, feche os olhos durante alguns segundos, acalme-se e pense na imagem que quer passar.

Motivação final: seja constante para desenvolver sua credibilidade.

PodCast 62: vendedor não tem passado

Gancho: você já ouviu falar que vendedor não tem passado?

Texto da dica: cada dia do vendedor é um novo dia de construir seu sucesso, suas vitórias e sua carreira. É comum encontrar vendedores que têm sucessos pontuais com grandes pedidos no início do mês e que relaxam. Cancelam as próximas visitas e dão pouca atenção aos futuros atendimentos. Isso pode causar grandes danos nos resultados a longo prazo, porque destrói a imagem do vendedor com clientes importantes.

Venda é um processo contínuo e sequencial. Precisamos manter o fluxo constante para ter sucesso. A entrada precisa estar sempre abastecida para ter a manutenção da saída. Se grande volume passar esporadicamente parabéns, porém a próxima visita é novamente momento de vender.

Motivação final: construa seu sucesso nas vendas atendendo cada vez melhor seus clientes, independentemente das vendas já fechadas.

PodCast 77: o vendedor crocodilo

Gancho: você conhece o vendedor crocodilo?

Texto da dica: o vendedor "crocodilo" é aquele que tem uma enorme boca, entretanto tem olhos pequenos e orelhas pequenas também. Esse vendedor é uma espécie em extinção, o mercado não precisa e não quer mais vendedores assim. Eles falam muito, porém não são efetivos, fecham poucas vendas. O vendedor que se desenvolve no mercado é aquele que observa, escuta e estuda o cliente mais do que fala de seus produtos e serviços.

Motivação final: abra os olhos e os ouvidos, vendedor. Escute e observe mais para atender com qualidade.

PodCast 90: o vendedor corredor

Gancho: você conhece algum vendedor corredor?

Texto da dica: o vendedor corredor trabalha muito. Tudo para ele é urgente. Ele está sempre correndo, estressado, atrasado e cometendo muitos erros. O vendedor corredor trabalha feito louco, ele está sempre exausto e se considera um trabalhador valioso para a empresa. Só que, na verdade, o vendedor corredor costuma produzir mais custos do que lucros. Tudo isso porque ele não planeja nada, é mal-organizado e está sempre mal preparado. O vendedor corredor nunca chega na frente, ele nunca bate a meta.

Motivação final: vendedor, não basta trabalhar muito, é preciso trabalhar correto.

PodCast 91: o mercado te compra?

Gancho: vendedor, o mercado te compra?

Texto da dica: isso mesmo! Você é interessante para o mercado? Você tem credibilidade profissional? Você tem uma empregabilidade desenvolvida?

Já faz muito tempo que as empresas não garantem estabilidade. Hoje os profissionais mudam de emprego em pouco mais de dois pares de anos. Então, é fundamental que os vendedores invistam continuamente no seu próprio desenvolvimento, no seu crescimento, na sua especialização. Não dá para ficar só esperando pelos cursos pagos pelas empresas. Cada profissional é responsável por sua carreira e por se manter interessante para o mercado. Já as empresas continuarão a se desenvolver com, sem ou apesar de você.

Motivação final: invista em você para vender mais e melhor.

PodCast 92: marca pessoal

Gancho: vendedor, qual é a sua marca pessoal?

Texto da dica: uma marca pessoal é um sinal que dá ao mercado a condição de identificar e diferenciar rapidamente um vendedor dos outros. Ela é uma forma que o vendedor tem para comunicar valor, credibilidade, gerar confiança e conexão com os clientes. Para desenvolver a marca pessoal, é preciso estar muito consciente de seus pontos fortes e fracos e trabalhar continuamente o autoconhecimento. A marca pessoal só pode ser construída a partir da verdade, mesmo assim é necessário refletir e planejar muito bem como deseja se diferenciar.

Motivação final: a marca pessoal é sempre uma percepção do mercado. Um profissional é para os clientes o que percebem dele.

PodCast 125: capital social de um vendedor

Gancho: você sabe o que é capital social de um vendedor?

Texto da dica: o capital social de um vendedor é o seu mais valioso patrimônio. O capital social é composto pela quantidade e pela qualidade de pessoas que um vendedor conhece e tem credibilidade. São potenciais clientes ou pessoas que podem indicar novos clientes. Chamamos isso de *networking*. Um vendedor desenvolve seu capital social quando preserva e faz crescer seu *networking*. Para isso, tenha sempre à mão seu cartão de visitas. Frequente eventos, reative contatos antigos e sempre cumpra o que prometer.

Motivação final: vendedor, o capital social é sua maior fonte de vendas.

PodCast 139: vendedor, valorize sua função

Gancho: você gosta de vender?

Texto da dica: vender é descobrir o que o cliente quer, quanto pode pagar e efetivar uma transação. No entanto, se fosse assim tão simples, os vendedores não seriam tão necessários, poderiam até ser substituídos por máquinas. A verdade é que muitas pessoas saem para comprar um produto ou um serviço, tendo apenas uma vaga ideia do que pode satisfazer suas necessidades. O papel do vendedor é entender o comprador e mostrar com clareza como seus produtos podem ser a solução. O ótimo vendedor sabe que o comprador está procurando apenas a melhor solução para si, e sabe que ele quer que isso seja apresentado de maneira eficaz e agradável.

Motivação final: não esqueça! Valorize sua função.

PodCast 359: a função do vendedor

Gancho: você sabe qual é a principal função de um vendedor?

Texto da dica: o vendedor é um prestador de serviços. A sua principal função é de auxiliar o cliente pelo processo de investigação, convencimento e tomada de decisão de aquisição de produtos que lhe trarão reais benefícios. Para fazer isso, o vendedor constrói uma relação de confiança para pesquisar e buscar necessidades, apresentar soluções adequadas, mostrar similaridades e diferenciais, oferecer possibilidades e alternativas, motivar a aquisição e se certificar da satisfação do comprador.

Motivação final: o objetivo do vendedor sempre é melhorar a vida do cliente.

PodCast 151: o que o cliente deseja do vendedor?

Gancho: você sabe o que o cliente deseja de um vendedor?

Texto da dica: tanto quanto nossos produtos e nossa postura, o conhecimento e o comportamento também são analisados no momento da venda. É valioso seguir estas dez dicas:

1. Procure conhecer a empresa e os produtos do cliente;
2. Seja um especialista no produto que vende;
3. Seja agradável, bem-humorado e acolhedor;
4. Dedique atenção total ao cliente, ouça o dobro do que fala;
5. Ouça e entenda as necessidades dos clientes;
6. Mostre que está realmente disposto a ajudar;
7. Tenha orgulho de representar a empresa que trabalha e o produto que vende;
8. Seja ético, não critique a concorrência;
9. Acredite que vai fechar a venda;
10. Esteja preparado para fechar a venda.

Motivação final: venda mais. Venda melhor. Sucesso!

PodCast 152: seja agradável

Gancho: você sabe ser agradável?

Texto da dica: em apenas sete segundos de contato com o vendedor, o cliente já está tomando conclusões a respeito dele. É importante causar uma boa impressão. Portanto, anote estas sete valiosas dicas:

1. Seja pontual: Chegue cinco minutos antes, mas se apresente na hora;
2. Sorria com frequência, mostre que gosta do que faz;
3. Faça um cumprimento, mostre educação;
4. Dê um aperto de mão firme, não esmagador nem frouxo;
5. Respeite o comprador, seja gentil e não entre em assuntos polêmicos;
6. Diga *obrigado*, agradeça pelo tempo disponibilizado no momento da reunião;
7. Dê continuidade, não se limite a uma única conversa, envie material, agende reunião, continue o relacionamento.

Motivação final: seja agradável e conquiste seu cliente.

PodCast 140: seis dicas valiosas de vendas

Gancho: quer seis dicas valiosas para melhorar suas vendas em menos de um minuto?

Texto da dica: primeira: defina bem seu público-alvo; segunda: estude e desenvolva a confiança nos seus produtos; terceira: escolha os veículos de prospecção que atraem os clientes certos; quarta: faça perguntas para entender, qualificar e desenvolver o relacionamento com seus clientes;

quinta: entenda o processo da venda, perceba a hora de fazer a proposta e os fechamentos; sexta: prepare-se para contornar as objeções antes delas aparecerem.

E uma dica extra: faça seu cliente sempre se sentir valorizado. Proporcione para ele uma experiência agradável de compra. Ele o indicará para outras pessoas.

Motivação final: venda mais, venda melhor. SUCESSO!

PodCast 159: compromisso e coerência

Gancho: você sabe o que é compromisso e coerência na hora de vender?

Texto da dica: ninguém acredita nas lições de um professor mal-educado ou nas recomendações para parar de fumar de um médico fumante. Na hora de vender sua imagem, suas roupas, suas palavras, suas ações, seus gestos, seu comportamento, tudo isso contribui com a construção de um julgamento do cliente. Isso tudo influencia fortemente o produto e a decisão da compra. O compromisso pessoal com o cliente e a coerência com o produto ou serviço que vendemos atraem as pessoas e melhoram o engajamento. Elas passam a demonstrar que acreditam em seus produtos e na sua fala.

Motivação final: vendedor, não esqueça: tenha compromisso e coerência.

PodCast 180: prática mental

Gancho: quer saber como praticar suas vendas facilmente?

Texto da dica: use a prática mental de ações. A prática mental ou visualização mental de atividades e ações é um exemplo incrível do poder do nosso cérebro. Pesquisas mostram que quando uma pessoa está visualizando uma atividade, a mesma parte do cérebro é ativada como se a pessoa estivesse de fato realizando a atividade. Até os grandes atletas há muito tempo incorporaram essa prática em seu regime de treinamentos. Então, vendedor, antes de uma reunião, uma ligação de vendas ou uma abordagem ao cliente, use a prática mental. Visualize a ação antes da sua execução.

Motivação final: pratique mentalmente e melhore seus resultados.

PodCast 184: "*Don't worry, be happy!*"

Gancho: você já ficou estressado?

Texto da dica: o estresse é causado mais por nossa percepção, pela nossa interpretação do evento do que pelo evento real. O estresse prolongado causa cansaço, baixa criatividade e aumento de erros. Um vendedor estressado não enxerga oportunidades, não tem energia para trabalhar e fecha menos vendas. Vendedores hábeis em controlar o estresse suportam mais situações adversas, recompõem-se rapidamente das decepções e contratempos, são mais otimistas e felizes. Esses vendedores acreditam sempre em resultados melhores nas próximas visitas. Com isso, tentam sempre mais e vendem mais.

Motivação final: vendedor: "Don't worry, be happy!".

PodCast 185: como agir na adversidade?

Gancho: como você age na adversidade?

Texto da dica: vendedores de sucesso, quando estão frente à adversidade, perguntam: "O que há de bom nisso? O que posso aprender com isso para minha próxima venda?". Os melhores vendedores sabem que a adversidade constrói o caráter. É na adversidade que se aprendem as melhores lições. Eles sabem também que, quando as coisas ficam difíceis, a maioria foge em busca de vendas mais fáceis, oportunidades mais claras, produtos mais aceitos. Vão para o mesmo local em que tantos outros vendedores também querem estar e onde a concorrência só aumenta e a venda só dificulta.

Motivação final: os melhores vendedores não correm atrás de vendas mais fáceis, aprendem a criar vendas mais fáceis.

PodCast 190: seja autêntico

Gancho: vendedor, você é autêntico?

Texto da dica: autêntico significa verdadeiro, legítimo, sincero e genuíno. É um adjetivo que caracteriza aquilo que não deixa dúvidas, o que não é falso, que é real, é comprovado e positivo. Se o cliente não acha você autêntico, não vai acreditar que o produto ou o serviço que está oferecendo é autêntico. O cliente quer o melhor para ele, uma verdadeira solução para sua real necessidade. Nenhum cliente investirá dinheiro em produtos ou serviços que entregam soluções falsas. Ele também não investirá em pessoas falsas. Para ser autêntico, é preciso ser confiante e estar preparado.

Motivação final: quando se está preparado, relaxa e pode ser você mesmo.

PodCast 200: seu "slogan"

Gancho: vendedor, qual é o seu "*slogan*"?

Texto da dica: um *slogan* é uma frase de efeito, de fácil memorização, que resume as características de um produto, serviço ou de um profissional. Ele é usado em um contexto comercial, como uma expressão repetitiva de uma ideia, de um objetivo e de um propósito. Quando um profissional constrói um *slogan* para si e divulga isso nos encontros com seus clientes, além de se manter na memória das pessoas por mais tempo, consegue comunicar valores pessoais, desenvolver mais a credibilidade e passa a ideia do carinho e da dedicação que tem pelo seu trabalho.

Motivação final: meu *slogan* é "o crescimento se dá pelo conhecimento". Qual é o seu?

PodCast 302: o momento correto para a proposta

Gancho: você sabe qual o momento certo para a sua proposta?

Texto da dica: todo vendedor deve responder a três perguntas antes de apresentar suas propostas para se certificar que revelou as reais necessidades do cliente: 1.ª pergunta: "Sei por que isso é realmente um problema para o cliente?"; 2.ª pergunta: "Sei qual é o impacto atual desse problema para o cliente?"; 3.ª pergunta: "Sei qual será o impacto se o cliente demorar para corrigir o problema?". Apenas com soluções focadas nos reais problemas dos clientes que as propostas são ouvidas com atenção e os produtos são valorizados.

Motivação final: vendedor, cuidado para não começar sua proposta cedo demais.

PodCast 347: a indústria 4.0

Gancho: vendedor, você já ouviu falar de indústria 4.0?

Texto da dica: a indústria 4.0 ou quarta revolução industrial é uma expressão que engloba altas tecnologias para automação, troca de dados entre máquinas e utiliza conceitos de Inteligência Artificial. Os vendedores, para se manterem necessários nesse novo conceito, também precisam evoluir e se tornarem vendedores 4.0. A primeira geração de vendedores profissionais, os vendedores 1.0, era focada nos seus produtos. A segunda geração, de vendedores 2.0, era focada nas soluções. Os vendedores 3.0 são focados na gestão de carteiras com os clientes, com o uso de computadores e CRMs, entregando produtos valiosos nos momentos certos. No entanto, o vendedor moderno é mais do que isso. Ele precisa conhecer os produtos, o mercado, os clientes do seu cliente.

Motivação final: o vendedor 4.0 sabe que seu sucesso está apenas no sucesso do cliente.

PodCast 348: o vendedor 4.0

Gancho: você já ouviu falar do vendedor 4.0?

Texto da dica: o vendedor 4.0 é aquele que vai permanecer empregado no mundo de alta tecnologia e Inteligência Artificial que está chegando.

O vendedor 4.0 entende que *marketing* e vendas estão completamente interligados. O *marketing* do vendedor são suas mídias sociais e a credibilidade construída e propagada pelo boca a boca dos seus clientes. O vendedor 4.0 precisa automatizar seu trabalho. O trabalho importante é estar junto ao cliente, buscando oportunidade de melhoria e evolução. O tempo gasto com relatórios e gestão precisa ser reduzido ao máximo. Por último, o vendedor 4.0 compreende que o cliente é único e cada vez quer mais personalização e soluções mais individualizadas. O vendedor precisa investir tempo em estudar o cliente, conhecer seu produto, seu mercado e até os clientes do seu cliente.

Motivação final: o vendedor 4.0 de indústria sabe que seu sucesso está apenas no sucesso do cliente.

PodCast 349: competências estratégicas

Gancho: você sabe o que são competências estratégicas das vendas?

Texto da dica: existem três tipos de competências que os vendedores precisam dominar para ter sucesso no mundo da alta tecnologia: as **competências transacionais** de vendas, que é o próprio ato de vender, além do gerenciamento de contas, o desenvolvimento comercial e a liderança de vendas; as **competências funcionais**, que são mais complexas e incluem vendas consultivas, vendas de soluções, consultoria e *networking*; as **competências estratégicas**, que são as mais complexas e envolvem vendas embaraçadas e intrincadas, o gerenciamento de parceiros e construções de alianças comerciais com clientes. O vendedor deste novo mundo da alta tecnologia é denominado de vendedor 4.0 e essas competências estratégicas fazem a diferença.

Motivação final: o vendedor 4.0 estuda as competências estratégicas para melhorar suas vendas.

PodCast 350: o tempo do vendedor

Gancho: vendedor, como você usa seu tempo?

Texto da dica: você sabia que, em 2019, pesquisas mostraram que apenas 40% do tempo do vendedor é dedicado ao atendimento de clientes? Os outros 60% são usados com atividades administrativas, gerenciamento de contas, confecção de relatórios e treinamentos. O vendedor deste novo mundo de alta tecnologia sabe que o cliente espera um atendimento personalizado e que traga soluções para melhoria das atividades dos seus negócios. Não basta um vendedor que conheça muito bem seu produto e soluções. Esse vendedor precisa estar focado no cliente, entender que

CAPÍTULO 10: O VENDEDOR

ele quer um tratamento personalizado e soluções únicas e individuais. De outra forma, o cliente preferirá fazer compra pelo computador.

Motivação final: o vendedor deste novo mundo da alta tecnologia é denominado de vendedor 4.0 e ele sabe bem que seu sucesso está apenas no sucesso do cliente.

PodCast 162: organização

Gancho: vendedor, você é organizado?

Texto da dica: se sua resposta for *não*, preciso perguntar *por quê*. Não é possível ser um vendedor de sucesso sem ser muito organizado. A organização contribui com sua credibilidade, com seu profissionalismo, com sua eficiência e com seus resultados nas vendas. Por mais que seja um vendedor de bom relacionamento com seus clientes, se não tiver organização, esquecerá contatos, perderá prazos, documentos, a hora e oportunidades de venda. Com o tempo, sua falta de organização prejudicará inclusive seus relacionamentos.

Motivação final: vendedor, organize-se.

PodCast 163: dicas de organização

Gancho: vendedor, que tal algumas dicas de organização?

Texto da dica: aí vão elas:

1. **Antes de sair fazendo, planeje.** O planejamento vai fazê-lo economizar tempo;
2. **Faça uma lista.** Isso o ajuda a se manter no rumo;
3. **Cuidado com as emergências.** Problemas acontecem, considere isso, mantenha algumas folgas na agenda;
4. **Obedeça a seu relógio biológico.** Entenda suas necessidades biológicas e a variação da sua energia durante o dia;
5. **Peça ajuda.** É mais fácil quando não estamos sozinhos;
6. **Use tecnologia.** Existem muitos *softwares* que facilitam a vida;
7. **Não protele.** Precisa fazer? Faça logo! Isso economiza energia e melhora a autoconfiança.

Motivação final: vendedor, organize-se.

PodCast 30: regra 60... 30... 10... valorize seu tempo

Gancho: vendedor, que tal valorizar o seu tempo?

Texto da dica: nosso maior recurso é o tempo. Para escolher bem as atividades diárias de um vendedor, use a regra 60...30...10. Utilize 60% do tempo para as atividades importantes, como visitar clientes, entender suas necessidades, oferecer os produtos, negociar, fechar as vendas e estudar para melhorar, 30% podem ser gastos nas atividades urgentes: entregar o produto que já está atrasado, visitar o cliente insatisfeito e terminar o relatório do chefe. E apenas 10% podem ser gastos nas atividades circunstanciais: conversa com amigos, checada nas mídias ou aquele papo com a secretária.

Motivação final: atenção à regra 60... 30... 10! Valorize seu tempo e obtenha SUCESSO nas VENDAS!

PodCast 111: conheça intimamente seus números

Gancho: vendedor, você conhece intimamente seus números?

Texto da dica: os números não mentem. Vendedores costumam fugir de relatórios e planilhas. Acreditam que a interação com os clientes é a única tarefa relevante e que planilhas e relatórios são pura perda de tempo. Entretanto, não adianta trabalhar muito, é preciso trabalhar certo. Os números mostram o passado e sinalizam os cenários à frente. É fundamental, para o sucesso, dedicação à manutenção e atualização constante das planilhas, para se manter no caminho certo. O conhecimento preciso dos bons ou dos números ruins são como uma bússola para um destino melhor.

Motivação final: venda mais, venda melhor. Sucesso!

PodCast 131: cliente lucrativo

Gancho: você sabe quais dos seus clientes são realmente lucrativos?

Texto da dica: um cliente lucrativo é aquele que, ao longo do tempo, proporciona um fluxo de receita suficiente para garantir uma margem de lucro aceitável em relação ao fluxo de custos para atendê-lo. Os custos totais são referentes aos produtos que você vende, ao atendimento, à entrega, ao suporte e ao que foi necessário para captação desse cliente. É importante frisar: "o fluxo de lucro ao longo do tempo" não deve considerar um lucro pontual, de uma única transação.

Motivação final: um cliente lucrativo é percebido por um filme e não por uma fotografia.

PodCast 114: seja único

Gancho: vendedor, você se destaca na multidão? Ou é apenas mais um?

Texto da dica: para se destacar, comece praticando os hábitos de seus mentores. Das pessoas que você admira e valoriza. Observe, colabore, estude, entenda como geram os resultados e por que se destacam. Quando adquirir confiança, seja você mesmo, em vez de copiar. Defenda suas opiniões com integridade. Tenha coragem de ir em busca de seus sonhos. Esforce-se. Cada ser humano tem um conjunto único de qualidades. É por meio dessa singularidade que nos diferenciamos e nos destacamos na multidão.

Motivação final: descubra o que torna você único.

PodCast 118: carisma

Gancho: vendedor, você tem carisma?

Texto da dica: as pessoas carismáticas atingem mais sucesso. E o carisma pode, "sim", ser desenvolvido. Para isso, comece mantendo sempre uma atitude positiva sobre você mesmo. Aprenda a falar com mais segurança e domínio. Torne-se um especialista nos produtos que vende. Estude oratória. Esforce-se para desenvolver uma habilidade diferente por ano, principalmente atividades que não tenham relação com seu negócio. Outra coisa importante é acostumar-se a ouvir com atenção. As pessoas se sentem valorizadas e importantes quando ouvimos com atenção o que dizem.

Motivação final: a última e valiosa dica: aprenda a sorrir.

PodCast 192: entusiasmado ou irritante

Gancho: você é entusiasmado ou irritante?

Texto da dica: antigos cursos de vendas ensinam vendedores a serem entusiasmados o tempo todo. Ensinam que devem sair para as visitas e reuniões com clientes, cheios de energia e otimismo. Esses cursos ensinam que o entusiasmo é contagiante. Só que não! Não é contagiante para todos. Para algumas pessoas, o entusiasmo de um vendedor pode ser irritante. O vendedor de sucesso desenvolve a empatia, entende o cliente e ajusta seu estilo de comunicação ao estilo do cliente. É assim que se cria afinidade e desenvolve o relacionamento.

Motivação final: nas vendas, precisamos deixar nossos clientes confortáveis.

PodCast 157: falta de vendas

Gancho: você já deve ter escutado que seis em cada dez empresas fecham antes de completar cinco anos.

Texto da dica: esse é um número grande. Quando uma empresa fecha, o sonho do empreendedor se perde. E não é só isso, perdem-se empregos, faturamento para fornecedores, aluguel para o dono do imóvel, impostos que a empresa poderia estar pagando. Quando uma empresa fecha, toda uma sociedade sai perdendo. E você sabe qual é o principal motivo do fechamento de uma empresa? Falta de vendas.

Então, vendedor, ame sua profissão. Você é fundamental para o desenvolvimento das empresas, dos negócios, dos empregos, do faturamento dos fornecedores, do crescimento do montante de impostos arrecadados, do desenvolvimento de uma sociedade.

Motivação final: orgulhe-se por ser vendedor!

Podcast 158: dez dicas para ser um vendedor melhor

Gancho: que tal dez dicas para ser um vendedor melhor?
Texto da dica: vamos lá!

1. Acredite que você já é um excelente vendedor;
2. Defina o tipo de vendedor que você é;
3. Escolha um vendedor de sucesso como modelo de referência;
4. Estude tudo sobre vendas e ouça todos os meus *podcasts*;
5. Crie uma lista de objetivos para dois anos e defina suas metas semanais;
6. Trabalhe sua autoconfiança todos os dias;
7. Enfrente os obstáculos com proatividade e persistência;
8. Fuja das ilusões, seja verdadeiro e honesto consigo mesmo;
9. Empenhe-se em dominar seu processo de vendas;
10. Lembre-se, mais uma vez, da dica número 1.

Motivação final: boas vendas! Venda mais. Venda melhor. Sucesso!

Podcast 367 (extra): correr

Gancho: vendedor, você corre?
Texto da dica: a vida do vendedor é realmente corrida. Mas não falo aqui da correria do dia a dia, quero perguntar de correr de verdade, em um parque, na rua, na academia ou em um clube. Correr tem muitos benefícios para a sua saúde: melhora o colesterol, a capacidade cardiorrespiratória e a pressão, ativa a circulação sanguínea, diminui problemas do coração, melhora a função do rim, a qualidade do sono, a autoestima, proporciona sensação de bem-estar e diminui o estresse.

Motivação final: além de tudo isso, vendedor, correr ajuda-o a pensar e ter grandes e inovadoras ideias. Comece a correr, vendedor.

Podcast 369 (extra): crescimento e desenvolvimento

Gancho: vendedor, você sabe a diferença entre crescimento e desenvolvimento?

CAPÍTULO 10: O VENDEDOR

Texto da dica: crescimento tem relação com o aumento das capacidades ou de tamanho. Tem conexão com o aprimoramento, com a qualidade, com a melhora de potencialidades e de entregas. Nas vendas, crescimento tem relação com ampliação de participação, de satisfação e de quantidades vendidas a um cliente ou a um mercado. Desenvolvimento tem relação com o progresso, com a ampliação e abertura de novos mercados, com a entrega de novas soluções. Desenvolvimento nas vendas significa atender mais clientes, em outros locais, com novas soluções.

Motivação final: todo vendedor precisa crescer e desenvolver. Para isso, é preciso compreender que o crescimento se dá pelo conhecimento e o desenvolvimento, pelo relacionamento.

VOCÊ SABE O QUE É SER UM VENDEDOR?

Ser vendedor é entender as soluções do seu produto ou serviço. Perceber suas características, suas especificações e seus diferenciais. Compreender os benefícios, as recomendações e até as impossibilidades. Aprender como valorizar seu produto, suas soluções e suas qualidades. Como destacar sua aparência e aproveitar da sua melhor disponibilidade. É querer aprender cada vez mais, melhor e sempre.

Ser vendedor é se preparar para a ação. Trabalhar sua motivação, seu entusiasmo e sua confiança. É cuidar de sua imagem pessoal, sua postura, sua fala e de seu jeitinho. É fortalecer sua alegria e sua felicidade, porque você sabe que as pessoas merecem receber o melhor de você.

Ser vendedor é ser humilde o suficiente para entender que, por mais inovador, espetacular e maravilhoso que seja seu produto, algumas pessoas valorizarão e outras simplesmente não. É importante procurar e encontrar os que valorizam, como também é importante desenvolver o relacionamento com todos, porque as opiniões e as percepções mudam.

Ser vendedor é valorizar o tempo e o espaço do outro. Preparar sua postura e estabelecer suas táticas. Escolher os melhores locais e momentos para a aproximação ao espaço do outro. É respeitar e valorizar o tempo. É entender que existem desafios nos novos contatos humanos e que sempre a melhor ferramenta é o acolhimento.

Ser vendedor é amar, ajudar e entender o outro. É dedicar e investir tempo nessa compreensão. É perguntar, pesquisar, garimpar com verdadeiro interesse e real atenção. Muito antes de pensar em começar a falar sobre você.

Ser vendedor é contar sobre o seu produto com paixão e empolgação. Começar a falar destacando as soluções personalizadas, as reais necessidades percebidas em cada cliente. Depois desenvolver sua credibilidade, falando sobre as expectativas desejadas e esperadas presentes no seu produto.

CAPÍTULO 10: O VENDEDOR

Gerar um brilho nos olhos com os diferenciais inesperados e encantadores. Comunicar o preço com clareza, credibilidade e confiança de quem realmente oferece algo de significativo valor. E finalmente, convidar para a compra.

Ser vendedor é negociar com empatia, compreensão e profissionalismo. É se preparar com técnicas e estratégias previamente estabelecidas. É conhecer e estar preparado para as eventuais objeções. E, quando elas aparecerem, acolher, respeitar e oferecer outros pontos de vista. Ser vendedor é sempre buscar as negociações ganha-ganha.

Ser vendedor é concluir a venda porque não é o comprador que compra, é o vendedor que vende. Ser vendedor é saber que aquela venda trará o retorno merecido do investidor. Garantirá o emprego e o trabalho de vários colaboradores que produzem os produtos e os serviços. Também trará as condições para a realização dos sonhos dos amados integrantes da família. Remunerará o trabalho dedicado, responsável e honesto do vendedor. Principalmente, concluir a venda entregará ao cliente soluções às suas necessidades e aos seus desejos.

Ser vendedor é garantir a entrega e a satisfação. É saber que outro dia virá e a possibilidade de estar frente a frente novamente se repetirá. Ser vendedor é saber que as vendas se repetem e é nessa repetição que está o maior retorno e o sucesso.

Sou vendedor há mais de três décadas. Eu adoro! Gosto muito de ajudar, adoro resolver, amo contribuir e sou apaixonado por resultados.

Dia primeiro de outubro não é meu aniversário, mas é um dia maravilhoso, o dia do vendedor. Sucesso, vendedores!

Índice de *PodCasts*

Podcast 001: abordagem por elogio 96
Podcast 002: a primeira pergunta secreta 138
Podcast 003: a segunda pergunta secreta 138
Podcast 004: a terceira pergunta secreta 139
Podcast 005: veículos de prospecção 71
Podcast 006: ofertas interessantes 139
Podcast 007: ofertas encantadoras 139
Podcast 008: acolhimento 95
Podcast 009: diferenciais 50
Podcast 010: preço de reserva 152
Podcast 011: menos descontos 153
Podcast 012: gatilho de fechamento de venda 181
Podcast 013: escolha do cliente 182
Podcast 014: devolução da questão 182
Podcast 015: fechamento direto 182
Podcast 016: gatilho da prestação de serviços 183
Podcast 017: gatilho presentes 183
Podcast 018: "o que te impede?" 184
Podcast 019: ferir e curar 158
Podcast 020: gatilho da garantia de qualidade 183
Podcast 021: gatilho da venda filhote 183
Podcast 022: dificuldade em marcar a visita 101
Podcast 023: tirando um cliente do concorrente 119
Podcast 024: geladeira para esquimó 124
Podcast 025: não fuja dos problemas 204
Podcast 026: você é vendedor? 211
Podcast 027: você é otimista? 212
Podcast 028: planeje e analise suas visitas 44
Podcast 029: convite ao fechamento 176
Podcast 030: regra 60... 30... 10...Valorize seu tempo 223
Podcast 031: a proporção do seu funil 64
Podcast 032: marcar + visitas 102
Podcast 033: o crescimento se dá pelo conhecimento 26
Podcast 034: o mais importante investimento 26
Podcast 035: preserve os relacionamentos 111
Podcast 036: escute mais, fale menos 109
Podcast 037: ROI 212
Podcast 038: valorize sua credibilidade 110
Podcast 039: cuide da reputação 110
Podcast 040: objeções são bons sinais 167
Podcast 041: técnica do ccc 167

Podcast 042: colecione objeções..........169
Podcast 043: cliente "só quero saber o preço"..........104
Podcast 044: o cliente "só estou olhando"..........104
Podcast 045: ser vendedor é o máximo!..........213
Podcast 046: os fuxiqueiros das vendas..........40
Podcast 047: esse negócio é seu..........213
Podcast 048: quanto você poderia estar vendendo?..........214
Podcast 049: fale para todo mundo que você vende..........86
Podcast 050: aceite e pague pela ajuda..........214
Podcast 051: planeje seu trabalho e trabalhe no seu plano..........212
Podcast 052: balanço diário..........212
Podcast 053: elogie mais..........111
Podcast 054: o que você vende?..........49
Podcast 055: o ato de vender..........61
Podcast 056: atingir seus objetivos..........213
Podcast 057: promessas..........118
Podcast 058: pontualidade..........102
Podcast 059: segredos..........119
Podcast 060: equilíbrio de humor..........214
Podcast 061: paciência..........36
Podcast 062: vendedor não tem passado..........215
Podcast 063: sensações para vender..........143
Podcast 064: como perguntar o nome do cliente?..........111
Podcast 065: personagens do processo de compra..........128
Podcast 066: o iniciador..........128
Podcast 067: o especialista..........129
Podcast 068: o decisor..........129
Podcast 069: o comprador..........129
Podcast 070: o usuário..........129
Podcast 071: o que é venda ii?..........25
Podcast 072: *marketing* e venda..........62
Podcast 073: um excelente atendimento..........103
Podcast 074: concorrência..........53
Podcast 075: planejamento e relacionamento..........112
Podcast 076: persistência, sucesso e fracasso..........36
Podcast 077: o vendedor crocodilo..........215
Podcast 078: escutar..........110
Podcast 079: *backtracking*..........127
Podcast 080: posição do cliente..........112
Podcast 081: estado de fluxo..........37
Podcast 082: valores dos clientes..........113
Podcast 083: necessidades e interesses..........122
Podcast 084: linguagem do cliente..........114
Podcast 085: temas: sistemas representacionais..........142
Podcast 086: a pessoa mais importante..........211
Podcast 087: *rapport*..........109
Podcast 088: autoconhecimento..........37

ÍNDICE DE PODCASTS

Podcast 089: o cliente sempre tem razão?..112
Podcast 090: o vendedor corredor...215
Podcast 091: o mercado te compra?..216
Podcast 092: marca pessoal..216
Podcast 093: resiliência 36
Podcast 094: atendimento pelo telefone 102
Podcast 095: cliente "ai, que dúvida!" 159
Podcast 096: o cliente "estou com pressa"...104
Podcast 097: o cliente "só estou olhando" ii 105
Podcast 098: cliente caladão..159
Podcast 099: cliente nervoso..114
Podcast 100: cliente falador..114
Podcast 101: cliente aproveitador...115
Podcast 102: cliente sabidão..115
Podcast 103: cliente estrela..115
Podcast 104: o melhor momento para vender novamente 186
Podcast 105: perguntar e ouvir..113
Podcast 106: soluções de um produto...139
Podcast 107: *marketing* e venda não são sinônimos 63
Podcast 108: *marketing* e vendas, funções diferentes e complementares 63
Podcast 109: coragem...38
Podcast 110: ame seu cliente 113
Podcast 111: conheça intimamente seus números...224
Podcast 112: esforce-se..38
Podcast 113: conhecimento 26
Podcast 114: seja único...224
Podcast 115: cliente agressivo..116
Podcast 116: linguagem chula..116
Podcast 117: cliente com problemas de fala..116
Podcast 118: carisma..225
Podcast 119: falar em público...142
Podcast 120: cafezinho com o cliente..117
Podcast 121: barganhar ou negociar..154
Podcast 122: didática...143
Podcast 123: negociar muito bem 149
Podcast 124: o poder das perguntas..108
Podcast 125: capital social de um vendedor..216
Podcast 126: custos de um produto..52
Podcast 127: os benefícios de um produto...52
Podcast 128: custos ou valor...53
Podcast 129: satisfação...205
Podcast 130: expectativas...205
Podcast 131: cliente lucrativo..224
Podcast 132: fatores higiênicos e motivacionais...185
Podcast 133: Maslow e vendas..123
Podcast 134: a influência no comportamento do comprador...120
Podcast 135: processos psicológicos na decisão de compra..185

Podcast 136: cinco dicas para *e-mails* de vendas mais eficientes ... 105
Podcast 137: busque o fechamento da venda ... 176
Podcast 138: comemore cada venda ... 205
Podcast 139: vendedor, valorize sua função ... 217
Podcast 140: seis dicas valiosas de vendas ... 218
Podcast 141: sinais de compra ... 177
Podcast 142: Marston e o DISC ... 160
Podcast 143: perfil dominante ... 160
Podcast 144: perfil influente ... 161
Podcast 145: perfil estável ... 161
Podcast 146: perfil conformista ... 162
Podcast 147: como fazer o cliente falar ... 108
Podcast 148: momentos de compra dos clientes ... 185
Podcast 149: momento de insatisfação ... 123
Podcast 150: quando pedir indicações ... 204
Podcast 151: o que o cliente deseja do vendedor? ... 217
Podcast 152: seja agradável ... 218
Podcast 153: amizades com clientes ... 117
Podcast 154: vender mais para os mesmos clientes ... 207
Podcast 155: dificuldade em vender mais para os mesmos clientes ... 117
Podcast 156: resiliência ii ... 37
Podcast 157: falta de vendas ... 225
Podcast 158: dez dicas para ser um vendedor melhor ... 226
Podcast 159: compromisso e coerência ... 219
Podcast 160: prova social ... 184
Podcast 161: afeição ... 118
Podcast 162: organização ... 223
Podcast 163: dicas de organização ... 223
Podcast 164: objeções o incomodam? ... 169
Podcast 165: contornando objeções ... 168
Podcast 166: a técnica do ccc ii ... 168
Podcast 167: sofrimento com objeções ... 169
Podcast 168: não leve objeções para o lado pessoal ... 170
Podcast 169: objeções não reveladas ... 170
Podcast 170: objeções frequentes ... 170
Podcast 171: objeções permanentes ... 171
Podcast 172: objeções e contra-objeções ... 172
Podcast 173: objeções para argumentar ... 172
Podcast 174: objeções para abordar ... 173
Podcast 175: comprometido é diferente de envolvido ... 38
Podcast 176: venda é arte e é técnica ... 26
Podcast 177: as três formas de encantar os clientes ... 143
Podcast 178: ensaiar e praticar antes de agir ... 39
Podcast 179: praticar e praticar ... 39
Podcast 180: prática mental ... 219
Podcast 181: a importância da prospecção ... 70
Podcast 182: redes de contatos ... 72

ÍNDICE DE PODCASTS

Podcast 183: testar a oportunidade de venda 130
Podcast 184: *"don't worry, be happy!"* 219
Podcast 185: como agir na adversidade? 220
Podcast 186: diga-me com quem andas 39
Podcast 187: aliviar o estresse 40
Podcast 188: simpatia 40
Podcast 189: você compraria de você? 143
Podcast 190: seja autêntico 220
Podcast 191: empatia 41
Podcast 192: entusiasmado ou irritante 225
Podcast 193: vender mais para seus clientes 208
Podcast 194: o psicólogo e o profissional de vendas 118
Podcast 195: venda relacional 107
Podcast 196: concorrentes 53
Podcast 197: vendedores são essenciais 211
Podcast 198: revelar objeções 173
Podcast 199: a segunda reunião 119
Podcast 200: seu *"slogan"* 220
Podcast 201: o que é venda? 25
Podcast 202: por que aprender a vender? 33
Podcast 203: todo mundo vende 34
Podcast 204: vender é difícil? 34
Podcast 205: você tem medo de vender? 34
Podcast 206: como diminuir o medo de vender? 35
Podcast 207: a fonte do medo de vender 35
Podcast 208: faça do início o menos importante 35
Podcast 209: evite a procrastinação 36
Podcast 210: nunca esqueça o prêmio 41
Podcast 211: colecione seus sucessos 41
Podcast 212: necessidades 122
Podcast 213: necessidades e desejos 122
Podcast 214: autoconfiança para vender 42
Podcast 215: a fisiologia para a autoconfiança 42
Podcast 216: o comportamento de autoconfiança 42
Podcast 217: lembranças para uma autoconfiança 43
Podcast 218: música para a autoconfiança 43
Podcast 219: modelos de autoconfiança 43
Podcast 220: ultimação 144
Podcast 221: a solução do seu produto 49
Podcast 222: características genéricas do seu produto 50
Podcast 223: qualidade do seu produto 50
Podcast 224: os diferenciais do seu produto 50
Podcast 225: potenciais do seu produto 51
Podcast 226: como assegurar cada característica 51
Podcast 227: características x benefícios 52
Podcast 228: o processo de venda 61
Podcast 229: a etapa de investigação 61

Podcast 230: a etapa de demonstração ... 62
Podcast 231: a etapa de conclusão ... 62
Podcast 232: o *marketing* e a venda ii ... 63
Podcast 233: a prospecção ... 69
Podcast 234: o público-alvo ... 70
Podcast 235: informações do público-alvo ... 70
Podcast 236: veículos de prospecção ii ... 71
Podcast 237: veículos de prospecção e ações publicitárias ... 71
Podcast 238: uma dúzia de valiosos veículos de prospecção ... 80
Podcast 239: indicações de clientes ... 80
Podcast 240: grupos de *networking* ... 80
Podcast 241: associações comerciais ... 81
Podcast 242: prospecção por eventos ... 81
Podcast 243: produtos para sorteio por parceiros ... 82
Podcast 244: participar de palestras, feiras e cursos para prospectar ... 82
Podcast 245: grupos de mídias sociais ... 82
Podcast 246: prospecções frias ... 83
Podcast 247: garimpar contatos na *internet* ... 83
Podcast 248: conteúdo pelas mídias sociais ... 83
Podcast 249: parcerias de negócios ... 84
Podcast 250: aliados de negócios ... 84
Podcast 251: parceiro de negócio ou de indicações ... 84
Podcast 252: o maior patrimônio de um vendedor ... 85
Podcast 253: meta de prospecção ... 85
Podcast 254: o início do processo de venda ... 92
Podcast 255: as três ações da investigação ... 92
Podcast 256: buscas na investigação ... 92
Podcast 257: abordagem e acolhimento ... 95
Podcast 258: harmonia na abordagem ... 96
Podcast 259: atenção no aperto de mão ... 96
Podcast 260: olhos nos olhos ... 97
Podcast 261: o *WhatsApp* nas vendas ... 97
Podcast 262: presentes para indicações ... 85
Podcast 263: táticas de abordagem ... 98
Podcast 264: a tática do elogio ... 98
Podcast 265: a tática da referência pessoal ... 98
Podcast 266: a tática da referência de mercado ... 99
Podcast 267: clientes referências ... 176
Podcast 268: o mistério ... 99
Podcast 269: a bonificação ... 99
Podcast 270: amenidades para abordar ... 100
Podcast 271: abordagem por questionamento ... 100
Podcast 272: ferir e curar na abordagem ... 103
Podcast 273: objeções para abordar ... 103
Podcast 274: o que não se pode esquecer na abordagem? ... 101
Podcast 275: abordagem de alto impacto ... 100
Podcast 276: abordagem de alta probabilidade ... 101

ÍNDICE DE PODCASTS

Podcast 277: o necessário para investigar 124
Podcast 278: perguntas abertas 126
Podcast 279: a pergunta que não deve ser feita 126
Podcast 280: perguntas reflexivas 126
Podcast 281: o que queremos revelar? 127
Podcast 282: descobrir o que angustia e o que queremos revelar 127
Podcast 283: comprou o sinal de compra 130
Podcast 284: as duas perguntas poderosas "como" 130
Podcast 285: o que é importante qualificar? 125
Podcast 286: perguntas de aquecimento 107
Podcast 287: perguntas de qualificação 125
Podcast 288: perguntas poderosas 128
Podcast 289: demonstração 137
Podcast 290: o *rapport* 109
Podcast 291: fale como ouça 144
Podcast 292: use palavras interessantes 140
Podcast 293: a proposta de valor 137
Podcast 294: a escala de valor 137
Podcast 295: a hora do preço 141
Podcast 296: *storytelling* 140
Podcast 297: a negociação 148
Podcast 298: a Tríade da Ótima Negociação 149
Podcast 299: a estratégia 152
Podcast 300: o preço de oferta e o preço de reserva 153
Podcast 301: o principal erro dos profissionais de vendas 93
Podcast 302: o momento correto para a proposta 221
Podcast 303: qualificando oportunidades 124
Podcast 304: melhorar o relacionamento com o cliente 108
Podcast 305: a reciprocidade do ZAP 153
Podcast 306: a melhor alternativa ao não-acordo 154
Podcast 307: aumentar o bolo 154
Podcast 308: as táticas da negociação 157
Podcast 309: Ancorar Alto 157
Podcast 310: o Ultimato 157
Podcast 311: Salame 158
Podcast 312: limite orçamentário 158
Podcast 313: as táticas de quem compra 158
Podcast 314: objeções 167
Podcast 315: mapeie suas objeções 169
Podcast 316: a técnica do ccc iii 168
Podcast 317: objeções para abordar 174
Podcast 318: objeções para argumentar ii 172
Podcast 319: objeções frequentes ii 171
Podcast 320: objeções permanentes ii 172
Podcast 321: o fechamento da venda 175
Podcast 322: pedir o fechamento 175
Podcast 323: a prontidão para o fechamento 177

Podcast 324: os sinais de compra ii 178
Podcast 325: a tática do fechamento direto 178
Podcast 326: a tática do fechamento diretivo 178
Podcast 327: a tática da escolha do cliente 179
Podcast 328: a tática do ponto insignificante 179
Podcast 329: a tática do convite 179
Podcast 330: a tática do resumo de benefícios 180
Podcast 331: a tática da devolução da questão 180
Podcast 332: a tática de prós e contras 180
Podcast 333: a tática do o que te impede 180
Podcast 334: a tática do ferir e curar 181
Podcast 335: motivadores de fechamento 181
Podcast 336: deixar o cliente vencer 184
Podcast 337: o pós-venda 202
Podcast 338: ações até a entrega 202
Podcast 339: a importância de checar a entrega 202
Podcast 340: empenho em solucionar insatisfações 203
Podcast 341: certificar-se de que o cliente sabe usar 204
Podcast 342: ações após a entrega 206
Podcast 343: os *hobbies* 207
Podcast 344: os eventos da empresa 203
Podcast 345: datas importantes para o cliente 207
Podcast 346: pequenos brindes 206
Podcast 347: a indústria 4.0 221
Podcast 348: o vendedor 4.0 221
Podcast 349: competências estratégicas 222
Podcast 350: o tempo do vendedor 222
Podcast 351: venda para dominantes 160
Podcast 352: venda para influentes 161
Podcast 353: venda para estáveis 162
Podcast 354: venda para conformistas 163
Podcast 355: o maior segredo dos bons negociadores 149
Podcast 356: a coragem de largar tudo 163
Podcast 357: quando o comprador usa a escassez 163
Podcast 358: metáforas 141
Podcast 359: a função do vendedor 217
Podcast 360: preço e valor 141
Podcast 361: percepção de valor 142
Podcast 362: objetivo da demonstração 137
Podcast 363: reforço positivo 203
Podcast 364: trocas e devoluções 206
Podcast 365: por que compramos? 123
Podcast 366 (extra): gol de venda 131
Podcast 367 (extra): correr 226
Podcast 368 (extra): seja interessante 120
Podcast 369 (extra): crescimento e desenvolvimento 226

Referências

CIALDINI, Robert B. (Ph.D). *As armas da persuasão: como influenciar e não se deixar influenciar*. Editora Sextante / Gmt.

DIXON, Matthew. *A venda desafiadora: assumindo o controle da conversa com o cliente*. Tradução Cristiana Serra. Editora Portfolio.

GIRARD, Joe; BROWN, Stanley H. *Como vender qualquer coisa a qualquer um*. Editora Record, 2007.

GITOMER, Jeffrey. *A biblia de vendas*. Editora M.Books, 2010.

GRINBERG, Jaques. *84 perguntas que vendem*. Editora Literare Books, 2016.

KIRKPATRICK, Charles Atkinson. *Modernas técnicas de vendas vol. 1 e vol. 2*. Editora Atlas, 1971.

KOTLER, Philip; KELLER; Kevin L. *Administração e Marketing*. Editora Pearson, 2019.

LUPPA, Luis Paulo. *O vendedor Pit Bull*. Ed. Landscape. 2007.

MAGALDI, Sandro. *Vendas 3.0: uma nova visão para crescer na era das ideias*. Ed Campus, 2008.

MANDINO, Og. *O maior vendedor do mundo*. Editora Record, 1978.

MORGAN, Don ; MISNER, Ivan. *Mestre das vendas*. Tradução LINO, Marcello Lino. Editora Sextante, 2013.

ORTEGA, Marcelo. *Sucesso em vendas 7 fundamentos para o sucesso*. Editora Sextante, 2008.

SINEK, Simon. *Start with Why: How Great Leaders Inspire Everyone to Take Action*. Editora Portfolio, 2011.

TRACY, Brian. *O supervendedor*. Editora Best Seller, 2004.

A família tipográfica Raleway foi usada
na diagramação de *365 dicas de vendas*.

Livro impresso em papel pólen soft 70g pela
gráfica Noschang, em maio de 2020.